지식 인문학 교양 총서(시민강좌 총서 2)

지식의
쓸모를
찾아서

알면 달라지는 열 가지 지식

집필진
홍성준 단국대학교 일본연구소 HK교수
김경남 단국대학교 일본연구소 HK연구교수
김계자 한신대학교 일본학과 조교수
김영철 건국대학교 국어국문학과 명예교수
김용경 경동대학교 한국어교원학과 부교수
김창수 서울시립대학교 국사학과 강사
박동근 대진대학교 창의미래인재대학 조교수
박영정 인천 연수문화재단 대표(전 한국문화관광연구원 선임연구원)
윤미연 서울여**자**대학교 국어국문학과 초빙교원
정대현 협성대학교 웨슬리창의융합대학 조교수

이 저서는 2017년 대한민국 교육부와 한국연구재단의
지원을 받아 수행된 연구임 (NRF-2017S1A6A3A01079180)

지식 인문학 교양 총서(시민강좌 총서 2)
지식의 쓸모를 찾아서
알면 달라지는 열 가지 지식

펴낸날 | 2020년 4월 17일

지은이 | 홍성준, 김경남, 김계자, 김영철, 김용경, 김창수, 박동근, 박영정, 윤미연, 정대현
기 획 | 단국대학교 일본연구소 HK+ 사업단

편집 | 정미영
디자인 | 석화린
마케팅 | 홍석근

펴낸곳 | 도서출판 평사리 Common Life Books
출판신고 | 제313-2004-172 (2004년 7월 1일)
주 소 | 경기도 고양시 덕양구 중앙로558번길 16-16, 7층
전 화 | 02-706-1970 팩 스 | 02-706-1971
전자우편 | commonlifebooks@gmail.com

ISBN 979-11-6023-259-2 (03000)

지식 인문학 교양 총서(시민강좌 총서 2)

지식의 쓸모를 찾아서

알면 달라지는 열 가지 지식

단국대학교 일본연구소
HK+ 사업단 기획
홍성준·김경남·김계자
김영철·김용경·김창수
박동근·박영정·윤미연
정대현 지음

평사리
Common Life Books

발간사

단국대학교 일본연구소 HK+ 사업단에서는 2017년 인문한국플러스(HK+) 인문기초학문 분야 지원 사업 '지식 권력의 변천과 동아시아 인문학: 한·중·일 지식 체계와 유통의 컨디버전스'를 수행하면서, 다양한 성과를 거두고 있다. 사업단에서는 현재까지 학술총서 6종, 교양총서 2종, DB총서 2종, 자료총서 3종을 개발하였으며, 시민강좌와 석학 초청, 아젠다 스터디와 아젠다 심화 스터디 등을 통한 교양 총서 개발에도 박차를 가하였다.

본 시민강좌 총서는 아젠다의 심화 연구를 바탕으로 '지역인문학센터(향기인문학센터)'의 아젠다 보급 전략을 수행하는 차원에서 계획되었다. 지난번 발행한 시민강좌 총서 1 『동아시아 전통 지식 이론의 발전과 그 근대적 굴절』(경진, 2019)은 연구 성과 보급에 지나치게 얽매인 경향으로 인해 다소 어려운 책이라는 평가가 있었다.

이번 시민강좌 총서는 지식 사회와 인문학의 특징에 좀 더 초점을 맞추어 지역민들의 관심을 끄는 데 중점을 두고자 하였다. 총 10강으로 구성된 이번 총서는 본 사업단의 아젠다를 기반으로 향기인문학센터의 강좌 경험을 갖고 있는 분들의 글로 꾸몄다. 엄밀히 말하면 지역 강좌가 이 총서 개발의 전제가 된 셈이다.

　총서 제1부는 '지식 생산'에 초점을 맞추어 '다시 읽는 설화, 그 치유의 힘'(윤미연), '전근대 한국의 가정문화와 근대의 여자교육'(김경남), '대중가요로 본 일제 강점기 사회사'(김영철), '일본인의 정신문화 무사도'(홍성준)라는 네 편의 강좌를 수록하였다. 각 강좌의 내용은 특정 주제와 관련한 지식 생산과 문화 형성의 메커니즘을 강조하였다. 제2부는 '지식교류로서『열하일기』의 탄생'(김창수), '무형문화유산 분야 남북 교류와 협력'(박영정), '애니메이션 속의 일본 근대문화'(김계자) 등과 같이 '교류'에 중점을 두었다. 제3부는 '속담으로 보는 한국, 그리고 한국 사회'(김용경), '다문화 이주 여성을 위한 한국 사회의 이해'(정대현), '한국어의 차별 표현 어떻게 할 것인가'(박동근) 등, 언어와 문화 방면의 사회적 영향 문제를 중점적으로 다루고자 하였다.

시민강좌 총서는 앞으로도 아젠다 부합도를 고려하여 연차별 개발 작업을 지속할 예정이다. 다만 이 총서는 지역인문학센터의 강좌 호응도와 밀접한 관련을 맺고 있으므로, 각 지역(용인, 여주, 양평, 광주, 하남)의 문화원과 좀 더 긴밀히 협력하고, 지역의 수요를 고려하여 '계획→개발→검증→수정'의 과정을 체계적으로 수행하고자 한다. 이번 총서에 강좌를 맡고, 원고를 집필해 주신 분들께 감사의 말씀을 올리며, 출판을 맡아주신 평사리 홍석근 사장님께도 고마운 뜻을 전한다.

2020년 2월 28일

단국대학교 일본연구소장(향기인문학센터장) 허재영

차례

1부 다양한 지식, 문화를 생산하다

1강   다시 읽는 설화, 그 치유의 힘   윤미연   10

2강   전근대 한국의 가정문화와 근대의 여자교육   김경남   78

3강   대중가요로 본 일제 강점기 사회사   김영철   109

4강   일본인의 정신문화 '무사도(武士道)'   홍성준   147

2부 지식의 교류, 지형을 바꾸다

5강   지식교류로서 『열하일기』의 탄생   김창수   181

6강   무형문화유산 분야 남북 교류와 협력   박영정   202

7강   애니메이션 속의 일본 근대문화   김계자   222

3부 지식과 언어, 문화 그리고 권력화

8강   속담으로 보는 한국, 그리고 한국사회   김용경   264

9강   다문화 이주 여성을 위한 한국 사회의 이해   정대현   288

10강   한국어의 차별 표현 어떻게 할 것인가   박동근   323

1부

다양한 지식,

문화를 생산하다

1강_ 다시 읽는 설화, 그 치유의 힘 / 윤미연

2강_ 전근대 한국의 가정문화와 근대의 여자교육 / 김경남

3강_ 대중가요로 본 일제 강점기 사회사 / 김영철

4강_ 일본인의 정신문화 '무사도(武士道)' / 홍성준

다시 읽는 설화,
그 치유의 힘

1강_ 윤미연

서론

상생 가족 서사는 가족관계에서 갈등이나 문제가 생겼을 때 서사
의 주체가 현실과 이념을 초극하여 서로를 살리는 방향으로 해결
한 서사이다. 이는 『한국구비문학대계』에 실린 설화와 그것을 정
리한 『문학치료 서사사전』 중에서도 상생의 가족관계가 드러난 작
품들에서 배울 수 있다. 설화는 사람들 사이에서 구전(口傳)되며 그
과정에서 화자의 개성에 따른 자연스러운 각색과 창의적 전달이
가능하다. 어디서나 도구가 없어도 음성언어나 수어로 주고받을
수 있고, 그 과정에서 눈을 보며 공감과 서사 지식의 확대를 일으킬
수 있다. 이러한 강점을 오늘날 되살려 상생관계의 서사를 지식으
로 이해하며 창조적으로 계승하는 것이 매우 필요하다.

손전화나 대중매체를 통한 지식 습득이 자유롭고 다채로울 수 있다. 하지만 그러한 방식에만 머물면 이야기를 직접 나누며 느낄 수 있었던 인간관계와 공감대가 약해진다. 만남과 대화 속에서 어우러지고 재창조되는 서사가 사라지는 것이다.

가까이 있는 사람의 이야기와 감정에 깊이 공감하고, 나의 이야기를 재구성하여 전달하는 능력을 키우려면 가장 필요한 것이 우리 설화에 대한 지식이다. 구비 문학의 좋은 전통을 다시 살려내는 것이다. 그리고 수많은 이야기 중에서도 상생의 서사를 우선적으로 발굴하여 인간 내면에 있는 긍정의 관계감을 튼튼하게 세우는 것이 필요하다.

상생 서사에 대한 문학치료 연구로는 정운채의 논의가 있다. "자녀서사영역에서 〈돌노적 쌀노적〉과 〈효불효 다리〉를, 남녀서사영역에서 〈장모가 된 며느리〉와 〈상사뱀 위로하여 다시 처녀가 되게 한 남자〉를, 부부서사영역에서 〈남의 첩 차지한 배포 큰 거지〉와 〈호랑이 눈썹〉과 〈도량 넓은 남편〉을, 부모서사영역에서 〈며느리 자랑하여 효부 만든 시아버지〉를 다루었다. 그리고 이러한 상생의 서사들은 세계경영의 안목과 자질을 보여준다고 하였다.[1]

인간관계에 중점을 두고 문학을 분석하는 문학치료학의 강점을 잘 살려서 제일 건강한 성장의 단계를 '상생 서사'라고 지칭한 것이다. 반동인물을 물리치고 성공하는 '승리의 서사'보다 한 걸음 더

---

1 정운채, 「문학치료와 자기서사의 성장」, 『우리말교육현장연구』제4집 2호, 2010, 7-8쪽.

나아가서 서로를 살리며 문제를 해결해가는 상생의 서사에 주목한 중요한 연구이다. 상생 서사에 대한 논의는 문학치료 연구 중 자기서사 성장의 최고 단계로 제시된 것에서 출발하였다. 오늘날은 가족의 의미가 확장되면서 혈연중심에서 벗어나 입양 가족, 다문화 가족, 한부모 가족 등 다양한 가족을 존중하며 문제를 풀어가야 하기에 상생의 가족서사에 대한 지식이 더 필요한 시점이라고 할 수 있다.

우리들 각자의 삶을 구조화하여 운영하는 서사를 '자기서사', 이 자기서사에 영향을 미치는 문학작품의 서사를 '작품서사'라고 명명한다. 그리고 작품서사를 통하여 환자의 자기서사를 온전하고 건강하게 변화시키는 것이 문학치료 방법론의 핵심이다.[2]

문학치료학 관점에서 서사의 본질과 핵심은 인간관계에 있는데, 동양철학과 현대과학에 토대를 둔 신영복의 관계론 관점에서 보면 나의 정체성이란 그동안 맺은 관계의 총체이다. 관계를 통해 자아와 타자가 함께 존재하며 서로를 만들어간다. 공자의 화이부동(和而不同)처럼 조화롭게 공존하면서도 서로 배우고 변화하는 주체이다. 근대 시민사회는 존재론적 과정이었으나 새로운 세기를 만들어가기 위해서는 사고의 틀 자체가 관계론으로 바뀌어야 한다. "생명이 바로 나 아닌 다른 것과의 관계성의 총체'인 것이고 배타적 존재론은 이러한 생명론과는 반대편에 서 있는 개념인 것이

---

2 정운채, 「서사의 힘과 문학치료방법론의 밑그림」, 『고전문학과 교육』제8집, 한국고전문학교육학회, 2004, 159-176쪽.

다."[3] 이와 같이 관계론은 끊임없는 성찰과 변화, 배움과 깨달음의 연속선상에서 인간을 바라본다. 또한 『주역』의 원리에서 나온 절제와 겸손, 미완성, 변방성을 관계론의 최고 형태로 본다.[4] 이 자세는 문학치료 기초서사 중 되찾기, 감싸기 영역과 상통한다. 문학치료학의 서사 또한 인간관계에 토대를 두고 형성되었기에 관계론과 연관성이 많지만, 특히 당대 현실의 법과 통념을 초극해서 상대를 용서하는 자세와 절제와 겸손은 긴밀하게 닿아 있다. 왜 초극해서 인간관계를 회복하는 서사로 나가가야 하는지에 대한 해명이 바로 관계론에 있기 때문이다. '생명이 바로 나 아닌 다른 것과의 관계성의 총체'라는 인식이 당대 현실을 초극하는 높은 차원의 이해력을 발휘하게 하고, 인간 내면에서 작동하는 기초서사의 되찾기, 감싸기 영역과 통하게 하는 것이다. 주체와 대상을 분리되지 않는 원융 상태로 인식하기에 어떤 상황이든 인연으로 연결된 사람들이 서로를 살리기 위해 현실을 존중하면서도 넘어서야 한다는 것이다. 나와 상대방과 사회가 서로 연결된 관계론적 사유를 담고 있으며 그 기준으로 현실의 가르고 밀치는 문맥을 초극한다. '세상에 남은 없다'는 묵자의 천하무인(天下無人) 관점이 관계론의 기본 전제이고, 문학치료 되찾기, 감싸기 영역도 이러한 관점으로 대상을 볼 때에야 이해될 수 있는 서사이다.

3 신영복, "존재론에서 관계론으로", 『월간 우리교육』, 우리교육 편집부, 1998, 6.
4 신영복, 『담론-신영복의 마지막 강의』, 돌베개, 2015, 72쪽.

본 연구의 대상은 『한국구비문학대계』에 수록된 설화 중 『문학치료서사사전1, 2, 3』에 정리된 상생의 가족 설화들이다. 상생의 가족서사는 사건과 갈등이 있어도 배제와 단죄보다는 상생의 방식으로 풀며 변화하는 가족의 이야기를 의미한다.

상생의 부모-자녀 서사

상생의 가족서사는 크게 부모-자녀, 부부, 형제 동기간의 관계로 나눌 수 있다. 문학치료학의 기초서사 이론 중에서 가족관계가 드러난 세 가지 서사에 형제, 동기간의 서사를 추가하였다.

부모서사와 자녀서사는 부모-자녀가 모두 나올 경우 누구를 중심 주체로 보느냐에 따라 달라진다. 관계 속의 주체를 드러내기 위해서 부모-자녀 관계로 이루어진 설화를 함께 분류하여 부모서사, 자녀서사 모두를 고려하며 논하고자 한다.

다음의 〈서로 내 탓〉 설화처럼 가족 모두 대등하게 중심을 이루는 서사도 있다. 이는 따로 분류하지 않고 상생의 가족서사를 대표하는 것으로 보고 분석하고자 한다. 매우 간명한 설화이지만 상생에 관한 깊은 인식의 틀을 보여주는 설화이다.

〈서로 내 탓〉
한 가정에 영감, 할멈, 아들, 며느리 네 식구가 살았다. 며느리가 빨래를 삶고 있다가 생각해보니 우물가에서 쪽박을 안 가지고 왔기에 시어머니에게 빨래를 부탁하고 우물가에 갔다. 며느리가 우물가에 갔다 돌아왔는데 시어머니가 불이 따뜻해 잠이 들어버려 빨래는 다 타버리고 말았다. 며느리가 그것을 보고 부엌에서 울고 있는데, 시어머니가 보더니 자신이 빨래를 제대로 못 봐서 타버렸다며 자기 잘못이라고 했다. 시아버지가 장작을 해서 들어오다가 그것을 보고는 자신이 장작을 안 해왔으면 괜찮았을 것인데 장작을 해 와서 빨래가 탄 것이라며 자기가 죽일 놈이라고 하였다. 아들이 저녁때가 되어 들어와 식구들이 그 이야기를 하니, 아들이 자신이 죽일 놈이라며 자기가 장에 가서 솥을 안 사왔다면 빨래를 안 삶았을 것이라고 하였다.[5]

이 설화는 며느리나 아이가 사건을 일으키지만, 윗사람이 먼저 자기반성을 하며 감싸주고 서로 상호보완해주는 관계의 흐름을 보여준다. 상대방 탓을 하기보다는 상황을 고려하고 자기부터 고쳐야 할 지점을 찾아내는 것이다.[6] 서로 나부터 성찰하고 반성하는 자세가 사건이나 문제를 해결하는 데 매우 필요하다는 인식이다. 부

---

5 채승관, 「화목한 가정」, 『한국구비문학대계』6-7, 450-452쪽.(정운채 외, 『문학치료서사사전 2』, 도서출판 문학과 치료, 2009, 1663-1666쪽에 「서로 내 탓」으로 제시된 요약, 이에 해당하는 설화가 8편 정리되어 있다.)

6 오늘날을 배경으로 하여 제3자의 실수로 변이된 이야기도 있다. - 어느 날 시어머니가 며느리에게 우유를 사오라고 하였다. 며느리가 사온 우유를 보니까 유통기한이 지난 것이었다. 이것을 본 시어머니가 "애야, 슈퍼 주인이 날짜 지난 것을 (모르고) 팔았구나?"(최현섭 외, 『상생화용, 새로운 의사소통 탐구』, 커뮤니케이션북스, 2008, 20쪽.)

모 교육 이론에서의 '나 전달법'과도 통한다. 상대방을 언급하기보다는 나의 입장, 나의 생각을 전하는 것이다. 또한, 구체적으로 들어가면 누가 먼저 자기 탓을 할 것인가도 중요하다. 부모, 어른이 먼저 자기반성을 하는 것이다. 그랬더니 배우자도 그 솥을 사 와서 이렇게 되었다며 자기 탓을 한다.

어떤 문제나 사건이 생겼을 때 주로 직접적인 원인을 제공한 사람이나 실수하기 쉬운 약자가 야단맞는다. 위의 설화에서도 살림을 제대로 못 한 며느리를 야단치며 시부모가 화를 낼 수 있는 상황이다. 하지만 어른부터 가족의 사건에 공동책임을 느끼고 자기가 반성해야 할 부분을 먼저 찾아내면 자녀들도 그와 같은 논리로 자신이 더 나아져야 할 지점을 찾을 수 있음을 보여준다. 이렇듯 자녀가 긍정적으로 변화 발전하기를 바란다면 어른부터 성찰하고 사과하는 자세가 필요하다. 바로 그 지혜가 '서로 내 탓'하는 간결한 설화 속에 잘 담겨있다.[7]

이 정도만으로도 상생의 관계이지만, 더 깊은 의미가 있다. 모든 사건과 실수, 잘못을 바라볼 때 단선적인 인과관계로 파악하여 드러난 원인만을 제거하거나 처벌하는 것이 과연 최선의 대안일까? 하는 의문을 갖게 한다. 지속을 중심에 둔 부부서사에서도 나타나

---

7 이 서사와 공통인 설화가 「박 서방네와 최 서방네」라는 제목으로 초등학교 3-1 도덕 교과서 49-50쪽에 실려 있다. 여기서는 소가 보리밭에 들어가 보리를 뜯어 먹고 있자 박 서방이 아들을 꾸짖지 않고 부모인 자기가 먼저 소를 잘 매어놓지 못했다며 먼저 반성하고, 그 후에 아들, 며느리가 반성하는 내용으로 되어 있다. 부모가 먼저 자기 탓하는 것은 현재에 각색되어 교과서에 실린 작품에도 계승되고 있음을 알 수 있다.

지만 〈서로 내 탓〉 속의 가족처럼 '공동 책임'의 자세가 오히려 사건과 실수 이후에 더 나은 변화를 이루는 데 도움이 된다는 점이다. 이와 같이 〈서로 내 탓〉 속에는 부모, 자녀, 부부가 모두 주체적으로 함께 책임지고 위로하며, 어른부터 성찰하는 모습이 잘 나타나 있다.

자녀와의 관계 속에서 부모가 법칙을 세워 '양육'을 하는 주체가 되었을 때 부모서사가 진행된다. 자녀를 살리고, 기르고, 가르치는 것이다. 이러한 부모서사-자녀 되찾기와 자녀 감싸기는 현실 통념과 이념, 법규를 존중하면서도 초극하여 문제를 해결해가는 서사이다. 본 연구에서 상생의 서사로 보는 작품들은 모두 여기에 해당한다. 부모서사-자녀 되찾기의 경우는 서사의 앞부분에 부모서사-자녀 밀치기가 나타나지만, 서사가 진행되면서 현실 원칙을 초극하여 자녀를 이해하고 관계를 변화시키는 서사이다. 부모서사-자녀 감싸기는 처음부터 현실 통념을 넘어서서 자녀를 믿고 지지해주는 서사이다.

자녀의 독립 지지

자녀도 성장하면 부모 품을 벗어나 사회적 관계를 맺으며 남녀, 부부, 부모 서사의 주체가 된다. 순조롭게 이러한 과정이 이어지고 공존하면 다행이지만 중간에 막혔을 때 부모가 어떻게 상생의 방향으로 풀어가야 하는지 보여주는 서사들이 자녀의 독립을 지지하는 유형에 속한다. 부모의 법칙이 자녀에게 잘 전달되어 이젠 자녀도 다른 곳에 가서 스스로 남녀, 부부, 부모 서사의 주체가 될 수 있다고 신뢰하는 단계라 할 수 있다. 이는 자녀를 그 자체로 인정할 뿐만 아니라 자녀가 자녀서사 영역에만 머물지 않고 남녀서사, 부부서사, 부모서사 영역으로 나아갈 수 있게 허용하는 것으로 '부모 되기'의 성공 열쇠이다.[8]

과부가 된 며느리를 독립시켜 내보낸 〈장모가 된 며느리〉와 아들의 신분상승 욕구를 허용하고 도와준 〈상놈 시아버지 양반 만든 정승 딸〉, 〈복 빌린 나무꾼〉에 나타난 어른의 모습이다. 현실적이 조건이나 차별, 운명을 초극하여 자녀를 독립시킨 부모서사에 속한다.

〈장모가 된 며느리〉

어떤 집에 며느리가 혼자가 되어 홀시아버지를 모시고 살았는데 그 집은 살림이 아주 억대 부자였다. 시아버지는 동네 불쌍한 사람들은 많이 도와주면서 홀로된 며느리는 도와줄 수 없어서 마음이 안 좋았다. 하루는 시아버지가 아침상을 들고 온 며느리에게 방으로 들어와서 이야기를 들어보라고 했다. 그러나 며느리는 겁을 내면서 시아버지 방으로 들어가지 않았다. 시아버지는 점심상을 들여놓을 때에도 들어오라고 했지만, 며느리는 들어오지 않았다. 시아버지는 저녁에도 며느리에게 들어오라고 했지만 거절하자 돈이 이렇게 많으니 네 맘에 드는 좋은

8 정운채, 「부모 되기에 대한 고전문학의 시각」, 『통일인문학논총』제43호, 건국대학교 통일인문학연구단, 2005, 33쪽.

옷을 해 입고 돈도 잔뜩 줄 테니 무조건 집 밖으로 나가서 첫 번째로 만나는 사람을 따라가라고 했다. 며느리는 시아버지가 시킨 대로 그렇게 돈을 짊어지고 나왔다. 며느리가 길을 가는데 사십이 된 남자가 똥단지를 지고 거름을 하고 돌아오는 것을 보게 되었다. 며느리는 그 사람이 첫 번째로 눈에 띈 사람이라 무작정 그 사람을 따라 들어갔다. 그 사람은 아주 허름한 오두막에 살고 있었는데, 며느리는 그 집의 문 앞에 앉아 있었다. 한편 남자는 웬 여자가 문 앞에 앉아 있으니까 자꾸 가라고 하였다. 저녁이 되어도 여자는 가지 않았는데 그 집의 다 큰 딸이 와서 좁쌀죽을 끓여서 아버지 한 그릇을 주고, 여자에게 한 그릇을 주고, 자기도 한 그릇을 먹었다. 그리고는 여자에게 사연을 물었다. 며느리는 자신이 시아버지를 홀로 모시고 있다가 이렇게 길을 나와 처음으로 본 남자를 따라온 것이라며 혼자 계신 시아버지는 조석을 잘 해 드시는지 걱정된다고 했다. 그 말을 들은 처자는 그 댁 시아버지에게 자신이 시집을 갈 것이니 여자에게는 우리 어머니를 하라고 했다. 그리하여 시아버지는 며느리의 사위가 되고, 며느리는 시아버지의 장모가 되었다. 나중에 시아버지에게 시집간 처녀는 아들 삼형제를 낳아서 손을 잇도록 하였다.[9]

이 설화는 서사의 주체를 '시아버지'로 보면 '부모서사-자녀 감

---

9 김필한, 「사위되고 장모된 시아버지와 며느리」, 『한국구비문학대계』7-9,
   280-283쪽(정운채 외, 『문학치료서사사전 3』, 도서출판 문학과 치료, 2009, 2637-
   2642쪽에 「장모가 된 며느리」로 제시된 요약, 이에 해당하는 설화가 11편 정리되어
   있다).

싸기'에 해당한다. 청상과부가 된 며느리에게 보물을 싸주며 재가
하도록 보내준 것은 그 당시 규범과 통념을 초극한 부모의 행동이
다. 며느리가 시집온 후에 아내와 아들을 잃은 시아버지라면 며느
리의 박복함을 탓하기 쉬운데, 그보다는 며느리의 앞날을 더 생각
해주는 것이다.

물론 각 편을 자세히 살펴보면 조금씩 변이사항이 있다. 두 편은
시아버지가 집안의 자손 잇는 것을 먼저 걱정해서 며느리를 내보내
고, 한 편은 며느리 스스로 재혼자리를 찾아다니기도 한다. 또 다른
한 편은 며느리가 시아버지만 재혼시키고 자신은 시아버지의 후손
중 한 명을 양자로 키우며 수절한 것으로 되어 있다. 그래도 부모로
서 과부가 된 며느리를 새롭게 재가하여 살아가도록 보내준 것이 7
편이니 본래의 서사는 부모서사-자녀 감싸기였다고 볼 수 있다.

부모 입장인 시아버지가 과부 며느리를 자기 친자식처럼 생각하
고, 다시 가정을 이루어 부부, 부모의 자리를 이루며 살게 도운 것이
다. 며느리나 친아들이나 똑같이 자식으로 내려다보면 재혼을 돕는
것이 당연한 일이다. 하지만 당시 문맥이 며느리나 여성은 수절해야
한다는 것이었기에 그것을 넘어선 파격적인 시혜로 보이는 것이다.

이렇게 며느리를 남들 몰래 재가시킨 뒤 다시 며느리가 시아버
지를 재혼하게 돕는 후반부도 중요하다. 자녀서사의 입장인 며느
리가 마치 홀로된 부모의 이성애와 재혼을 돕는 친자식처럼 시아
버지의 혼처를 구해준 것이다. 〈효불효 다리〉나 〈밤이 추운 부모〉

처럼 한 부모의 이성애를 돕는 자녀서사-부모 감싸기 영역이 〈장모가 된 며느리〉 결말 부분에 공통으로 담겨있다고 할 수 있다. 이렇듯 부모가 먼저 현실원칙을 초극해서 자녀를 살리는 방향으로 나아가면 다시 자녀들도 그 넓은 마음을 배워서 부모에게 깊은 존경과 창조적인 효도를 할 수 있음이 잘 나타난 서사이다.

다음의 서사는 아들을 기존의 계급적 틀에서 벗어나게 독립시킨 후에 다시 효도를 받고 변화하는 부모의 모습이 잘 나타나 있다.

〈상놈 시아버지 양반 만든 정승 딸〉

옛날 어느 고을에 부유한 백정이 아들을 낳았는데 아들은 일곱 살이 되자 글을 가르쳐 달라고 졸랐다. 상놈은 글을 배우지 못한다고 말해도 계속 조르더니 나중에는 글을 배우지 못하면 죽겠다고 협박을 했다. 백정은 서당에 찾아가서 무릎을 꿇고 엎드려서 하루 종일 있었다. 선생이 무슨 일이냐고 묻자 자식이 글을 배우지 못하면 죽겠다고 해서 찾아왔다고 말하자, 선생은 아이에게 글을 가르쳐 주겠다고 했다. 아이는 백정의 자식이라 방에 들어가지 못하고 바깥에서 글을 배웠는데 일취월장(日就月將), 문일지십(聞一知十)으로 똑똑했으나 다른 사람들의 질투를 받을까 봐 선생은 칭찬을 하지 않았다. 그렇게 몇 달을 배웠는데 서울에서 과거를 본다는 공문이 내려오자, 다른 아이들은 과거 보러 간다고 야단이었다. 백정의 자식이 선생에게 과거를 보러 가겠다고 하자 선생은 다른 아이들에게 들키지 않게 조심하라고 일러줬다. 백정의 자식은 아버지에게도 과거를 보러 가겠다고 말했더니 백정은 가족을 다 죽이려고 하느냐고 말리다 결국 조심하라고 말하면서 아들을 보내 주었다. 백정의 자식은 들키지 않으려고 다른 아이들이 과거 보러 가는 뒤를 따라갔다. 그러다가 한번은 잘 곳을 찾지 못해서 다른 아이들이 자는 집으로 들어가게 되었다. 아이들이 무슨 일로 왔느냐고 묻자 백정의 아들은 심심해서 서울 구경을 왔다고 대답했다. 다음 날 아침을 먹는데 밥 짓는 부인이 나오더니 우리 방에서 잤던 손님 중에 장원급제할 사람이 있다면서 지난 밤 꿈에 밥 짓는 솥에서 청룡, 황룡이 나와서는 등천했다며 이런 대몽이 어디에 있느냐고 했다. 백정의 자식은 그 밥을 제일 먼저 먹을 궁리로 편지를 붙이는 척하며 풀을 붙여야 하니 밥풀 몇 알을 달라고 해서 제일 먼저 그 밥을 먹었다. 과거를 보는데 다른 아이들은 다 낙방했지만, 백정의 자식은 자신의 출신을 시골 농민의 아들이라고 적어서 장원급제를 했다. 게다가 상시관이었던 영의정이 장원급제한 사람을 사위 삼으려고 마음먹고 있었던 터라 백정의 자식을 자신의 딸과 결혼시켰다. 백정의 자식은 남들 몰래 선생에게만 편지를 보내 장원급제한 사실을 알렸다. 백정은 과거가 끝나서 다른 아이들은 돌아왔지만 자기 아들만 돌아오지 않자 보쌈을 당한 줄 알고 서울로 찾으러 올라갔다. 선생은 백정의 자식에게 편지를 보내 아버지가 서울로 올라가는 것을 알렸다. 선생의 편지를 받은 백정의 아들은 신분이 탄로 날까 봐 사람을 시켜 아버지를 잡아다 옥에 가두게 했다. 아들은 아버지를 옥에 가두어 놓고 밤에 찾아가려고 아내의 눈치를 보았다. 그런데 아내가 남편의 눈치가 수상해서 남편을 따라갔다가 신랑의 신분에 대해 알게 되었다. 백정은 자식에게 주려고 평소에 좋아하던 건 메밀묵을 가져왔는데 아들은 아버지의 정성 때문에 먹는 체하다 창밖으로 버렸다. 그런데 그것을 신부가 치마를 벌리고 서서 받았다. 그것도 모르고 아들은 아버지가 집으로 돌아가야 자신이 죽음을 면할 수 있다고 말한 뒤 집으로 돌아왔다. 한편 신부는 자는 척하다 신랑이 들어오자 치마에 받아왔던 건 메밀묵에 양념을 해서 맛있게 가지고 왔다. 신랑이 맛있게 먹으면서 어떻게 자기가 건 메밀묵을 좋아하는지 알았느냐고 묻자 신부가 다 아는 수가 있다면서 갑자기 칼을 꺼내더니 사실대로 말하라고 했다. 신부는 신랑의 이야기를 듣고는 시아버지를 모셔와 벽장 속에 감추어 두고 양반 교육을 시켰다. 몇 달이 지나 양반과 다름이 없게 되자 며느리는 시아버지에게 자기 아버지를 찾아가겠다는 노문(路文)을 보낸 뒤 다시 찾아오라고 일러주었다. 백정이 양반처럼 꾸미고 올라오자 영의정은 사돈이 왔다며 잔치를 벌였는데 술자리에서 시골에서 무슨 일을 하느냐는 물었다. 백정 사돈이 실수로 버들잎 훑는다고 하자 영의정은 더 이상 물어보지도 않고 사위와 딸을 내쫓았다. 며느리는 시아버지의 재산을 모두 정리하고 이사를 가서 주위에 장원급제 한 양반이라는 소문을 퍼트리고 집도 양반 집처럼 짓고 연못을 만들어 배를 띄우고 수백 년 묵은 버드나무를 사서 심고 물고기들은 버드나무 잎을 던져주면 올라와서 먹도록 훈련시켰다. 그런 뒤 딸은 친정아버지에게 자신의 집으로 한번 찾아오라는 편지를 몇 차례 보냈다. 영의정이 친척 몇을 데리고 찾아왔는데 이웃도 사돈을 양반으로 알고 있고 집을 봐도 양반이고 버들잎을 훑는다는 것도 물고기에게 던져주기 위한 것임을 보고는 자신이 오해를 했다며 화를 풀고 사위를 복직시켜 훌륭한 양반이 되게 했다.[10]

〈상놈 시아버지 양반 만든 정승 딸〉은 아버지를 주체로 볼 때 자녀의 독립을 현실 문맥을 초극해서 지지한 부모서사-자녀 감싸기이다. 먼저 백정의 아들이 당대 신분질서를 넘어서는 소망을 가진 것에서 사건의 발단이 시작되었다. 하지만 백정도 아들이 소망하는 공부를 하게 도왔고, 아들은 신분을 농민으로 둘러댄 후 시험을 봐서 장원급제를 하였다. 이 점이 아들의 변화와 독립을 지지한 아버지의 모습이다.

이 서사의 앞부분에 나타난 아들을 주체로 놓고 보아도 현실적으로 낮은 계급의 부모를 원망하지 않고 자기 노력으로 넘어서는 자녀서사-부모 감싸기에 해당하고, 중간부분부터 며느리를 주체로 놓고 보아도 당대 현실 법을 초극하여 시아버지가 양반으로 인정받게 도왔고, 남편도 복직되게 하였기에 자녀서사-부모 감싸기에 해당한다. 그 덕에 비록 백정 출신이지만 며느리의 도움으로 양반들과 다름없이 잘 살았다는 결말로 나아간 것이다.

10 최영길, 「양반이 된 상놈」, 『한국구비문학대계』1-4, 553-568쪽(정운채 외, 『문학치료서사사전 2』, 도서출판 문학과 치료, 2009, 1582-1586쪽에 「상놈 시아버지 양반 만든 정승 딸」로 제시된 요약, 이에 해당하는 설화가 4편 정리되어 있다).

사람을 판단할 때 그 사람의 현재와 변화가능성을 보는 것이 아니라 타고난 집안의 가풍이나 과거를 중시하는 관점은 가르기 서사이다. 위의 이야기처럼 천시 당하던 백정집안에 태어났어도 스스로 깨어 노력하면 현명하고 성실하게 잘 살 수 있음을 믿어주고 존중해주는 것이 '감싸기' 서사이자 상생서사인 것이다.

백정 아들이 과거시험을 보러 간다고 했을 때 "가족을 다 죽이려고 하느냐"는 백정 아버지의 말처럼 당시 금기에 대한 큰 도전이었다. 하지만 며느리는 그 모든 거짓도, 신분 차별이라는 당대 문맥도 초극하여 백정 부자를 감싸고 양반처럼 잘 살게 도왔다. 백정도 양반의 상황에 놓이면 타고난 양반과 다를 바 없다는 평등 의식이 바탕에 있는 것이다.

여기서 한 걸음 더 나아간 이본의 며느리는 소금장수 시아버지를 감추지 않고 드러내어 우대했다. 세상에 소금이 꼭 필요하듯 소금장수가 오히려 더 양반이라며 아버지를 설득한 것이다. 다른 작품들이 정승인 친정아버지를 잘 속여서 백정 부자가 양반 인정을 받게 하였는데 반해 정직하게 신분차별의 부당함을 드러내고 넘어섰다고 할 수 있다.

〈복 빌린 나무꾼〉

땔나무를 해서 사는 가난한 사람이 있었다. 이 사람은 부지런해서 남들은 하루에 두 짐을 하면 석 짐, 넉 짐을 하여 뒤에 쌓아두었다. 그런데 쌓아둔 나무가 자고 나면 두 짐만 남고 나머지는 사라져서, 누가 훔쳐 가는지 알아내려고 저녁에 나무다발 속에 들어가 숨어 있었다. 밤중이 되자 회오리바람이 일면서 나무다발이 둥둥 떠올라서 이 사람도 덩달아 천상으로 올라갔다. 그런데 한 사람이 오더니 옥황상제를 뵈어야 한다며 안내를 했다. 이 사람이 상제 전에서 무릎을 꿇고 앉아 있는데 하루에 나무 두 짐의 복만 타고난 놈이 석 짐, 넉 짐을 해서 내가 가지고 왔다는 소리가 들렸다. 남자가 놀라서 손이 발이 되도록 빌자 옥황상제는 남자에게 박복하지만 그래도 부지런히 노력하는 것이 고맙다며, 이제부터는 나무 백 짐을 하여도 둘 테니 나중에 정수레라는 사람이 생겨나거든 그리로 인계해 주라고 하였다. 가난한 이는 땅으로 내려와서는 부지런히 나무를 하여 벼 천석거리를 장만하고 연신 재산을 늘려갔다. 남자가 하루는 볼 일이 있어 가다가 주막을 지나게 되었는데 그 옆의 수레 속에서 신음소리가 났다. 가만히 들어보니 걸인이 추운 날씨에 해산을 해서 몸을 풀고 있었다. 남자는 주막에 돈을 맡기고 산모와 어린아이를 부탁했다. 그리고 산모에게 아이 성을 묻자 정가이며 수레에서 낳아서 이름이 수레, 정수레라고 했다. 남자가 옥황상제의 말씀이 맞았다고 생각하며 자기 집으로 여자와 어린아이를 데리고 가서 살게 해주었다. 남자는 아이가 자라 칠팔 세가 되자 선생을 초빙해서 글을 가르치고, 열일곱 살이 되자 장가를 보내 분가시켰다. 그리고는 아이에게 이것은 내 재산이 아니라 수레의 재산을 내가 잠깐 지킨 것뿐이라며 나는 떠날 것이니 다 가져가라고 했다. 수레와 그의 어머니가 평생 은혜를 잊을 수가 없는데 무슨 말이냐며 한집에서 평생 함께 지내자고 했다. 남자가 비록 나무 두 짐 복밖에 못 타고났어도 마음씨가 옳아 한평생을 좋게 지냈다.[11]

박복한 나무꾼이 부지런히 일해도 소용이 없자, 옥황상제에게 사정하여 복을 빌리고, 훗날 원래 복의 주인이었던 사람을 만나 재산을 돌려주었더니 함께 잘살게 되었다는 이야기이다. 현실적인 부모도 없고 가난하지만, 나무꾼의 정직하고 성실한 마음이 운명을 바꾸어갔다는 것이 중요하다.[12] 여기서 나무꾼은 부모가 등장하지 않는다. 그 대신 옥황상제가 부모와 같은 역할을 한다. 나무꾼이 너무 가난하여 스스로 부지런히 일하지만 타고난 운명대로 살라 하였다. 이는 백정 집안에 태어났으나 더 열심히 공부해서 변화를 꿈꾸는 아이에게 '소용없다'라고 말하는 부모와 같은 입장이다.

하지만 나무꾼은 끝까지 그 이유를 찾고, 정 안되면 복을 빌려 달라며 사정하였다. 이때 변화가 시작되어 부모서사 입장인 옥황상제도 변화하여 나무꾼에게 복을 빌려주었고, 나무꾼은 복을 돌려줘야 할 때에 잠시 흔들리기는 했으나 그 약속을 잘 지켜서 결국 모두 함께 잘살게 되었다는 이야기로 나아갔다.

11 홍용호, 「하늘의 복을 빌리다」, 『한국구비문학대계』5-3, 28-41쪽(정운채 외, 『문학치료서사사전 2』, 도서출판 문학과 치료, 2009, 1290-1298쪽에 「복 빌린 나무꾼」으로 제시된 요약, 이에 해당하는 설화가 15편 정리되어있다).

12 정재민, 『한국 운명설화 연구』, 제이앤씨, 2009, 185-189쪽.

긍정의 변화 신뢰

자녀가 긍정적으로 관계를 맺고 성장하고 있을 땐 문제가 되지 않는다. 아래의 작품을 보면 패륜에 가까운 못된 자녀의 경우에도 부모로서 긍정의 변화 방향을 열어놓고 믿어줄 때 상생의 서사가 가능해진다는 것을 알 수 있다. 이에 해당하는 설화는 〈부모 모시는 법 배우고 효자가 된 아들〉, 〈빨래방망이 들고 쫓아온 며느리〉, 〈며느리 자랑하여 효부 만든 시아버지〉, 〈내다 팔려고 시부모 살찌운 며느리〉, 〈며느리 방귀는 아들 낳을 방귀〉가 있다.

〈부모 모시는 법 배우고 효자가 된 아들〉

옛날 어떤 내외가 산골에서 살았는데 뒤늦게 아들 하나를 낳아 키우게 되었다. 두 늙은이가 심심하니까 아들이 아직 철이 들지 않았을 때 아빠 뺨 한번 때려주고 와라, 엄마 뺨 한번 때려주고 와라, 하면서 아이에게 뺨 맞고 노는 것을 낙으로 삼았다. 그런데 아이가 커서도 계속 부모를 때렸다. 아이의 아버지가 죽고 어머니만 남았는데 열일곱이 넘은 아이는 나무를 해서 돌아온 다음에 어머니를 매번 때렸다. 어머니가 이제는 견딜 수가 없어 아랫마을의 이진사에게 아이를 가르쳐 달라고 부탁했다. 이진사가 알았다면서 내일 아침에 아이를 자기 집에 보내라고 하였다. 아이가 이진사 집에 갔더니 이진사가 세수를 하고 의관정제를 하더니 자기 부모님께 문안을 드리는 모습을 보여준 뒤에 아이에게 내일 아침에 다시 오라고 하였다. 아이가 다음날 또 갔더니 이진사가 의

관정제를 하고 자기 부모님께 문안드리는 모습을 보여주었다. 아이가 며칠 동안 이진사의 집에서 이진사가 부모 대하는 법을 배우고 집에 돌아와 어머니께 문안 인사를 하고 어머니가 일을 하면 자신이 얼른 나서서 거들면서 어머니를 잘 대접했다. 그리하여 아이는 효자가 되었다.[13]

아이가 어릴 때 잘못된 교육을 하여 불효자가 되었다는 것을 전제로 하고 있다. 이렇듯 어렸을 때 예의와 규범을 익히지 않으면 커서 고치는 것이 참 힘든 법이다. 늦게 본 외아들이니 귀하게 사랑만 주고 지나치게 버릇없이 키웠다는 것이 '부모 때려줘라'는 놀이로 나타났다. 철없이 자란 아들이 성인이 되어도 계속 부모 아픈 줄을 모르고 때리자 더 이상 가르칠 수가 없어, 외부에서 교육받도록 떠나보냈고, 그제야 다른 사람의 모범을 보며 배워서 효자가 되었다는 결말이다.

〈부모 모시는 법 배우고 효자가 된 아들〉 서사는 부모가 자녀 양육을 할 때 지나친 애정을 경계하고 적절한 규범을 가르쳐야 함을 잘 보여준다. 동시에 친부모가 그 규범을 가르칠 시기를 놓쳤을 때에는 자식이 아무리 불효를 해도 포기하지 말고, 밖으로 내보내어야 한다. 외부의 스승을 통해 모범을 배우게 하면 다시 좋은 관계로 돌아온다는 것도 잘 보여준다.

13 오영석, 「자식 버릇 고친 이야기」, 『한국구비문학대계』4-2, 94-97쪽(정운채 외, 『문학치료서사사전 2』, 도서출판 문학과 치료, 2009, 1322-1330쪽에 「부모 모시는 법 배우고 효자가 된 외아들」로 제시된 요약, 이에 해당하는 설화가 22편 정리되어 있다).

매우 부정적인 사람이지만 상황을 바꾸고 다시 배우면 긍정적으로 변화할 수 있다는 믿음도 이 설화 속에 잘 담겨있다. 부모를 다 큰 아들이 때리는 것은 그 '현상'만으로 봤을 때 매우 큰 패륜이다. 하지만 비난과 처벌보다는 다시 배우고 감화될 계기를 마련해주면 다시 변화할 수 있다는 믿음이 〈부모 모시는 법 배우고 효자가 된 아들〉 전체 22편 속에 공통으로 들어있다.

아들이 자신이 불효하고 있음을 깨닫게 된 경위는 다양하지만, 주로 다른 사람을 통해 자신의 행동을 돌아보게 되었다. 아들 자신이 이렇게 된 원인에 대해 부모의 잘못된 교육방식이라고 지적하는 경우도 있고, 더 나아가 '이것이 도리인 줄 알았다.'고 말하며 뉘우치는 이야기도 있다.

불효하던 아들이 효자로 변한 계기가 바깥에서 만난 다른 상대를 통한다는 것도 중요하다. 가족 내부에서 일어난 문제와 갈등이지만 외부로 나가 배워서 긍정적으로 변화할 수 있다는 것이다. 다음의 설화도 부정적인 며느리를 긍정적으로 변화시킨 부모서사가 나타나 있다.

〈빨래방망이 들고 쫓아온 며느리〉

어느 부부가 홀아버지를 모시고 살았는데, 며느리가 아주 불효부였다. 한번은 시아버지가 친구 잔칫집에 초대받았는데, 입고 갈 옷이 없어 며느리가 깨끗하게 보관해 둔 아들의 옷을 입고 나갔다. 빨래하던 며느리가 시아버지를 보고 빨래방망이를 든 채로 쫓아왔다. 잔칫집에서 왜 며느리가 따라왔느냐고 물으니, 시아버지가 자식을 불효자로 만들 수 없어 자기를 배웅하러 왔다고 했다. 잔칫집에서는 효부라며 며느리를 들이고 한 상 대접하였다. 이에 며느리가 반성하고 시아버지에게 효도를 하였다.[14]

이 설화는 며느리의 밀치기를 시아버지가 감싸면서 시아버지의 지혜와 사람을 변화시키는 방법에 대해 생각할 수 있게 한다. 전체적으로 못된 며느리가 시아버지를 함부로 대하고 모질게 행동하는 것을 시아버지는 다른 사람에게 오히려 칭찬하면서 며느리가 스스로 깨우치게 하는 내용을 담고 있다. 다음의 설화에서도 이러한 부모의 자세가 공통으로 담겨있다.

　〈며느리 자랑하여 효부 만든 시아버지〉
　예전에 한 노인이 있었는데 며느리가 불효하여 방에 불을 넣어주지도 않고 밥도 대충 차려주었다. 하루는 노인이 자기가 직접 나무를 주워서 불을 때 방을 따뜻하게 만들고 이웃 노인들을 불렀다. 노인들이 와서 방이 따뜻한 것을 보고 누가 이렇게 불을 넣어주느냐고 묻자 노인은 자기 며느리가 해준다고 했다. 이번에는 노인들이 방 한쪽에 밀어

14 한명하, 「불효부 길들이기」, 『한국구비문학대계』8-13, 323-326쪽(정운채 외, 『문학치료서사사전 2』, 도서출판 문학과 치료, 2009, 1468-1472쪽에 「빨래방망이 들고 쫓아온 며느리」로 제시된 요약, 이에 해당하는 설화가 11편 정리되어 있다).

놓은 밥상을 보고 저녁을 먹지 않았느냐고 물었다. 며느리가 대충 차려 놓은 밥이 먹기 싫어서 밥상을 한쪽에 밀어 놓았던 노인은 며느리가 차려준 밤참이라고 대답했다. 노인들은 며느리가 밤참까지 차려주느냐며 효부라고 놀라서 돌아갔다. 이튿날 며느리가 공동 우물에 물을 길러 가자 동네 며느리들이 어떻게 그렇게 시부모에게 효도를 하느냐고 칭찬을 했다. 며느리가 자기는 아무 것도 한 일이 없다고 하자 다른 며느리들이 시아버지 방도 따뜻하게 해주고 밤참까지 차려주지 않느냐면서 어른들 칭찬이 자자하다고 했다. 그 후로 며느리는 마음을 바꿔 먹고 시부모에게 잘했다.[15]

칭찬으로 며느리를 변화시킨 이 설화에서는 시아버지와 시어머니 둘 중 한 사람만 나오며, 보통 남편은 아내의 행동을 묵인한 상태로 자신의 부모를 돌보지 않는다. 아들이 부인의 행동에 대해 다른 태도를 취한 것은 두 편 정도이다. 주로 시어머니나 시아버지가 며느리와의 좋지 않은 관계를 풀어내려고 노력하는 모습이 담겨있다. 시부모가 긍정의 방향을 열어놓아서 며느리가 변화되는 서사로 보았을 때에는 제3자의 개입보다는 시부모의 선에서 이야기가 진행되는 것이 자연스럽다. 하지만 가정 내의 부정적인 자녀 문제

---

15 이찬수, 「불효 며느리 효부 만든 시아버지」, 『한국구비문학대계』7-17, 116-118쪽(정운채 외, 『문학치료서사사전 1』, 도서출판 문학과 치료, 2009, 980-983쪽에 「며느리 자랑하여 효부 만든 시아버지」로 제시된 요약, 이에 해당하는 설화가 7편 정리되어 있다).

를 그 부모가 해결하지 못할 때는 사회적인 어른이 도울 수도 있음을 보여주기에 그 두 편 또한 매우 중요한 변이라고 할 수 있다.

다음에 이어지는 〈내다 팔려고 시부모 살찌운 며느리〉도 이와 같은 현실이 잘 반영되어 있다. 부정적인 며느리를 시부모도 감당하지 못할 때, 며느리의 배우자이기도 한 아들이 중요한 조력자 역할을 하고 있다.

〈내다 팔려고 시부모 살찌운 며느리〉

어떤 며느리가 혼자 계신 시아버지에게 아주 못되게 굴었다. 아들은 자신의 아버지를 잘 봉양하지 않는 부인을 내쫓고 싶었으나 자식도 있고 부자(父子)가 다 홀아비가 되는 것도 좋지 않아 어떻게 할까 궁리를 하였다. 하루는 남편이 고기를 많이 사가지고 집으로 들어가자 아내가 무슨 고기를 이렇게 많이 사가지고 왔냐고 물었다. 남편은 장에 가보니 늙은이가 살이 찌면 값이 무한정 나간다면서 아버지에게 고기를 잔뜩 드려 한 일 년간 살을 찌워서 팔려고 한다고 하였다. 그때부터 며느리는 시아버지에게만 고기를 주었다. 그전과 다르게 자신에게 잘해주는 며느리가 고마워진 시아버지는 보리방아를 찧는 며느리에게 대신 아이를 봐준다고 하고 아들이 해온 나무를 며느리 대신 다 쪼개서 부엌에 들여놔 주었다. 일 년이 지나자 남편은 부인에게 내일 아버지를 장에 팔아야겠다고 했다. 그동안 시아버지의 도움에 고마움을 느낀 부인은 이제 시아버지 없으면 못 산다며 돈도 필요 없다고 하였다. 그렇게

남편은 부인의 버릇을 고쳐 효부를 만들었다고 한다.[16]

〈내다 팔려고 시부모 살찌운 며느리〉 설화에는 부부서사, 자녀서사, 부모서사가 함께 어우러져 상생의 서사를 이루고 있다. 주체를 부모로 놓고 보면 부정적인 며느리라도 긍정적으로 자랑하던 위의 설화와 공통이다. 시부모를 싫어하던 며느리가 갑자기 시부모에게 음식을 잘 대접하자 시부모도 집안일을 거들고 손자를 봐주면서 긍정적인 반응을 한 것이다. 만약 며느리의 속셈을 의심하거나 알아차려서 부정적으로 반응했다면 며느리는 더 악해졌을 것이다. 하지만 다행히 대접만 받는 시부모가 아니라 도와주고 베풀어주는 부모임을 며느리가 알게 되어서 좋은 관계를 회복할 수 있었다.

고부간의 갈등은 오늘날에도 가족 내 중요한 갈등요소이다. 특히 이 설화는 가사노동의 부담을 주로 며느리가 전담했던 시대를 배경으로 나왔기에 더 힘들어했다고 볼 수 있다. 이때 도덕적으로 아내를 훈계하거나 억압하지 않고 아내와 같은 입장에서 동감하며 "부모를 건강하게 살찌워서 내다 팔자"고 제안한 남편의 자세도 매우 중요하다. 현실적으로 말도 안 되는 설정이지만 아내는 시부모가 없었으면 좋겠다고 생각한 자신의 소망을 알아차린 배우자를 믿었고, 그 과정에서 스스로 시부모와의 긍정적인 관계도 찾아낼 수 있었다.

16 신승호, 「아내 버릇 고쳐 효부 만든 남편」, 『한국구비문학대계』2-9, 879-881쪽(정운채 외, 『문학치료서사사전 1』, 도서출판 문학과 치료, 2009, 596-611쪽에 「내다 팔려고 시부모 살찌운 며느리」로 제시된 요약, 이에 해당하는 설화가 46편 정리되어 있다).

이렇듯 며느리가 불효를 하고 시부모와의 관계를 악화시킬 때 어떻게 풀어가야 하는지를 잘 보여주는 설화이다. 일단 아내의 입장에서 시부모를 밀치기하는 마음을 공감해주고 현실적으로 건강한 밀치기서사가 되도록 모색을 해준 배우자의 역할이 매우 중요하기에 배우자인 남편을 주체로 놓고 보면 상생 부부관계의 '이해와 포용'에 속할 수 있다.

그리고 며느리가 어떤 속셈이든 긍정적인 행동을 했을 때 시부모도 긍정의 역할을 해주고 변화를 보여주어서 악순환이던 관계를 선순환으로 돌아서게 하였다. 이렇게 시부모를 주체로 놓고 며느리의 변화를 신뢰해준 부모의 자세에 주목하면 '자녀의 변화 신뢰'에 속하지만, 남편을 주체로 놓고 부부서사로 보아도 가능한 것이다. 배우자가 현실의 도덕과 법을 어기는 부정적인 행동을 해도 그의 입장에서 이해하고 포용하는 유형에 함께 들어갈 수 있다.

다음의 작품은 위에서 본 작품들처럼 부모와의 관계를 거부하는 자녀의 모습은 아니다. 그래도 시부모 앞에서 조심해야 할 며느리가 실수했을 때 그 상황을 부모로서 긍정적인 해석을 해주는 자세가 다른 작품들의 부모와 공통이라서 함께 보고자 한다.

〈며느리 방귀는 아들 낳을 방귀〉

며느리가 밥상을 들고 가다가 시아버지 앞에서 방귀를 끼었다. 시아버지는 며느리가 민망할까 봐, "아들 낳을 방귀다."라고 했다. 그러자

며느리가, "부엌에서도 한 번 뀌었어요."라고 했다.[17]

　매우 유쾌하고 간명한 설화이다. 하지만 부모로서의 시아버지와 자녀로서의 며느리 관계가 잘 나타나 있고, 각 편의 이본 중 〈모자라는 며느리〉의 경우는 시아버지의 긍정적인 부부관계도 암시해주고 있다. 방귀를 소재로 한 다양한 설화들이 있지만 이렇게 축복과 긍정으로 실수한 사람을 풀어주는 경우는 드물다. 보통 지나치게 긴장하고 상대를 어려워하는 사람이 억눌러놨던 생리적 현상으로 실수를 한다. 이때 '괜찮다, 누구나 그럴 수 있다, 오히려 이제부터 더 잘 될 거다'는 격려와 변화에 대한 믿음이 이 간결한 설화 속에 잘 담겨있다.

새로운 지도자

부모서사는 양육과 가르침을 자식이나 상대적 약자에게 베푸는 주체의 이야기이다. 하지만 상생의 서사 속 부모는 더 지혜롭고 마음 넓은 자녀에게 오히려 배우고 깨달아서 상생의 방향으로 변화한 모습을 보여주고 있다. 대표적인 예로 〈하루 만에 자라는 오이〉, 〈구렁이 될 뻔한 아버지 구한 딸〉, 〈개로 환생한 어머니 여행시킨

17　김철중, 「며느리 방귀는 아들 낳을 방귀」, 『한국구비문학대계』6-8, 22쪽(정운채 외, 『문학치료서사사전 1』, 도서출판 문학과 치료, 2009, 968-969쪽에 같은 제목으로 제시된 요약, 이에 해당하는 설화가 4편 정리되어 있다).

아들〉, 〈씨임자보다 땅임자〉가 있다. 부모가 현실 원칙 아래서 가르기, 밀치기 수준에 머물러 있다가 곤란을 겪게 되었을 때 자녀가 현실을 초극한 이해력으로 부모에게 조언하고 부모는 그것을 받아들여서 함께 화합하는 내용을 담고 있다.

〈하루 만에 자라는 오이〉

어머니와 아들이 함께 사는 집이 있었다. 하루는 그 아들이 서당에 갔다가 아비 없는 호래자식이라고 놀림을 받았다. 아들은 집으로 돌아와 어머니에게 왜 자기에게는 아버지가 없느냐고 물었다. 어머니는 아버지는 살아계신다며 어느 마을의 대감이라고 말해 주었다. 아들은 어머니에게 왜 아버지와 따로 사느냐고 물었다. 어머니는 자신이 첫날밤에 실수로 방귀를 뀌었더니 다음 날 아버지가 바로 돌아가 버리고 돌아오지 않았다고 털어놓았다. 아들은 어머니에게 오이씨를 구해 달라고 하여 아버지가 사는 동네로 갔다. 아들은 아버지의 집 앞에서 하루 만에 자라는 오이씨를 사라고 외쳤다. 대감은 아이가 사기를 친다고 생각하고 아들을 불러 하루 만에 자라는 오이씨가 어디 있느냐고 호통을 쳤다. 아들은 대감에게 방귀를 안 뀌는 사람이 심으면 정말로 하루 만에 다 자라는 오이씨라고 했다. 대감은 세상에 방귀를 안 뀌는 사람이 어디 있느냐고 했다. 아이는 대감에게 그러면 왜 첫날밤에 방귀 좀 뀌었다고 어머니를 소박하여 자기가 아버지의 정도 모르고 살게 하느냐고 물었다. 대감은 자기가 소박한 여자를 떠올리고 아이가 자기 아들이라

는 것을 깨달았다. 대감은 아이와 아이의 어머니를 집으로 데리고 와서 잘 살았다.[18]

첫날밤에 신부가 실수 좀 하였다고 소박을 놓고 떠난 남편과, 첫날밤에 잉태된 아들의 서사이다. 당시 현실에선 첫날밤에 버림받은 아내는 그대로 혼자 남아서 아들을 키우며 살았다. 오늘날의 싱글맘, 미혼모와 본질적으로 같은 처지이다. 하지만 아이가 자라나서 아버지를 적극 찾아 나선 점이 중요하다. 작은 핑계로 어머니를 버린 아버지에 대해서 아들이 논리적으로 대응하고 설득한 후 아버지가 늦게라도 반성하고 어머니와의 관계를 되찾게 한 것이다. 무책임하게 떠난 배우자 때문에 혼자 아이를 키운 어머니의 회한을 아들이 풀어주었다.

여기서 '방귀'는 배우자의 실수나 잘못으로도 넓게 해석할 수 있다. 완벽한 사람이 없듯이 누구나 미운 짓을 할 수 있고 때론 큰 실수를 할 수도 있다. 그런데 그러한 이유로 상대를 버린다면 '지속'적인 인간관계는 불가능하다. 적어도 부부의 인연을 맺으려면 책임감과 이해와 포용력을 발휘하여 함께 성숙해가는 지속의 관계를 만들겠다는 각오가 필요하다. 그래야 양가의 가족관계도 이어가고, 그 사이에서 태어난 아이도 키우며 새롭게 역사를 이어갈 수 있

18 이춘석, 「방구와 오이씨」, 『한국구비문학대계』1-8, 427-430쪽(정운채 외, 『문학치료서사사전 3』, 도서출판 문학과 치료, 2009, 3351-3357쪽에 「하루 만에 자라는 오이」로 제시된 요약, 이에 해당하는 설화가 14편 정리되어 있다).

는 것이다. 〈첫날밤에 아이 낳은 신부〉 속 남편의 자세와 극단적으로 대조되는 남편이 〈하루 만에 자라는 오이〉에 나타난 것이다. 따라서 이 서사는 남편을 주체로 놓고 보면, 배우자 밀치기에서 되찾기로 나아간 것이고, 아들을 주체로 놓고 보아도 부모 되찾기에 해당한다. 비록 무책임하고 성급하게 아내를 버려서 아들도 아버지 없이 자라게 하였지만 그래도 아버지가 자기 잘못을 깨닫고 다시 변화할 수 있게 도운 아들의 자세가 나타났기 때문이다.

다음의 설화도 물욕에 집착하던 아버지가 변화할 수 있게 도운 자녀의 이야기이다.

〈구렁이 될 뻔한 아버지 구한 딸〉

친구 사이인 세 정승이 정승 자리를 내려놓고 각자 시골집으로 내려갔다. 세월이 흘러 정승 중 한 명이 죽자 다른 정승이 문상을 가려고 했다. 그러자 딸이 문상을 가면 시체를 넣어둔 관을 열어보라고 하였다. 문상을 간 정승은 딸의 말대로 상주에게 부탁을 하여 관을 열어보았다. 그러자 그 속에 들어있던 시커먼 구렁이가 실실 나오더니 뒷산으로 올라갔다. 정승이 구렁이를 따라가 보니 구렁이가 뒷산에 있는 세 개의 구멍 중에 작은 구멍에 피를 흘리며 비집고 들어가는 것이었다. 정승은 집으로 돌아가 딸에게 모든 일들을 말해주었다. 며칠 후 또 다른 정승이 죽었다며 부고가 왔다. 딸은 이번에도 문상을 가면 관을 열어보라고 하였다. 정승이 문상을 가서 관을 열어보자 또 시커먼 구렁이가 나오더니 뒷산에 있는 남은 구멍 중 하나로 들어가는 것이었다. 정승이 집에 가서 딸에게 말하자 딸은 하나 남은 구멍은 아버지의 것인데 죽지 않으려면 자신의 말을 잘 들으라고 했다. 딸은 예전부터 정승들은 벼슬을 했다고 백성들에게 못할 짓을 많이 했기 때문에 가지고 있는 재산을 전부 버리고 자신을 따라오라고 했다. 정승이 모든 것을 포기하고 딸을 따라 한강을 건너는데 물이 탁 갈라져서, 그 사이를 건너갔다. 잠시 후 정승의 부인도 뒤를 따라왔지만, 물을 건너지 못하고 허우적대는 것이었다. 그러자 딸이 어머니에게 살고 싶으면 몸에 지닌 것을 전부 버리라고 했다. 그제야 어머니가 몸에 지닌 패물을 전부 버리니 물을 건널 수 있었다. 모두 재물을 버리자 물속에 길이 탁 터지면서 세 식구는 용궁으로 내려갔다. 그 후 정승은 용왕이 되어 잘 살았다.[19]

이번엔 재산이 많은 정승 아버지를 변화시킨 딸의 이야기이다. 능력과 노력을 겸비해서 올랐을 정승 자리이고 그 덕에 모았을 재산인데도 다 나눠주고 버리지 않으면 사후에 좁은 구멍으로 들어가는 구렁이 신세가 됨을 알게 하였다. 또한, 임금 아래 최고의 자리인 정승까지 하면서 백성들에게 못할 짓도 많이 했으니 모아둔 재산을 다 버려야 죽은 후에 잘 살 수 있다고 하였다. 딸이나 며느리가 범상치 않은 예지력으로 물욕에 집착하면 죽어서 구렁이가

19 김덕선, 「이인(異人) 딸 덕에 회개한 정승」, 『한국구비문학대계』7-15, 140-142쪽 (정운채 외, 『문학치료서사사전 1』, 도서출판 문학과 치료, 2009, 310-316쪽에 「구렁이 될 뻔한 아버지 구한 딸」로 제시된 요약, 이에 해당하는 설화가 10편 정리되어 있다).

된다는 것을 아버지에게 알려준 것이다.

　높은 권력자이고 욕심 많은 부자였음에도 딸이나 며느리의 말을 듣고 바로 행동을 수정하여 구렁이가 되지 않고 좋은 곳으로 간 것이 각 편 8번이고 두 편은 욕심을 버리지 못하다가 나중에야 수정했다. 또 앞의 각 편 1, 2번 설화 속에서 어머니도 패물을 몰래 간직하고 가다가 다시 버려서 가족 모두 승천하는 것으로 나와 있다. 사회에서 인정받는 자리까지 오른 아버지가 현실적으로는 반성하기 어려운 상황이었지만 자식의 말을 듣고, 먼저 죽은 친구들을 반면교사로 삼아 재물욕을 버리게 되었기에 가능하였다. 전체적으로는 자녀의 말을 귀담아듣고 그동안 쌓아온 부를 풀어내어 약자를 돕는 부모의 자세인 것이다. 이렇게 자녀의 충고도 잘 받아들인 부모는 사후에도 가족과 함께 좋은 곳으로 갔다는 이야기로, 겸손하게 자녀를 새로운 지도자로 인정한 부모의 자세라고 할 수 있다.

　〈개로 환생한 어머니 여행시킨 아들〉

　어머니가 여행도 못하고 평생 집 밖에 나가지도 않고 집 안에서 고생만 하다 죽었다. 저승에서 세상 구경도 못하고 죽은 것을 알고 개로 환생하여 집으로 돌아가 도둑이나 지키며 살라고 하였다. 어머니가 개로 환생하여 큰아들의 집으로 가게 되었는데 며느리가 임신을 하여 개를 잡아먹고 싶다고 하였다. 개가 된 어머니가 그 말을 듣고는 딸의 꿈에 나타나 자신이 개가 되어 큰아들의 집에 있는데, 자신을 잡아먹으려

한다고 일러주었다. 다음 날 딸은 그 사실을 오빠에게 이야기했고 개를 잡아먹으려던 큰아들은 개를 업고 여행을 시켜주었다. 하루는 나무 밑에서 쉬고 있는데 갑자기 비가 오는 것이었다. 큰아들은 옷을 벗어 개에게 덮어주었다. 조금 후에 개는 하늘로 올라가 버렸는데 그 자리에 함 같은 것이 떨어졌다. 큰아들이 함을 가지고 와서 보니 돈이 수북하게 들어 있어 부자가 되었다.[20]

이 설화 속 어머니는 헌신하는 자세로 오직 친자식들을 위해 살았다. 남편도 없고 가난하여 그랬다고 하지만 며느리와는 불화하고 친아들하고만 애착을 느끼는 것을 볼 때 부모서사 자녀 가르기 영역의 애착이라 할 수 있다. 어머니가 자녀에게 무조건 희생했다고 해서 자녀 감싸기 서사의 낮은 단계로 보는 논의도 있으나, 그렇지 않다. 자녀 감싸기 서사는 현실 통념과 이념, 법을 초극해서라도 자녀를 살리고 믿으며 감싸는 부모의 자세를 보여주므로 친자식이든 의붓자식이든 딸이든 며느리이든 차별하지 않는 자세를 보이기 때문이다.

이렇게 자녀 가르기 수준에서 친자식에게만 희생적으로 살았던 어머니이기에 저승에서 핀잔을 듣고 동물로 환생한 것이라 할 수 있다. 하지만 늦게라도 그 아들이 개로 환생한 어머니를 여행할 수 있게 도와서 여한을 풀었기에 어머니는 다시 승천하고 아들도 복

20 김맹순, 「개로 환생한 어머니」, 『한국구비문학대계』8-4, 321-325쪽(정운채 외, 『문학치료서사사전 1』, 도서출판 문학과 치료, 2009, 96-101쪽에 「개로 환생한 어머니 여행시킨 아들」로 제시된 요약, 이에 해당하는 설화가 12편 정리되어 있다).

을 받아 잘 살게 되었다는 것이다.[21] 이렇게 개로 환생한 후에도 변화를 하지 못한 채 아들 집에만 머문 어머니였지만 아들의 인도를 받으며 여행을 한 모습이 자녀를 새로운 지도자로 인정한 부모의 자세와 통한다고 볼 수 있다.

〈씨임자보다 땅임자〉

옛날에 아주 친한 두 친구가 있었는데, 한 친구는 부자지만 자식이 없고, 한 친구는 가난하지만 자식이 많았다. 부자지만 자식이 없는 친구가 나이를 먹자 자식이 하나도 없는 것이 걱정되어 자식이 많지만 가난한 친구에게 찾아가 자기 부인과 관계하여 아들 하나만 만들어 달라고 부탁했다. 가난한 친구가 처음에는 망설이다가 친구가 하도 부탁하여 그러기로 했다. 부자 친구는 자기가 오줌 누러 나가는 사이에 방 안으로 들어와 자기 부인과 관계를 맺으면 아무도 모를 것이라 했다. 그렇게 해서 부자 친구의 마누라가 임신하여 아들 하나를 낳게 되었는데, 그 아이가 어려서부터 굉장히 총명하고 효자였다. 그 모습을 지켜보던 가난한 친구가 늘 속으로 '저게 내 자식인데.'라는 마음을 품었는데, 그 아들이 점점 더 훌륭히 자라나자 욕심이 커지기 시작했다. 결국, 가난

---

21 이에 대하여 "부모가 자녀에게 집안일을 맡기고 자신의 삶을 살아도 되고, 자녀에게 의지해도 된다는 것을 깨달아 자녀의 독립성을 인정하면 모두가 성공할 수 있다는 이야기를 본 설화에서 말해준다"고 연구된 바 있다. 김혜미, 「설화 「개로 환생한 어머니 여행시킨 아들」에 나타난 어머니의 문제와 그 해결 과정」, 『고전문학과 교육』제20집, 한국고전문학 교육학회, 2010, 304쪽.

한 친구가 부자 친구에게 가서 자기 자식을 돌려달라고 했는데, 그 말을 들은 부자 친구가 병이 생겼다. 자기 아버지가 병에 걸려 방문 밖으로 나오지를 않으니까 걱정이 된 아들이 아버지에게 무슨 일이냐고 물어보았다. 아들이 하도 강경하게 무슨 일인지 알려달라고 하니 아버지가 어쩔 수 없이 사실대로 다 이야기해주었는데, 아들이 그런 걸 갖고 걱정하냐면서 자기가 다 해결하겠다고 했다. 아들이 자기 어머니에게 부탁하여 술과 고기를 준비하여 동네잔치를 열어달라고 했다. 잔칫날이 되자 아들이 동네 사람들에게 물어보고 싶은 게 있다면서, 윗밭 임자가 심던 씨 하나가 튕겨나가 아래 밭에 심어졌는데, 나중에 그 씨가 자라나 훌륭한 열매를 맺자 욕심이 생긴 윗밭 임자가 그 열매를 자기를 달라고 하는데 과연 누가 그 열매의 임자냐고 물었다. 사람들이 그건 열매를 가꾼 아래 밭 주인이 임자라고 했는데, 그 말을 들은 가난한 친구가 다시는 자기 아들을 돌려달라는 소리를 안 했다.[22]

자식을 낳아 기르고 싶었던 아버지는 아내 몰래 친구의 씨를 받아 아들을 얻었다. 그 아들이 총명하게 잘 자라나자 생부가 탐이 나서 자기 아들이라는 비밀을 폭로하겠다고 하니 그 기른 아버지가 병에 걸렸다. 이때 그 아들이 그 씨가 다른 곳에서 왔어도 심어진 땅에서 잘 가꾸고 키운 밭주인이 열매의 임자라고 하며 키워준 아

22 권중원, 「길러준 아버지를 구한 효자」, 『한국구비문학대계』7-14, 361-365쪽(정운채 외, 『문학치료서사사전 2』, 도서출판 문학과 치료, 2009, 1951-1961쪽에 「씨임자보다 땅임자」로 제시된 요약, 이에 해당하는 설화가 19편 정리되어 있다).

버지를 안심시켰다.

그 과정에서 아들은 자기 출생의 비밀을 알게 되었다. 친아버지인 줄 알았는데 혈육의 친아버지는 따로 있었던 것이다. 오늘날보다 더 완고한 혈연 가족주의 시대를 배경으로 한 것인데도 아들은 그 문맥을 초극해서 길러준 아버지를 적극 지지하였다. 낳은 정보다 키운 정이 더 깊고 중요하다는 것이다. 비록 혈연으로 맺어진 부자관계는 아니지만, 그 이상으로 생각해주는 아들 덕에 아버지는 걱정 없이 더 잘 살았을 것임을 암시한다.

건강한 가정은 부모가 사랑을 베풀며 지도력을 발휘하여 경제적으로나 정신적으로 자녀가 성장하도록 돕는다. 부모는 내리사랑으로 삶의 에너지를 얻고, 자녀는 우선 잘 받으면서 성장하여 훗날 자신들도 베풀 줄 아는 어른이 되는 것이다. 하지만 현실은 이와 거리가 먼 가족이 많다. 정신적으로, 경제적으로 준비가 되지 못한 채 아이를 낳아 부모가 된 경우가 대표적이다. 이때 자녀서사의 입장에 서 있는 자녀가 어떻게 그러한 부모를 대해야 하는지, 어떠한 이해력을 발휘하여 자녀부터 새로운 지도자의 모습으로 대안을 찾아나가는지가 아래의 설화 속에 나타나 있다.

〈돌 노적 쌀 노적〉

시골에 사람들이 살았는데, 한 집이 아주 가난했다. 그 집에 며느리가 들어와 보니 시댁 형편이 정말 난처한 것이었다. 며느리는 시집온

지 삼 일이 지나자 시어른들을 모셔놓고 우리 형편이 이렇게 딱하니까 어른을 뽑아야겠다고 했다. 그리고는 시아버지에게 어른을 할 것이냐고 묻자, 시아버지가 "나는 어른 할 자격이 없다."고 했다. 시어머니에게 물었더니, 역시 못하겠다고 했다. 그러자 며느리는 남편을 불러 집안에서 어른 일을 한번 해보라고 했다. 그러니까 남편도 못하겠다고 했다. 식구들은 며느리에게 어른 노릇을 해보라고 권했다. 며느리는 아무도 할 사람이 없으니까 자신이 하겠다고 했다. 그리고 어른이 된 며느리는 식구들에게 자기 방식대로 움직이라고 했다. 식구들이 그렇게 하겠다고 하자, 며느리는 시아버지에게 오늘부터 돌을 석 점씩 나르라고 했다. 그리고 시어머니는 집에서 아기를 보면서 집안일을 하고, 남편은 하루 식전에 거름을 두 소쿠리씩 해 모으고, 하루에 나무 석 짐씩을 하라고 했다. 식구들이 알았다면서 그것이 몇 해 계획이냐고 물었다. 그러니까 며느리가 삼 년을 해보자고 말했다. 그리하여 의논이 맞아서 삼 년 동안 그렇게 했더니 살림이 늘면서 수준이 좀 나아졌다. 그리고 돌을 주워놓은 것이 어느덧 집채만큼이 되었다. 그런데 삼 년이 지나도 집안이 크게 펴지지는 않은 것 같았다. 그러자 식구들이 며느리에게 삼 년이 지났는데 별로 표가 안 난다고 했다. 그러니까 며느리가 설마 그렇겠냐면서 정말 그렇다면 우리가 복이 없어서 그런 것이라고 했다. 다음 날 건너 마을의 김동지 영감이 와서 보니 가난한 집에 쌓여 있는 돌무더기에서 서기가 비치는 것이었다. 김동지는 가난한 집에 찾아와 자기네 집 곡식 백 섬과 돌무더기를 바꾸자고 했다. 며느리가 그 말을 듣고 그렇게 하자고 했다. 김동지는 가난한 집에서 쌓여있는 곡식을 돌무더기로 바꿔갈 참에 나락 맨 위에 있는 곡식 한 섬을 종자로 삼는다면서 빼냈다. 그러자 며느리도 제일 위에 있는 돌 한 개를 빼고 주었다. 나중에 며느리의 집에는 곡식이 다 왔는데, 김동지 집에 쌓아 놓은 돌에는 서기가 비치지 않는 것이었다. 그러니까 맨 위에 있던 돌만이 금덩어리였던 것이다. 그러던 어느 날 가난한 집에 도사가 지나가면서 금덩어리가 이 집에 있으니까 팔라고 하였다. 그러자 식구들이 금덩어리가 없다고 했는데, 도사가 집에 있는 돌을 보면서 그 돌을 팔라고 하였다. 그래서 식구들은 이천 냥을 받고 돌을 팔았다. 이렇게 되어 그 집은 삼년 만에 아주 부자가 되었다.[23]

가난한 집 부모가 자신들은 지도할 자격이 없다며 어린 아들이나 며느리에게 '집안 어른 노릇'을 맡긴 것이 앞 내용의 중심이다. 주로 어린 자녀가 먼저 나서서 제안한다. 이때 부모가 어린 자녀들의 의견을 받아들이고 변화했더니 모아둔 돌 중에 금덩이도 하나 있었던 것이고, 그 덕에 부자가 되었다는 것이다.

이야기의 주체를 자녀로 놓고 보면 '자녀서사—부모 감싸기'에 해당한다. 부모가 무능해서 가난한 것이라고 원망하거나 좌절하기보다는, 부모와 함께 집안이 변화할 수 있도록 새로운 방법을 모색

23 김원관, 「뜻이 맞아야 집안이 흥한다」, 『한국구비문학대계』8-12, 519-524쪽(정운채 외, 『문학치료서사사전 1』, 도서출판 문학과 치료, 2009, 804-812쪽에 「돌 노적 쌀 노적」으로 제시된 요약, 이에 해당하는 설화가 20편 정리되어 있다).

한 것이다.

　현실적으로 부족한 부모와 갈등하거나 원망을 하는 자녀는 아직 자기 변화와 성장의 동력을 부모에게 기대고 있는 수준이라서 현실 통념을 초극하지 못한다. 〈효불효 다리〉처럼 어머니가 현실 법과 상식을 뒤로 하더라도, 이해하고 초극해서 어머니를 돕듯이, 〈돌 노적 쌀 노적〉에서도 자녀가 부모의 부족함을 감싸고 그 대안을 찾아 해결해 나간다. 이처럼 감싸기 서사의 특징은 문제의 본질이 '사람'에게 있을 때 '갈등과 원인 규명, 단죄'를 넘어서서 서로 살리는 방향으로 바로 나아가는 것에 있다.

　이야기의 주체를 '부모'에 두고 보았을 때도 긍정적인 의미가 있다. 가족 문제 해결을 위해 먼저 나서는 어린 자녀나 며느리에게 '위계질서'를 무시한다고 생각하기보다는 적극 지지하고 따랐다. 이렇게 자녀가 더 창의적일 수 있는 부분, 청출어람이 가능한 점을 인정하고, 새로운 지도자로 인정하기에 부모서사-자녀 감싸기와 통한다. 〈장모가 된 며느리〉처럼 현실 원칙을 초극하여 며느리를 깊이 믿어주고 따랐기에 행복한 결말로 나아간 것이다.

　자녀가 태어나서 부모와 처음 관계 맺을 땐 부모가 양육을, 자녀는 순응을 중점에 두고 만난다. 이 관계가 잘 이어지면 자녀가 자라나면서 변화와 성장을 하고, 부모도 나이와 함께 인품이 성숙되어 황희 정승처럼 〈네 말도 옳다〉[24]에 나타났듯이 자녀들의 작은 시비는

24 "어떤 마을에 선비가 있었는데 그 선비 집에는 며느리와 딸이 함께 살고 있었다.

경청해주고, 사회적 큰 절개는 중시하는 어른으로 자리하는 것이다.

문제는 부족한 부모, 어른답지 못한 어른의 모습인데 이러한 부모를 탓한다고 해서 풀릴 문제는 아니다. 순임금 일화가 담긴 아래의 설화도 이것을 잘 보여준다.

〈아버지가 죽이려 한 순임금〉

순임금의 어머니가 돌아가시자, 순임금 아버지가 후처를 들였다. 그리고 그 후처가 아들을 낳자, 후처와 아들에게만 애정을 기울였다. 그때 순임금이 역산에서 농사를 짓고 살았는데 그 아버지가 순임금을 없애버리려는 공모를 후처와 하였다.

한편 순임금을 인정한 요임금은 자신의 두 딸을 아내로 맞도록 했다. 순임금은 아버지에게 알리면 장가를 못 들게 할 것이고, 그렇게 되면 후손이 없어지는 불효를 저지를 것 같아서 몰래 장가를 들었다. 얼마 지난 후 아버지가 순임금을 부르더니 곳집을 수리하라고 했다. 순임금이 삿갓 두 개를 옆에 끼고 올라갔는데, 올라가니까 아버지가 사다리를

그런데 며느리와 시누이가 항상 싸우는 것이었다. 하루는 저녁에 시누이와 올케가 빨래를 다리면서 딸이 달이 크다고 했더니, 며느리가 별이 크다고 주장하면서 서로 옳다고 싸웠다. 둘이서 싸우다가 해결이 안 되자 아버지에게 와서 물어보는 것이었다. 먼저 딸이 "아버지 달이 크지요?"라고 하자, 아버지가 "네 말이 맞다."고 했다. 그러자 며느리가 와서 "아버지, 별이 크지요?"라고 하자, 시아버지가 "네 말도 맞다."고 했다. 그러니까 마누라가 자기 영감에게 달이 크면 달이 크다, 별이 크면 별이 크다고 하지 딸이 말하면 네 말이 맞는다고 하고, 며느리가 말하면 네 말도 맞다 그러냐고 했다. 그러자 선비는 자네 말도 맞는다고 했다. 그리하여 온 집안이 화평하게 되었다. 김병태, 「가정을 화평하게 한 지혜로운 말대답」, 『한국구비문학대계』6-12, 280-281쪽.

치워 버리고 곳집을 불태웠다. 그 때에 순임금이 삿갓을 옆구리에 날개처럼 끼고 잘 내려왔다. 그다음에는 샘을 파라고 했다. 그러고는 순임금이 파러 들어가니까 입구를 막아버렸다. 순임금의 동생은 형이 죽었다고 생각하고 아버지와 재산을 나누는데, 형의 거문고와 활과 형수는 자기가 차지하고, 창고와 소와 염소를 아버지에게 주기로 했다. 동생이 순임금 집으로 달려가니, 어느새 순임금이 먼저 와 있으면서 동생에게 어찌 된 일이냐고 했다. 동생은 엉겁결에 형 생각이 나서 왔다고 하였다. 순임금은 동생에게 유비국을 주고, 아버지에게는 효성을 다하였다.[25]

이렇게 순임금은 친부와 계모, 동생이 계속 자신을 죽이려고 했어도 적절하게 대처하고 가족 외의 사람들과 관계망을 넓혀갔다. 그리고 부정적인 가족을 원망하거나 문책하기보다는 오히려 덕을 베풀어서 변화하게 돕고 더 큰 사회적 지지와 신임을 얻었다. 이러한 자세 속에 현명하게 앞서가는 새로운 지도자의 모습이 담겨있다. 앞에서 살핀 〈하루 만에 자라는 오이〉, 〈구렁이 될 뻔한 아버지 구한 딸〉, 〈개로 환생한 어머니 여행시킨 아들〉, 〈씨임자보다 땅임자〉 설화들처럼 상생의 서사에 담긴 자녀서사의 대표적인 특징은 새로운 지도자의 모습이다. 상대적 약자를 돌보는 자녀와 홀로된 부모의 외로움을 존중하는 자녀의 모습도 현명한 지도자로서의 특

---

25 김원채, 「순임금이야기」, 『한국구비문학대계』6-3, 238-242쪽. (정운채 외, 『문학치료서사사전 2』, 도서출판 문학과 치료, 2009, 2052-2053쪽에 「아버지가 죽이려한 순임금」으로 제시된 요약, 이에 해당하는 설화가 2편 채록되어 있다.)

징에 포함된다. 부정적인 상황에 놓인 부모를 만났을 경우 상생의 서사로 나아간 주체는 위의 설화들처럼 현명하게 앞서가고, 현실 문맥을 초극하는 자세를 보여준다.

다음의 설화 속 선한 계모의 모습에는 자녀를 깊이 믿고 변화를 지지하는 부모의 모습이 잘 나타나 있다.

〈계모 은덕으로 정승이 된 이야기〉

유정승이 어릴 때 계모가 들어왔는데 동생을 낳게 되었다. 유정승이 하루는 계모가 있는 방으로 책 한 권을 가지러 갔다. 유정승이 들어가 보니 생후 몇 개월 되지 않은 동생이 자고 있는데, 그 위 선반에 자신이 원하는 책이 있었다. 유정승이 받침을 놓고 겨우 책을 가지고 내려오다가 잘못하여 동생 목을 밟아 죽이게 되었다. 유정승이 계모에게 발을 헛디뎌 동생을 죽인 이야기를 하니, 계모가 아무 말 말고 서당에 가라고 하였다. 계모가 종을 불러 아이가 급경기가 나니 샌님에게 돈을 받아 약을 지어오라고 하였다. 계모가 조금 뒤에 종을 불러 샌님에게 가서 아이가 약을 먹어도 급경기에 죽어버렸다고 전하라 하였다. 유정승의 아버지는 그 뒤로 아이가 경기가 나서 죽은 것으로 알았다. 유정승이 커서 알성급제를 하여 도임잔치를 하는데, 자기 아버지에게 가서 자신이 누구의 덕으로 알성급제를 한 것이냐고 물었다. 유정승의 아버지가 나라님 덕과 선영의 덕이라고 하자, 유정승이 계모님의 덕이라며 사실 이야기를 하였다. 온 동네 사람들이 그 이야기를 듣고 박수를 치며 정승의 계모님이 될 만한 어른이라며 치사하였다. 유정승이 후에 계모가 죽었다는 소식을 듣자 나라에 사표를 냈다. 임금이 친모도 아닌 계모가 죽었는데 사표를 쓴 이유를 물으니 유정승이 그간의 이야기를 하였다. 유정승이 상주로 삼년상을 마치자, 나라에서 유정승을 불러 다시 정승을 시켰다.[26]

친자식이 실수를 해도 이해하기 쉽지 않았을 텐데, 위의 서사 속 계모는 있는 그대로 받아주고 품어주었다. 그리고 그러한 정황을 이해 못 할 것 같은 다른 어른들에겐 비밀로 하여 어린 아들을 보호해주었다. 그 후 전처 아들도 평생 그 감사함을 안고 사회적으로도 성공하여 친모처럼 계모를 모셨다는 이야기이다.

대다수의 계모 관련 이야기는 선한 친모와 못된 계모로 나뉘어 있다. 하지만 위의 작품처럼 한국의 설화 속에는 선한 계모의 모습이 감동적으로 담겨있다. 죽어가는 전처의 자식을 최선을 다해 살려내고 상생으로 나아간 다음 계모 이야기도 위의 서사와 같은 자세를 보여준다.

⟨전처 아들 살린 계모와 윤병계 출생담⟩

26 채길몽, 「계모 은덕으로 정승이 된 이야기」, 『한국구비문학대계』8-6, 630-634쪽.(같은 계열의 서사로 3편이 더 있다. 뒤의 두 편은 계모가 아니라 형수로 되어 있지만 같은 부모서사로 볼 수 있다. 김태우, 「착한 서모」, 『한국구비문학대계』7-11, 673-675쪽, 나종학, 「말 참은 덕에 복 받은 부인」, 『한국구비문학대계』4-5, 248-253쪽, 이병헌, 「착한 형수」, 『한국구비문학대계』8-4, 50-51쪽.)

어떤 남자의 부인이 아들을 낳고 일찍 죽었는데, 남자가 후취를 하여 전 부인의 아들이 계모 밑에서 자라게 되었다. 하루는 그 전실의 아들이 병이 들었는데, 점점 몸의 크기가 줄어들더니 나중에는 버선 속에 들어갈 만큼 작아졌다. 계모가 이 아들을 고치려고 돈을 아주 많이 썼는데, 하도 안 되니까 아주 유명한 의원인 허의를 찾아갔다. 계모가 버선목을 들고 허의에게 찾아가서 아들의 병을 고쳐달라고 하였는데, 허의가 버선목 안을 들여다보니 인형같이 작은 애가 숨만 발닥발닥 쉬고 있었다. 허의가 자신도 이런 병은 처음 본다면서 며칠만 연구를 해보겠다고 했다. 계모가 돌아가고 허의가 집에서 온갖 의서들을 뒤지며 다 찾아보았으나 몸이 줄어드는 병에 대한 이야기는 어디에도 없었다. 그러다가 허의가 꿈을 꾸게 되었는데, 꿈속에서 어떤 부인이 어린애를 데리고 대문 안으로 들어오는 것이었다. 그 부인이 아이를 허의에게 보여주면서 이 아이가 몸이 줄어드는 병에 걸렸었는데, 지금은 고쳤다고 했다. 허의가 어떻게 병을 고쳤느냐고 묻자, 부인이 "어떤 도인을 만나서요. 이거 보더니 '이건 인골질이여. 이것은 다른 약 쓸 것 없어. 그저 사람의 젖만 장복시키라구. 그러면 차차 커서 회복할 테니.'라고 그래서 하도 신기해서 선생님한테 보고나 드리고 가려고 이렇게 찾아왔습니다."라고 말했다. 허의가 놀라 꿈에서 깨어났는데, 조금 있다가 계모가 역시 버선목을 들고 찾아왔다. 허의가 꿈에서 본대로 계모에게 여기저기 다니면서 여러 사람 젖을 먹이면 나을 것이라고 일러주었다. 그래서 계모가 몇 달간 돌아다니면서 아이에게 젖을 먹였는데, 얼마 후 아이의 크기가 원상복귀 되었다. 계모가 고맙다면서 논문서를 들고 허의에게 찾아가서 보답을 하였다. 하루는 계모가 집에 앉아 있는데 사당 문이 쓱 열리면서 어떤 젊은 부인이 들어와 절을 하는 것이었다. 계모가 무슨 일이냐고 묻자, 그 젊은 부인이 "나는 이 아기의 생모입니다. 이 아기는 죽을 사람인데, 부인이 정성으로 해서 목숨을 구원했소. 그 은혜를 뭘로 갚을 길이 없어서 옥황상제한테 호소를 했습니다. 부인은 팔자에 자식이 없는데, 이 음덕으로 해서 귀자 하나를 점지하라고 했습니다. 앞으로 귀자 하나를 낳을 테니 그리 아시오."라고 했다. 그 후로 계모가 아들을 낳았는데, 그가 바로 윤봉조[27]였다.[28]

전처의 아들이 거의 죽어가는 상황인데 계모가 백방으로 찾아다니며 살릴 방도를 알아내고 마침내 그 정성이 하늘에 닿아 전처 자식을 살려낸 이야기이다. 버선목에 들어갈 정도로 몸이 줄어들었으나 포기하지 않은 계모의 자세는 죽어가는 자식을 보면서도 최

---

27 이용정, 「윤병계의 출생담」, 『한국구비문학대계』4-3, 149-152쪽. 구연자는 마지막에 윤봉조라고 하였으나 제목을 보면 병계 윤봉구로 볼 수 있다. 윤봉구(尹鳳九)는 1681년(숙종7)~1767년(영조43). 조선 후기의 문신·학자로서 본관은 파평(坡平)이다. 자는 서응(瑞膺), 호는 병계(屛溪) 또는 구암(久菴)이다. 그가 주장한 인물성이론(人物性異論)은 인간을 포함한 우주만물의 형성 이전에 부여되는 천리(天理)는 동일한 것이나 일단 만물이 형성된 뒤 부여된 이(理), 즉 성(性)은 만물에 따라 다를 수밖에 없다는 것이다. 그의 생애는 사회적·현실적 활동보다 심성론을 주로 한 성리학자로서의 입론(立論)에 치중하였으며, 저술 내용 면에서도 경전의 강의나 주석 및 성리설이 주를 이루고 있다. 저서로《병계집》이 있고, 시호는 문헌(文獻)이다. – 한국역대인물종합정보시스템, 한국정신문화연구원 참조.
28 이용정, 「윤병계의 출생담」, 『한국구비문학대계』4-3, 149-152쪽.

대한 긍정의 변화를 찾는 부모의 모습을 보여준다. 그리고 이렇게 선한 계모의 모습에 감동한 아이의 생모가 그 은혜를 갚은 것도 현실적인 관계를 넘어선 상생의 관계를 보여준다.

이렇게 긍정의 변화를 열어놓은 부모서사는 앞에서 살핀 작품들-〈부모 모시는 법 배우고 효자가 된 아들〉, 〈빨래방망이 들고 쫓아온 며느리〉, 〈며느리 자랑하여 효부 만든 시아버지〉, 〈내다 팔려고 시부모 살찌운 며느리〉처럼 주로 부정적인 상황의 자녀에게 더 필요한 부모서사이다. 하지만 비록 부모와의 관계에서는 효도하는 자녀라 하더라도 부부관계에서 낮은 수준의 밀치기를 할 경우에, 그 아들이 부부관계에서도 긍정의 변화를 하도록 도운 이야기가 다음에 나와 있다.

〈소박맞을 뻔한 고부〉

옛날에 어떤 학자에게 아들이 있었는데 참 효자였다. 아들은 아침, 저녁으로 혼정신성(昏定晨省)을 꼭 하는데 하루는 아침에 절을 하더니 아내를 친정으로 아주 보내야겠다고 하는 것이었다. 이유를 물어보니 방으로 잠을 자러 갔는데 아내가 얼굴을 쳐다보고 해쑥 웃었다면서 그런 버릇없는 여자와는 살 수 없다고 하였다. 요즘은 남녀가 어깨동무도 하고 허물없이 지내지만 당시 풍속에 여자는 남자를 바로 쳐다보지 못했는데 부인은 남편을 쳐다보고 웃어서 그 때문에 소박을 맞게 된 것이다. 아버지는 그냥 보내기는 미안하니 떡 몇 말과, 이웃집에 부탁해 가마를 얻어 태워 보내라고 아들에게 말했다. 며느리가 쫓겨 가는 날 아침 아들이 문안인사를 드리러 방으로 들어왔는데 아버지가 하는 말이 어제 저녁에 네 어머니가 나를 보고 웃었다면서 오늘 네 아내와 내 아내를 한 몫에 보내자고 하는 것이었다. 어머니를 쫓아낸다는 소리에 아들은 그건 안 된다고 하였다. 이에 아버지는 네 아내는 네 맘이고, 내 아내는 내 맘대로이니 둘 다 보내자고 하였다. 그래서 아들은 자신도 아내를 내쫓지 않을 테니 아버지도 어머니를 내쫓지 말라고 하여 둘 다 소박을 맞지 않고 잘 살았다고 한다.[29]

당대의 현실 법도에만 충실하여 융통성 없던 아들을 아버지가 부드럽게 일깨운 것이다. 부모의 부부관계에 빗대어 아들의 부부관계를 돌아보게 하니 아들이 낮은 수준의 배우자 밀치기에서 벗어날 수 있었다. 이렇게 자녀의 변화를 긍정적으로 열어놓고 지도하는 부모의 자세가 상생의 부모서사 중 가장 중요한 특징이라 할 수 있다.

홀로된 부모 이해

구비 설화 속에는 사별로 홀로된 어머니나 아버지의 외로움을 이해하고 새로운 인연으로 나아갈 수 있도록 적극 도운 자녀의 이야기들이 많다. 자녀의 입장에서 보면 부모는 고상하고 성실하게 양

---

[29] 신승호, 「소박맞을 뻔한 고부」, 『한국구비문학대계』2-9, 881-883쪽.

육에 중점을 두고 어른스럽게 자녀를 가르치고 기르는 것에 집중하기를 바란다. 하지만 홀로된 부모가 열심히 자녀를 키운 다음엔 새로운 부부관계를 그리워할 수 있으니 부모의 소망을 이해하고 포용하는 자녀의 자세가 '한 부모의 이성애를 존중하는 모습'으로 다음의 설화 속에 나타나 있다. 이에 해당하는 설화로 〈효불효 다리〉, 〈안사돈과 동침한 바깥사돈〉, 〈밤이 추운 부모〉, 〈홀어머니 위해 영감 얻어준 아들〉, 〈어머니 애인 찾아 나선 효자〉가 있다.

〈효불효 다리〉

어떤 홀어머니가 아들 칠형제를 데리고 살았다. 어머니가 너무 외로워 밤마다 물 건너 영감을 몰래 만났다. 아들들이 그것을 알고 어머니가 물 건너는데 편하시라고 물속에 엎드려 자기 등으로 징검다리를 만들었다. 하루는 넷째 아들이 어머니가 좋은 출입도 아닌데 우리가 무엇 하러 엎드려 다리 노릇을 하냐고 투덜거렸다. 그러자 큰아들이 효자는 어머니나 아버지가 괴로움 없이 좋아하시는 일은 그저 하시도록 앞으로 인도해 드려야 효자라고 타일렀다. 나중에 칠 형제가 별이 되었는데, 넷째 아들은 그때 그런 소리를 한 벌을 받아 다른 별보다 크기가 작았다. 훗날 이 다리는 효불효 다리라고 이름 지어졌는데, 어머니에게는 효이지만, 돌아가신 아버지에게는 불효이기 때문이었다.[30]

---

30 정연옥, 「북두칠성 가운데 네 번 째 별이 작은 이유」, 『한국구비문학대계』 2-5, 165-166쪽(정운채 외, 『문학치료서사사전 3』, 도서출판 문학과 치료, 2009, 3630-3638쪽에 「효불효 다리」로 제시된 요약, 이에 해당하는 설화가 29편 정리되어 있다).

〈효불효 다리〉는 과부 또는 홀아비인 부모의 외로움을 자식들이 이해하고 감싸주는 서사가 대체적이다. 좀 더 적극적으로 홀어머니의 혼례까지 올려주는 이야기도 있다. 그러나 어머니가 자식들의 행동에 다시는 홀아비를 찾아가지 않는다거나, 자식들이 알게 되어 자살까지 하는 극단적인 이본도 있다.

여러 각 편이 북두칠성의 유래와 결합되어 있는 것은, 이렇게 어머니의 외도를 이해하고 지지하는 것이 쉽지는 않지만 높은 차원의 효라는 것을 강조하기 위한 것이다.

대부분의 서사가 어머니가 홀아비와 몰래 만나서 인간적으로 이해될 수 있는 모습으로 표현되지만, 집안에 홀아비를 들인다거나 스님과 정분이 나는 등 더 개방적으로 표현되기도 했다. 겉모습이 고상하게 그려졌든 조금 경박하게 노출되었든 부모가 자녀에 대한 애정 외에도 부모의 이성애가 있을 수 있음을 존중하는 자녀의 자세가 공통으로 담겨있다. 이와 같은 자녀의 모습은 다음의 설화에서 보다 적극적으로 부모와 소통하며 나타난다.

〈안사돈과 동침한 바깥사돈〉

홀아비인 친정아버지가 딸의 시댁에 놀러 갔다가 과부인 안사돈을 보고 상사병에 걸렸다. 딸이 친정아버지의 상사병을 고쳐주기 위해 친정아버지를 여장시켜 시어머니와 한방에서 자게 했다. 여장을 한 친정아버지는 안사돈에게 자신은 남자도 되었다가 여자도 되었다가 하는

데 오늘은 남자가 되었다고 했다. 그날 밤 두 사돈은 재미나게 지내며 동품을 하게 되었다. 다음 날 친정아버지가 집으로 돌아가려고 하자 안사돈이 남자가 될 때 또 찾아오라고 말했다.[31]

〈안사돈과 동침한 바깥사돈〉은 딸을 괴롭히는 시어머니를 고치려고 친정아버지가 나서는 편도 있지만, 친정아버지의 상사병으로 인한 이야기가 현실 통념을 초극하여 부모의 이성애를 감싸는 자녀서사에 더 가깝다. 일단 한 번이라도 만날 수 있게 자식이 도왔더니 적절하게 상사병을 다스리고 잘 살게 되었다는 것이다. 〈밤이 추운 부모〉[32]처럼 홀로된 부모님의 외로움을 자녀가 잘 살펴주고 부모의 이성애를 충족할 수 있도록 도운 이야기와 서사의 본질이 같다. 〈홀어머니 위해 영감 얻어준 아들〉, 〈어머니 애인 찾아 나선

---

31 한두리, 「바깥사돈과 안사돈의 동침」, 『한국구비문학대계』8-4, 133-136쪽(정운채 외, 『문학치료서사사전 2』, 도서출판 문학과 치료, 2009, 2092-2095쪽에 「안사돈과 동침한 바깥사돈」로 제시된 요약, 이에 해당하는 설화가 8편 정리되어 있다).

32 "홀어머니를 모시고 사는 효자가 있었다. 효자는 매일 아침마다 어머니에게 가서 밤새 춥지 않게 주무셨는지 확인했다. 그러면 어머니는 매번 추워서 잠을 못 잤다고 대답했다. 효자는 어머니의 방이 절절 끓게 불을 때드렸지만 어머니의 대답은 한결같았다. 하루는 걸인이 동냥을 하러 왔는데 아들이 보기에 허우대가 괜찮아 보였다. 아들은 걸인에게 동냥을 하면서 홀어머니를 위해 아버지 노릇을 해 달라고 했다. 걸인은 좋은 기와집에서 아버지 노릇을 하는 것이니 흔쾌히 승낙을 했다. 아들은 걸인을 목욕 시키고 좋은 옷을 입혀서 홀어머니 방에 들여보냈다. 그 날 밤, 아들은 어머니 방에 불을 때지 않았는데 다음 날 어머니에게 문안 인사를 드리자 어머니는 어제 밤에는 따뜻하게 잘 잤다고 했다." 이춘석, 「홀어머니 모시는 이야기」, 『한국구비문학대계』1-8, 400-401쪽.

효자)[33]도 제목 그대로 한 부모의 재혼을 적극 추진한 자식의 태도가 공통으로 담겨있다. 〈효불효 다리〉나 〈안사돈과 동침한 바깥사돈〉처럼 부모의 '이성애'를 존중하고 감싸주는 자녀서사는 주로 부모가 홀로 되었을 때 발휘되었다. 이와 같은 마음은 〈동침한 시부모 대접한 효부〉[34]처럼 부모의 동품을 살며시 돕는 모습으로도 나타나 있다.

상생의 부부서사

지속적인 관계를 이루며 세상과 상대의 소망을 생각하고 배려하는 자세가 중심일 때 문학치료학의 부부서사라고 한다. 부부관계를 맺은 경우에만 해당되는 것이 아니라 일반적인 인간관계 속에서도 지속적인 인연과 책임, 용서, 상대의 소망에 대한 배려 등이 이루어

33 우성원, 「어머니 시집보낸 아들」, 『한국구비문학대계』5-6, 748-752쪽.
34 "박문수가 영남지방을 돌아다니다가 잠시 나무 아래에서 쉬고 있었다. 그 앞에 있던 농부가 밭을 갈고 있었는데, 부인이 점심을 가져오더니 계속 남편에게 절을 하는 것이었다. 박문수가 이상하게 여기고 있었는데, 부인이 남편에게 귓속말로 뭔가 이야기를 하자 이번에는 남편이 부인에게 계속 절을 하였다. 부인이 돌아가고, 남편이 박문수를 불러 같이 점심식사를 하게 되었는데, 그때 박문수가 남편에게 무슨 일인지 물어보았다. 남편은 부인이 절을 한 것은 점심이 늦어 미안하다고 절을 한 것이라고 했다. 그리고 부인은 박문수가 들을까 봐 남편의 귀에다 대고, 집에 가니 어머니와 아버지가 동침을 하고 있었는데 근력이 부칠 것 같아 씨암탉을 대접하느라 늦었다고 했다. 점심이 늦었다고 하는 소리도 귀에 대고 하니 우리 부인 같은 효부가 어디 있겠느냐고 하면서 부인에게 고마워서 자꾸 절을 했다고 했다. 박문수가 그 일을 기리기 위해 효자, 효자비를 세워주어 그 집안이 명인가족이 되었다." 김효신, 「박문수가 찾은 효자 효부」, 『한국구비문학대계』2-5, 458-460쪽.

지는 단계이다.

부부서사 내에서도 상생의 관계를 맺는 부부는 세 가지 문제 상황에 처한다. ①빈곤 ②배우자 외도 ③배우자가 일방적으로 관계를 끊는 경우가 그것이다. 지금도 이러한 상황이면 주로 상대를 탓하면서 이혼을 하는 경우가 많은데, 상생의 부부가 나타난 설화에서는 아무리 가난해도 부부가 서로 공동의 책임감으로 화합하고 있으며, 배우자가 외도를 해도 용서와 신뢰를 보여준다. 그리고 배우자가 일방적으로 떠나도 잘 지내기를 바라고 훗날 도와줄 준비까지 한다. 인간관계에서 '지속'의 경지가 눈에 보이는 만남에만 있는 것이 아니라 마음으로 더 깊이 이어지는 것임을 잘 보여준다.

공동책임과 화합

사람이 문제의 상황에 놓였을 때 나의 책임을 먼저 생각하고 나를 포함한 상대방과 주변 상황을 함께 고려해서 해결책을 찾는다면 그 문제 상황이 오히려 반성과 변화의 디딤돌이 되어줄 것이다. 하지만 상대방의 문제점만을 탓하고 관계를 끊어서라도 나의 생존과 이익을 도모하겠다고 생각한다면 나의 성찰과 변화는 사라지고 방어와 투쟁의 문제로 돌입할 것이다. 따라서 부부서사의 '지속'이라는 과제는 인류 역사의 '지속가능성'과 연결된다. 이에 해당하는 설화로는 〈대접할 음식 쏟고 생금 얻은 가난한 부부〉, 〈머리 깎아 손님 대접한 아내〉가 있다.

〈대접할 음식 쏟고 생금 얻은 가난한 부부〉

　어느 가난한 부부가 있었는데 남편이 늘 밖에 나가 친구들에게 점심을 얻어먹었다. 그 모습이 딱해 보였던 부인이 하루는 남편의 친구들을 초대하여 음식을 대접하기로 하였다. 그런데 점심때가 지나도록 부인이 음식을 들고 나타나지 않자 남편이 부인을 찾아가 보았다. 그랬더니 부인이 음식을 갖고 오다가 돌에 걸려 넘어져 음식을 모두 쏟아버려 오지 못하고 있었다. 남편이 "아니 어떤 것이 감히 내 아내를 넘어지게 했어?" 하며 돌을 확인해보니 생금이었다. 부부가 생금을 팔아 친구들에게 음식을 대접하고 부자가 되어 잘 살았다.

　아내가 큰 실수를 했지만, 아내를 탓하지 않는 남편의 모습이다. 아내가 걸려 넘어진 돌이나 돌다리를 살펴보고 그곳에서 복을 받았다고 진행되었다. 매우 가난한 상황이지만 부부가 서로의 탓을 하지 않고 오히려 서로 위해주다가 상황을 긍정적으로 변화시켜나가는 서사이다.

　이와 같이, 가난한 상황의 부부이지만 〈지네각시〉나 〈호랑이 눈썹〉처럼 배우자를 뒤로하고 집을 나서는 남편들은 '배우자 밀치기' 서사에서 배우자 되찾기로 진행한다. 그러나 이 작품처럼 아무리 가난해도, 아내가 실수를 해도, 배우자를 원망하지 않고 주변 상황을 변화시키는 남편의 자세는 '배우자 감싸기' 서사 영역에 속한다고 할 수 있다.

이해와 포용

아래의 설화는 제목만 보고도 놀랄 만한 상황이 펼쳐져 있다. 현실 문맥을 초극하여 신부와 아기를 살리는 신랑의 자세 덕에 상생의 서사로 나아갈 수 있었다.

〈첫날밤에 아이 낳은 신부〉

　한양 조씨 집안의 한 남자가 장가를 가서 첫날밤을 맞이했다. 그런데 신부가 배가 아프다고 하더니 아이를 낳았다. 조씨는 아이를 받아 탯줄을 자르고 솜이불로 잘 싸 두었다. 조씨는 장모에게 밤참으로 미역국과 밥을 먹지 않으면 잠이 오지 않는다고 하면서 장모가 직접 정성들여 차려 주었으면 좋겠다고 하였다. 장모는 사위가 부탁한 대로 미역국과 밥을 차려 가지고 왔다. 조씨는 문 밖에다 놔 달라고 하여 직접 신부에게 떠먹였다. 조씨는 솜이불에 쌓인 아이를 데리고 나가 집으로 가는 길에 있는 다리 아래에 잘 두고 돌아왔다. 그리고 식구들을 깨워 안 좋은 꿈을 꾸었다며 급히 집으로 돌아가야겠다고 했다. 조씨는 신부와 함께 집으로 돌아가는 길에 다리쯤에 이르러 하인에게 다리 밑에서 아기 울음소리가 들리지 않느냐고 하면서 찾아보라고 하였다. 하인이 다리 밑에서 아기를 찾아오자 조씨는 아기를 신부에게 주며 주운 아이라도 사랑해 주라고 하였다. 집으로 돌아온 조씨는 부모에게 장가를 들자마자 아이를 주웠으니 자식처럼 키우겠다고 하였다. 세월이 흘러 조씨는 아내와의 사이에서 아들 둘을 낳았다. 어느 날 조씨는 아내에게 백년해로를

약속하고 살고 있으니 궁금한 것 하나만 물어보자고 하면서 어떻게 첫
날밤에 아이를 낳게 되었느냐고 물었다. 아내는 처녀 때 밤에 화원에
나가 꽃구경하는 것을 좋아하였는데, 어느 날 화원에 나갔다가 달을 삼
키게 된 후로 태기가 있었다고 했다. 조씨는 알았다고 하며 아이를 잘
키우자고 하였다. 아이가 자라 서당에 다닐 나이가 되었다. 어느 날 아
이가 서당에 갔는데 다른 아이들이 아비 없는 호래자식이라고 놀렸다.
아이는 집으로 돌아와 칼을 꺼내 들고 어머니를 찾아가 사실을 말해 달
라고 하였다. 어머니는 모든 이야기를 해주면서 앞으로 어떻게 할지 알
아서 하라고 하였다. 아이는 아버지가 키워주신 은혜를 갚기 위해 공부
를 더 해야겠다며 집을 떠나 산으로 들어갔다. 세월이 흘러 조씨가 노
환으로 죽었다. 식구들이 초상을 치르고 묘를 쓰려고 하는데 한 중이
찾아왔다. 중은 집을 나갔던 큰아들로 아버지가 돌아가신 것을 알고 묏
자리를 잡아주기 위해 돌아왔다고 하였다. 그 후 명당자리에 아버지 묘
를 썼고, 자손 대대로 번성하는 집안이 되었다고 한다.[35]

상식적으로 신부를 의심한다면 첫날밤에 생긴 작은 오해로도 소
박을 놓고 신랑이 떠나버린다. 〈첫날밤 도망간 신랑과 죽어서도 기
다린 신부〉[36]나 〈하루 만에 자라는 오이〉에도 나타나 있다. 하지만

---

35 강성도, 「한양 조씨 시조담」, 『한국구비문학대계』1-1, 589-606쪽. (정운채 외,
   『문학치료서사사전 3』, 도서출판 문학과 치료, 3190-3191쪽에 「첫날밤에 아이 낳은
   신부」로 제시된 요약, 이에 해당하는 설화가 21편 정리되어 있다).
36 (1)갓 혼인을 치룬 신랑이 신방에 들어가려는데, 방 안에서 칼날 같은 그림자가

위의 〈첫날밤에 아이 낳은 신부〉는 그와 정반대의 신랑이 전혀 예상치 못한 상황이었을 텐데도 장모한테까지 비밀로 한 후 아기와 신부를 잘 살렸다. 부부서사-배우자 감싸기의 주체 중 최고의 도량 넓은 인물이라 할 수 있다. 이는 상대방의 과거를 인정하고 포용하는 것으로서 우리 민족의 통일 서사를 구축하기 위해서도 필요한 서사라고 연구된 바 있다.[37] 부부서사의 지속을 위해 발휘된 이해와 포용의 서사가 역사적으로 이어온 우리 민족의 통일 문제와도 연결되는 지점임을 알 수 있다. 〈첫날밤에 낳은 아이와 과거시험〉[38]은 위의 설화가 간략하게 축소 변이된 것으로 서사의 본질은 같다고 할 수 있다.

아른거리는 것이었다. (2)그것을 본 신랑은 방문을 열어 보지도 않고 떠나 버렸다. 대나무가 바람에 흔들리는 것이 문에 비쳐서 그렇게 아른거렸던 것인데, 신랑은 신부가 자신을 죽이려는 것으로 오해했던 것이었다. (3)첫날밤 도망친 신랑은 이후 새장가를 갔고, 초야에 소박 당한 신부는 그 자리에서 꼼짝도 하지 않고 몇 년을 보냈다. (4)그런데 새장가를 간 신랑의 부인이 출산을 할 때마다 계속해서 아이들이 죽어버렸다. (5)이것을 이상히 여긴 신랑은 먼젓번 처가로 가 보았다. 신랑이 신방의 문을 열어 보니 자신이 소박 놓은 첫 번째 신부가 족두리를 쓴 채, 첫날밤 모습 그대로 앉아 있었다. (6)신랑이 신부의 족두리를 벗겨 주자 신부가 초승달처럼 사라져 버렸다.-김외순, 「소박 당한 신부」, 『한국구비문학대계』8-9, 329-330쪽(정운채 외, 『문학치료서사사전 3』, 도서출판 문학과 치료, 3162쪽에 「첫날밤 도망간 신랑과 죽어서도 기다린 신부」로 제시된 요약, 이에 해당하는 설화가 7편 정리되어 있다).

37 정운채, 「우리 민족의 정체성과 통일 서사」, 『통일인문학논총』제47호, 건국대학교 통일인문학연구단, 2009, 15-16쪽.

38 이동균, 「마음 바른 사람의 급제」, 『한국구비문학대계』2-5, 847-850쪽. (정운채 외, 『문학치료서사사전 3』, 도서출판 문학과 치료, 3171쪽에 「첫날밤에 낳은 아이와 과거시험」으로, 이에 해당하는 설화가 2편 채록되어 있다).

성숙한 이별

부부란, 세상의 소망을 중시하며 끈기를 발휘하는 '지속'의 관계이기에 헤어짐이 쉽지는 않다. 평생을 약속하며 사회적으로 선언을 하였듯이 최선을 다해서 지속적인 관계를 이루는 것이다. 하지만 그래도 일방적인 지속은 가능하지 않다. 상대방이 떠나버리거나 다른 사람과 새로 결혼하겠다고 고집한다면, 그땐 성숙하게 이별해야 한다. 이러한 상황이 아래의 설화에 잘 나타나 있다. 〈전생의 인연으로 부부가 된 중과 이와 돼지〉, 〈아내의 전남편 제사 지낸 아버지〉가 이에 해당한다.

〈전생의 인연으로 부부가 된 중과 이와 돼지〉

어느 정승 부부가 사이좋게 잘 살고 있었는데, 갑자기 아내가 집을 나가서 돌아오지 않았다. 정승은 아내를 찾아 이곳저곳을 돌아다니다가 아내가 산골에 사는 숯장수와 살고 있는 것을 알게 되었다. 정승은 아내에게 집으로 돌아가자고 해도 아내는 그냥 가던 길을 가시라며 모른 척을 했다. 정승은 아내의 변심을 이해할 수가 없어서 절로 들어가서 공부를 하였다. 세월이 흘러 정승이 도통하게 되자 정승은 자신의 아내가 왜 변했는지를 알게 되었다. 전생에 자신은 '중'이었고, 아내는 '이'였고, 숯장수는 '돼지'였는데, 이가 중의 몸에 붙어서 살을 뜯어 먹고 살다가 중이 몸에 있는 이를 떼어서 돼지 몸에 붙이자 그 후 돼지의 살을 뜯어 먹다가 죽은 것이었다. 그 후 이는 중의 은혜를 보답하기 위해 환생하여 정승과 부부가 되어 살다가 나중에는 돼지의 은혜를 갚기 위해 숯장수를 찾아가 부부가 된 것이었다.[39]

이 작품은 부부서사 가운데 관계의 약속을 파기한 이야기 중 가장 높은 수준으로 분류되어 있다. 사이좋은 부부였는데도 아내가 갑자기 집을 나갔다는 것이 매우 중요하다. 어떤 사건이 생긴 것도 아니고, 본인의 잘못이 없는데도 배우자가 떠나버리는 상황이다. 현실의 논리로는 해명할 수 없는 부부의 이별인 것이다. 하지만 이에 대해서 전생의 사연이라도 끌어내어 이해하고 헤어지는 성숙한 자세가 담겨있다. 이 이야기의 중심은 '관계의 지속'을 중심에 두는 부부서사에서 배우자가 갑자기 별다른 이유도 없이 떠났을 때, 현실을 초극하여 이해하고 이별의 아픔을 극복하는 데에 있음을 알 수 있다. 배신감을 준 배우자이지만 그래도 잘 사는 모습을 존중해주고, 본인도 더 이상 상처에 머물지 않고 새롭게 살아가는 치유의 서사인 것이다. 오늘날 이혼을 겪는 부부들이 성숙하게 마무리하고, 헤어진 후에도 서로를 존중하며 새롭게 시작하도록 돕는 중요한 이야기이다.

---

39 서상이, 「전생의 인연으로 만난 정승 마누라와 숯구이 총각」, 『한국구비문학대계』 7-13, 156-160쪽(정운채 외, 『문학치료서사사전 3』, 도서출판 문학과 치료, 2009, 2711-2714쪽에 「전생의 인연으로 부부가 된 중과 이와 돼지」로 제시된 요약, 이에 해당하는 설화가 5편 정리되어 있다).

〈아내의 전남편 제사 지낸 아버지〉

　아들 내외가 홀아버지를 모시고 살았는데, 아버지가 외로운 지 밤마다 '어험' 소리만 냈다. 아들은 아버지가 외로워하시는 것 같아서 과부를 구해서 새장가를 보내드렸다. 그 후로 아버지는 새 아내와 살면서 더 이상 외로워하지 않았다. 어느 날 새 아내의 얼굴에 수심이 가득하자, 아버지는 무슨 일이냐고 했다. 그러자 새 아내는 얼마 후면 죽은 전남편의 제삿날이라고 했다. 아버지는 아들 내외 몰래 직접 도복을 입고 술도 따르고 절도 하면서 아내의 전남편 제사를 지내주었다. 그때 아들이 아버지가 도복을 입고 계신 것을 보고 제사 지내는 곳으로 갔다. 아들을 본 아버지는 '활인처사권공지령(活人處士權公之靈)'이라고 소개를 하였다. 마누라의 전남편 성이 권가였는데 지위를 붙여주어 자기를 살려준 사람이라고 지방에 쓴 것이었다.[40]

　재혼한 아내의 전남편을 '활인처사(活人處士)'라며 고마워하는 이 작품은 전체 두 작품 정도 전해지지만, 매우 중요한 이야기이다. 나이 들어 홀로된 아버지가 자신과 재혼해준 과부도 고맙지만, 그 과부의 전(前)남편도 자신을 살려준 사람이라며 높여주는 마음이 나타나 있다. 아내에 대한 독점이나 질투와는 거리가 먼 '배우자 감

40 박영만, 「활인처사 권공지령(活人處士權公之靈)」, 『한국구비문학대계』7-2, 184-197쪽(정운채 외, 『문학치료서사사전 2』, 도서출판 문학과 치료, 2009, 2013-2015쪽에 「아내의 전남편 제사지낸 아버지」로 제시된 요약, 이에 해당하는 설화가 2편 정리되어 있다).

싸기' 자세이다. 결혼하여 부부가 되면 두 사람은 의리를 지키며 평생 지속하기를 약속한다. 하지만 뜻하지 않게 사별을 하게 되고 재혼을 한다 하더라도 위의 이야기처럼 전 배우자에 대해 고마움을 간직한다면 시공을 초월한 성숙한 인연으로 이어질 것이다.

정직과 호혜

형제·동기간의 서사에는 황금보다 우애를 중시하는 〈형제 우애로 쪼개진 금덩이〉, 〈형제가 다투는 고을의 원님 노릇〉과, 정직과 나눔을 보여준 〈정직한 작은동서 어진 큰동서〉, 〈여자에게 달린 형제의 우애〉가 있다.

〈정직한 작은동서 어진 큰동서〉

광주 동복 오씨네 집안 이야기다. 오씨 집안 원조 되는 분들이 한동네에 살았다. 형제가 위아래 집에 살았는데 형은 부자이고 아우는 가난했다. 봄이 되자 형네 집에서는 멍석에 나락을 펴서 말렸다. 동생 집에서도 이웃에서 일하고 얻은 나락을 함께 내다 널었다. 그런데 마당에서 새와 닭을 쫓던 형제의 어머니가 큰집 나락을 작은집 멍석에 가져다 부었다. 그 모습을 큰며느리가 보게 되었다. 해가 저물어 작은 동서가 나락을 가지러 왔다가 아침에 자신이 널어놓은 만큼만 가져가고 나머지는 도로 큰집 멍석에 두었다. 그 모습을 본 큰며느리가 작은동서에게 감탄하였다. 큰며느리는 머슴을 불러 찹쌀로 술을 빚게 하였다. 하루는 남편이 술에 취해 집에 들어왔다. 그러자 부인이 우리 집에도 좋은 술이 있는데 어디서 술을 마셨냐면서 또 술상을 차려 내놓았다. 남편이 혼자서 술을 마시려고 하자 부인이 동생도 초대하자고 하였다. 그래서 형제가 같이 술을 마시게 되었다. 이미 술을 마셨던 형이 먼저 술에 취해 쓰러졌다. 그러자 형수가 시동생에게 자신이 시키는 대로 하라면서 논문서를 내주었다. 그리고 부인을 잘 얻었다면서 지난번 있었던 일을 말해주었다. 얼마 후 형이 술에서 깨어 일어났는데 문갑 문이 열려있고 종이가 사방에 널려있는 것이었다. 남편이 부인을 불러 무슨 일이냐고 물었다. 그러자 부인이 당신이 술에 취해 시동생에게 너도 살아야 하니 이것을 가지고 가라며 뭔가를 주었다고 했다. 형이 동생을 불러와 무슨 일이 있었는지 물어보았다. 동생은 형수가 미리 알려준 대로 형이 술에 취해 논문서를 주었다고 했다. 옆에 있던 형수가 '남아일언중천금'인데 한번 주었으면 그만이라며 시동생을 거들어 주었다. 결국, 형이 동생에게 논문서를 내주게 되어 동생이 잘살게 되었다. 이 말이 동네에 소문이 나자 오씨 집안이 좋은 집안이라면서 혼사가 끊이지 않았다. 그래서 오씨네 집이 번창하였다.[41]

정직, 나눔, 화합의 관계를 잘 보여준다. 서로 수평의 관계이고 특히 여성들의 동서 관계에서 이루어지고 있다. 경제적 형편이 비

---

41 정삼룡, 「동복오씨(同福吳氏)형제의 우애」, 『한국구비문학대계』5-2, 66-70쪽(정운채 외, 『문학치료서사사전 3』, 도서출판 문학과 치료, 2009, 2738-2750쪽에 「정직한 작은동서 어진 큰동서」로 제시된 요약, 이에 해당하는 설화가 29편 정리되어 있다).

숫한 경우엔 〈여자에게 달린 형제 우애〉[42]처럼 서로 나누며 화합
하였다. 그런데 〈정직한 작은동서 어진 큰동서〉처럼 형제 중 한쪽
이 가난한 경우에는 부자인 형이 나누어 주는 것으로 이루어져 있
다. 물론 형수가 나누어주겠다고 마음먹기 전에 '정직한 동서'에 대
한 믿음이 전제되어 있다. 가난한 동생이 먼저 부자인 형에게 의존
하거나 요청한 것이 아니다. 이런 경우엔 오히려 스스로 견디고 독
립할 때까지 윗사람으로서 지켜봐야 할 것이다. 이 작품에 나타났
듯이 가난해도 정직하게 노력하는 동서의 태도를 알아보고 재산을
나누어주는 형수의 마음은 동생네도 잘살게 하고, 가족 전체를 화
목하게 하는 중요한 방법이 되었다. 이는 호혜와 나눔의 동기서사
로 볼 수 있다. 아래의 〈백정 당숙 어사 조카〉 설화 속에도 그 특징
이 드러나 있다.

〈백정 당숙 어사 조카〉
　어떤 박씨 백정이 돈을 천 석 가량 모았는데, 양반 되는 것이 평생의
소원이었다. 그러나 그 마을에서는 아무리 돈 없는 양반이라도 백정의
돈이라면서 빌리려고도 하지 않았다. 한번은 그 고을에 사는 무척 가난
한 좌수가 백정에게 돈을 빌려 도움을 받게 되었다. 마침 그 고을 향교
에 향장 자리가 비자 좌수는 백정에게 그 자리를 주었다. 그랬더니 고

---

42 김기인, 「우애는 안동서들이 연다」, 『한국구비문학대계』7-15, 548-550쪽(정운채 외,
　『문학치료서사사전 2』, 도서출판 문학과 치료, 2009, 2247-2252쪽에 「여자에게 달린
　형제의 우애」로 제시된 요약, 이에 해당하는 설화가 12편 정리되어 있다).

을 양반들이 들고 일어나서 백정은 재산을 팔아 다른 고을로 달아나 버렸다. 백정은 새 고을에 정착을 하게 되었다. 그 고을 양반들이 백정의 행동을 보니 양반 같았지만, 그 근본을 몰라 상종해 주지 않았다. 그러나 배고픈 양반들은 백정에게 돈을 빌리며 도움을 받았다. 하루는 박문수 어사가 고을에 내려왔다는 소문이 퍼졌다. 백정의 사당에 모여 있던 양반들이 백정에게 혹시 박어사와 같은 박씨가 아니냐고 했다. 그러자 백정은 엉겁결에 자신이 박문수의 당질이라고 했다. 박문수가 그 고을에 내려왔다가 자신의 당질이 산다는 소문을 듣고는 백정을 불렀다. 박문수가 백정에게 자신의 정체를 밝히면서 왜 그런 소리를 했는지 물어보았다. 백정이 지금까지의 사정을 이야기해주자 박문수가 백정의 집에 찾아가겠다고 했다. 백정이 양반들을 사랑에 모아 놓고 놀고 있었는데, 박문수가 찾아와 백정을 당숙이라고 부르며 인사를 하였다. 그리고 머물 시간이 없다며 얼른 떠났다. 그 뒤로 고을 사람들이 백정을 박문수의 당질이라고 믿게 되었다. 박문수가 일을 마치고 집으로 돌아갔더니 본가가 아주 좋은 기와집으로 변해 있어 백정이 도움을 주었다고 짐작했다. 하루는 박문수의 동생이 찾아와서 어사가 되어 남을 많이 울리고 돈을 빼앗아 왔냐며 비웃었다. 그러자 박문수가 백정과의 일을 말해주었다. 형의 이야기를 들은 동생은 당장 백정을 죽이겠다며 그 고을로 찾아갔다. 박문수의 동생이 화를 내며 백정의 집에 들어갔는데, 백정은 태연하게 앉아 있었다. 백정은 저놈이 어려서부터 광기가 있더니 아직 병증을 못 고쳤다며 종들에게 시켜 박문수의 동생을 광에 가두었다. 백정이 박문수 동생을 며칠 동안 굶기면서 동정을 살폈다. 사흘이 지나자 광에서 사람 살리라는 소리가 들렸다. 그제야 백정이 박문수의 동생을 광에서 꺼내주고 한 달 동안 대접을 잘 해주었다. 박문수의 동생이 집으로 돌아가 보니 자신의 집도 잘 지어져 있는 것이었다. 박문수의 동생은 형에게 "그 사람 벌써 양반 났더라."고 말했다.[43]

부자가 된 백정은 양반이 되고 싶어서 양반과 비슷하게 행동하고 가난한 양반들을 도와주면서 인심을 얻었다. 신분사회에서 천민으로 무시당하던 백정의 바른 품성을 보고 박문수가 당대 신분질서를 초극하여 백정의 소망을 이루도록 감싸주었고, 백정도 박문수가 경제적으로 잘살게 도와준 것이다. 타고난 신분보다는 현재의 인성이 더 중요하다는 박문수의 관점은 백정의 현실적인 소망도 이루게 돕고, 허망한 신분질서에 대한 근본적인 비판도 동시에 해내고 있다.

결론

상생의 가족서사는 일반 가족서사와 달리 갈등과 문제 상황 앞에서 우선 생명을 살리는 것에 중점을 둔다. 그중에서도 특히 약자를

---

43 김두은, 「박문수와 백정」, 『한국구비문학대계』7-1, 213-221쪽.(정운채 외, 『문학치료서사사전 1』, 도서출판 문학과 치료, 2009, 1183-1197쪽에 「백정 당숙 어사 조카」 중 제시된 요약, 이에 해당하는 설화가 17편 정리되어 있다.)

배려하고 상대의 소망을 지지해주며 새로운 인연을 맺도록 돕는 주체가 나타나 있다.

이러한 상생의 서사 속 주체는 하나의 역할로만 이루어져 있지 않다. 처한 상황 속에서 상대적으로 역할이 변화하기도 하고, 겉모습은 부모이지만 상대적으로 약해진 상황에서는 자녀처럼 순응하기도 하며, 배우자와 부모가 갈등하고 있을 땐 그 사이에서 부부서사의 지속과 부모서사의 양육을 조율한다. 이렇게 변화와 융통성을 발휘하는 존재이기에 상생 주체가 될 수 있었다. 그래서 상생의 서사 속 주체는 고정된 존재론적 주체가 아니라 관계 속에서 서로를 살리기 위해 역할을 조율하는 변화의 주체인 것이다.

상생서사에 나타난 긍정적인 관계는 그 상황 속에서 상대적 약자의 위치에 있는 사람에게 공감하고 그 약자를 먼저 살려낼 수 있는 방안을 모색하여 서로 기여하는 평등의 자세를 지향할 때 가능하다. 이러한 설화가 지식으로 공유되고 대화의 매개체가 되어줄 때 공감의 관계를 이루고, 성장하는 마음을 볼 수 있다. 이렇듯 상생서사 지식은 인간관계를 이해하고 건강하게 조율하기 위해 반드시 필요하다. 남녀노소 모두 상생의 서사 속에 담긴 공감의 힘과 주체의 자세에 대하여 반드시 배워야 자기서사를 성장시킬 수 있다. 인간 내면에 지닌 잠재력과 변화의 가능성을 신뢰하며 함께 성장하는 관계를 지역이나 학교 공동체에서 지식으로 나누며 실현하고 이어가는 것이다.

문학치료는 교육 현장에서 독서와 글쓰기로 자가치료를 하도록 돕는다. 전문가에게 의존하기보다는 스스로의 잠재력을 살려내는 이해력과 표현력을 키우는 것이다. 그래서 스스로 변화를 인식하고 글쓰기로 표현하게 하면 그 속에 관계론적 사유와 자기서사의 성장을 담아낸다. 배우고 가르치는 연쇄 속에서 새로운 깨달음을 얻고 자기변화를 이루어내고 지식으로 이해한 것을 실천하며 문학치료 상생의 서사를 생활화하는 것이다. 누구나 잠재력 속에 긍정성이 있기에 문학치료 서사 덕이라고만 할 수는 없지만, 상생의 가족서사가 교육 현장에서 긍정의 사유와 성숙한 관계를 이루는 데에 중요한 지식이 되고, 힘을 줄 것이다.

참고문헌

『한국구비문학대계』 전86권, 한국정신문화연구원, 2002.

김대숙, 『한국 설화문학 연구』, 집문당, 1994.

박기석, 『열하일기의 재발견』, 월인, 2006.

박기석, 『연암 소설의 심층적 이해』, 집문당, 2008.

서대석, 『한국인의 삶과 구비문학』, 집문당, 2002.

신동흔, 『살아있는 우리신화』, 한겨레신문사, 2004.

신동흔 외, 『프로이트, 심청을 만나다』, 웅진지식하우스, 2010.

신영복 외, 『지금 우리에게 필요한 공부』, 상상너머, 2011.

신영복, 『신영복-여럿이 함께 숲으로 가는 길』, 서울대출판문화원,

2010.

신영복, 『강의-나의 동양고전 독법』, 돌베개, 2004.

신영복, 『담론』, 돌베개, 2015.

윤미연, 『상생의 가족서사와 그 효용성 연구』, 서울여대 박사학위논문, 2012.

이근식, 『상생적 자유주의-자유, 평등, 상생과 사회발전』, 돌베개, 2009.

정운채, 『문학치료의 이론적 기초』, 도서출판 문학과 치료, 2006.

정운채, 『문학치료학의 서사이론』, 도서출판 문학과 치료, 2015.

정운채 외, 『문학치료 서사사전 1, 2, 3』, 도서출판 문학과 치료, 2009.

정재민, 『한국운명설화연구』, 제이앤씨, 2009.

정혜자, 『어린이 마음 치료』, 교양인, 2008.

최규련, 『가족관계론』, 공동체, 2007.

최재천, 『호모 심비우스』, 이음, 2011.

최현섭 외, 『상생화용, 새로운 의사소통 탐구』, 커뮤니케이션북스, 2008.

한금선 외, 『의사소통과 인간관계론』, 고문사, 2010.

Martin E. P. Seligman/김인자 옮김, 『긍정심리학』, 도서출판 물푸레, 2009.

Martin E. P. Seligman/우문식 · 윤상운 옮김, 『Flourish 플로리시』, 도서 출판 물푸레, 2011.

메리 고든 지음, 문희경 옮김, 『공감의 뿌리』, 도서출판 샨티, 2010.

William C. Compton 지음, 서은국 · 성민선 · 김진주 옮김, 『긍정 심리학

입문』, 박학사, 2007.

조앤 보리센코 지음, 안진희 옮김, 『회복탄력성이 높은 사람들의 비밀』,

이마고, 2011.

전근대 한국의 가정문화와 근대의 여자교육

2강_김경남

서론

동양의 고전인 『논어』에서는 성품에 따라 인간을 네 등급으로 구분하고 있다. 『논어』에서 가장 많이 언급되는 인간상은 '군자(君子)'이다. 『논어』 권1 '학이(學而)'의 첫 장에서 '인부지이불온(人不知而不慍)이면 불역군자호(不亦君子乎)아.'라고 반문하는 것은 그 예가 된다. '군자'에 대립하는 인간상은 '소인(小人)'이다. 권2 위정편의 '군자는 보편타당하고 치우치지 않으며, 소인은 치우치고 보편타당하지 않다(君子周而不比小人比而不周)'라는 구절이나 권4 이인편의 '군자는 의에 밝고 소인은 이익에 밝다(君子喩於義小人喩於利)'라는 구절 등은 이상적 인간으로서의 군자와 그에 대립하는 소인의 모습을 보여주는 일면이다. 군자 위에 구차하게 삶을 구걸하거나

타인에게 해를 입히지 않고 살신성인하는 '지사(志士)'와 '인인(仁人)'이 있고[1], 그 위에 공자도 감히 보기 힘들었다는 '성인(聖人)'이 있다[2].

『논어』는 전반적으로 이상적 인간을 만들기 위한 교훈적인 언어로 구성된 책이다. 공자는 이상적 인간을 만들기 위해 '문행충신(文行忠信)'을 교육의 지침으로 삼았고[3], 그것을 인리(鄰里)와 향당(鄕黨)[4]을 지도하는 원리로 삼았다. 여기서 말하는 '리(里)'와 '향(鄕)', '당(黨)'은 현대적 의미를 갖는 공동체의 단위는 아니다. 『논어』에도 빈번히 '가(家)', '향(鄕)', '당(黨)', '국(國)' 등의 공동체 단위[5]가 등

---

1 『논어』 권15. 위령공(衛靈公). 志士仁人 無求生而害人 有殺身而成仁.

2 『논어』 권7. 술이(述而). 子曰 聖人 吾不得而見之矣 得見君子者 斯可矣.(성인을 내 얻어 보지 못하거든 군자를 얻어 보면 가하다.)

3 『논어』 권7. 술이(述而). 子以四敎 文行忠信.(공자는 네 가지로 가르치셨으니 그것은 문과 행과 충과 신이다.) 이에 대해 정자는 "학문 수행과 충신(忠信)으로 사람을 가르치셨으니 충과 신이 근본이었다."(집주)라고 하였다.

4 『논어』 권10. 향당(鄕黨). 孔子於鄕黨, 恂恂如也, 似不能言者. 其在宗廟朝廷, 便便言, 唯謹爾. 朝, 與下大夫言, 侃侃如也, 與上大夫言, 誾誾如也. 君在, 踧踖如也, 與與如也.(공자께서 향당에서는 순순한 모습(신실한 모습)을 보여 마치 말을 하지 못하는 사람 같았다. 종묘 조정에서는 편편하셔서(옳고 그름을 가리고 삼감) 오직 삼가셨다. 조정에서 하대부와 더불어 말씀하시는 것은 간간하시고(강직함), 상대부와 더불어 말씀하실 때에는 은은(誾誾, 온화하고 기쁜 모습으로 간)하셨다." 『집주』에서는 '순순(恂恂)'은 '신실지모(信實之貌)', '편편(便便)'은 '변야(辯也, 옳고 그름이나 참과 거짓을 가림)', '간간(侃侃)'은 '강직야(剛直也)', '은은(誾誾)'은 '화열이정야(和悅而諍也)'라고 풀이하였다.

5 『논어』 권6 옹야(雍也). 原思爲之宰 與之粟九百辭. 子曰 毋 以與爾隣里鄕黨乎.(원사가 재상이 되었더니, 속(粟, 녹으로 준 조) 구백을 주거늘 사양하니, 공자께서 '말라. 네 인리며 향당을 줄 것이라.'라고 말씀하셨다.). 이 구절에서 주자는 "五家爲隣 二十五家爲里 萬二千五百家爲鄕 五百家爲黨(5가가 린(鄰)을 이루고, 25가가 리(里)를 이루며, 1만 2천5백 가가 향(鄕)을 이루고, 5백 가가 당(黨)을 이룬다.)"라고

장하지만, 그 자체가 현대적 의미에서의 '가정', '국가', '행정구역 단위' 등을 일컫는 것은 아니다. 더욱이 '가정(家庭)'이나 '가족(家族)'이라는 개념은 『논어』 자체뿐만 아니라 주자(朱子)의 집주(集註)에서도 찾아볼 수 없다.

전통적인 '가정(家庭)'의 개념은 혈연 중심의 '종족(宗族)'이라는 의미를 내포한다. '종(宗)'은 '근원'이나 '우두머리'를 뜻하는 한자이며, '족(族)'은 '혈통'과 '동류(同類)'를 지칭한다. 『논어』 권13 '자로(子路)'에서는 '종족'이 개인과 향당(鄕黨)의 가운데에 위치하는 단위로 '효(孝)'를 실천하는 공간처럼 서술된다.

子貢問曰 何如 斯可謂之士矣.

(자공이 묻자와 갈오대, 어찌해야 가히 사(士)라고 일컬을 수 있습니까.)

子曰 行己有恥 使於四方 不辱君命 可謂士矣

(공자께서 말씀하시기를, 자기를 행함에 부끄러움이 있고, 군명을 욕되게

하지 않아야 가히 선비라고 할 수 있느니라.)

曰敢問其次 曰宗族稱孝焉 鄕黨稱弟焉

(감히 여쭙건대 그 다음은 무엇입니까? 말씀하시기를 종족이 효라 칭하

설명하였지만, 이 설명이 정확한지는 알 수 없다. 『전한서(前漢書)』 '식화지'에서는 "五家爲鄰 五鄰爲里 四里爲族 五族爲黨 五黨爲州 五州爲鄕 是萬二千五百戶也.(5가가 린(鄰)이 되고, 5린이 리(里)가 되며, 4리가 족(族)이 되고, 5족이 당(黨)이 되며, 5당은 주(州)가 되고, 5주가 향(鄕)이 된다."라고 하였는데, 전통적으로 '향당(鄕黨)'은 이러한 개념을 떠나 군현(郡縣) 단위의 지역사회를 지칭하는 의미를 갖고 있다.

고 향당이 제라 칭하는 것이다.)

　曰敢問其次 曰言必信 行必果 硜硜然 小人哉 抑亦可以爲次矣

　(다시 감히 그 다음을 여쭙고자 하나이다. 말씀하시기를 말에 믿음이 있고
행동에 결과가 있음이 경경(硜硜)[6]하면 소인이로되, 또한 가히 그 다음이
라고 할 것이다.)

　『논어』에 나타나는 전통 윤리가 근대 이전의 한국 가정문화의
근간을 이루어 왔다고 할 때, 전통적인 가정문화는 혈족을 중심으
로 발달하였고, 개인의 주체성보다는 가족, 가문을 강조하는 문화
를 이루었음이 틀림없다.

전통적인 교육관과 여성 교육

전통적인 가족 개념이 혈연 공동체로서의 효제(孝弟)와 향당(鄕黨)
에 대한 '충신(忠信)'을 강조하는 문화와 밀접한 관련을 맺고 있음
을 고려할 때, 전통적인 교육관도 한 개인이 사회와 어떻게 조화를
이루며, 가문을 빛내고 국가에 기여할 것인가를 중심으로 이루어
졌음은 쉽게 짐작할 수 있다. 전통적인 교육과정을 가장 잘 요약한
『소학』'입교'를 살펴보자.

6　현대음은 갱갱, 소인의 비천한 모습, 집주에서는 "硜小石之堅確者 小人言其識量
　之淺狹也(경은 작은 돌이 단단한 것을 말하는 것으로, 소인의 말은 그 지식을 헤아림이
　비천한 것이다.)"라고 풀이하였음.

○ 자식이 능히 밥을 먹거든 가르치되 오른손으로 하게 하며, 능히 말을 하거든 남자는 먼저 대답하게 하고, 여자는 늦게 대답하게 하며, 남자의 띠는 가죽으로 하고, 여자의 띠는 실로 할 것이다.(子能食食이어든 教以右手하며 能言이어든 男唯女兪하며 男鞶革이오 女鞶絲이니라.)

○ 여섯 해가 되면 숫자와 방향의 이름을 가르칠 것이다. 일곱이 되면 남녀가 한 자리에 앉지 않으며, 함께 먹지 않게 할 것이다. 여덟이 되면 문지방과 집을 나고 들어오는 것과 자리를 갖고 나아가 먹고 마실 때 반드시 어른에게 드린 후에 비로소 사양하는 것을 가르칠 것이다. 아홉이 되면 날짜 헤아리는 것을 가르칠 것이다.(六年이어든 教之數與方名이니라. 七年이어든 男女이 不同席하며 不共食이니라. 八年이어든 出入門戶와 及卽席飮食에 必後長者하여 始教之讓이니라. 九年이어든 教之數日이니라.)

○ 열이 되면 나가서 외부(밖의 스승, 外傅)께 나아가 밖에 거쳐하고 자며, 글쓰기며 산계를 배우고, 깁(비단)으로 핫옷(襦, 저고리나 속옷)과 고의(袴衣, 가랑이가 있는 하의)를 하지 않으며, 예를 처음 가르친 대로 따라 하게 하며, 아침저녁에 어렸을 때 해야 할 예모를 배우되, 쉽고 간이한 것을 청하여 할 것이다.(十年이어든 出就外傅하여 居宿於外하며 學書計하며 衣不帛襦袴하며 禮帥初하며 朝夕에 學幼儀하되 請肄簡諒이니라.)

○ 열셋이 되면 음악을 배우며 모시를 외우고 작(勺)으로 춤추고, 아동에 이르면 상(象)으로 춤추며 활쏘기와 수레몰기를 배워야 할 것이다.(十有三年이어든 學樂誦詩하며 舞勺하고 成童이어든 舞象하며 學射御

이니라. 勺과 象은 모두 樂章이다.)

○ 스물이 되면 관(冠)을 쓰고 비로소 예를 배우며, 가히 가죽옷과 비단옷을 입으며, 대하(大夏, 樂章)로 춤추며, 효도함과 공손함을 두터이 행하며, 널리 배우고 가르치지 않으며(스스로 배우게 함) 속에 두고 내지 않게 할 것이다.(二十而 冠하여 始學大夏하며 惇行孝弟하며 博學不教하며 內而不出이니라. ** 내이불출 = 속에 있는 것을 드러내지 않음)

○ 서른이 되면 아내를 두어 비로소 남자가 해야 할 일을 다스리며, 널리 배워 곧 모남(막힘)이 없게 하며, 벗을 삼되 뜻을 보아야 할 것이다.(三十而有室하여 始理男事하며 博學無方하며 孫友視志니라.)

○ 마흔에 비로소 벼슬을 하여 일에 맞게 하고 계교를 내며, 사려(思慮)를 베풀어 도(道)에 맞으면 일을 하여 따르고, 가하지 않으면 그만두어야 할 것이다.(四十에 始仕하여 方物出謀發慮하여 道合則服從하고 不可則去니라.)

○ 쉰에 명을 받아 대부가 되어 벼슬과 정사를 맡아 하고, 일흔에 이를 도로 반납할 것이다.(五十에 命爲大夫하여 服官政하고 七十에 致事이니라.)

『소학』 '입교'에 나타난 남자의 일생은 10세에 밖에 나가 스승께 배우고, 20세에 관례를 하며, 30세에 성혼을 하고, 40세에 벼슬을 하며, 50에 대부가 되고, 70에 벼슬을 사양하는 것을 이상으로 하고 있다.

이처럼 전통적인 교육이 남성을 기준으로 설정되어 있음은 『논어』에 나타난 여성관에서도 쉽게 찾아볼 수 있다. 예를 들어, 『논어』 권5 공야장(公冶長)에서 "공야장을 일컬으시되, 가히 자식을 처로 줄 만하다. 비록 옥에 있으나 그 죄가 아니다 하시고, 그 자식으로써 처를 삼게 하였다.(可妻也. 雖在縲絏之中, 非其罪也. 以其子妻之.)"라는 기록과 같이, 가정의 구성원으로서 여성의 지위가 보장된 것은 아니었다. 특히 '효'를 강조하고, 가문을 중시하는 남성중심 사회에서 여성은 딸로서의 역할보다는 아내이자 며느리로서 가문을 수호하는 수호자의 역할을 강요받는 경우가 많았다. 이에 대해 김태길은 '전통사회와 가족'이라는 논문에서 전통사회의 가족 형성을, '신부집의 딸이 신랑집의 며느리로서 신분을 바꾸는 절차'라고 규정하고, "며느리가 시댁의 당당한 식구로서의 자격을 인정받기까지에는 몇 가지 어려운 고비를 넘겨야 했다."라고 설명한다. 그 고비는 '시댁의 가풍에 완전히 동화되는 일', '대를 이을 아들을 낳는 일', '시집살이로 불리는 시댁 측의 푸대접을 참고 견디어 내는 일' 등이다[7]. 이처럼 전통사회는 혈족과 가문이 사회 구조의 핵심 역할을 담당했고, 여성의 사회적 지위와 사회 활동은 극히 제한되었다. 또한, 이상적 인간을 육성하기 위한 교육도 대부분 남성 중심으로 구성되어 있었다. 한국 여성의 역사를 연구 대상으로 한 최숙경·하현강(1972)에서 언급한 것처럼, 우리나라에 설립된 최초의

---

7 김태길, 전통사회와 가족, 『삶과 그 보람』, 철학과 현실사, 1992.

여성 교육 기관은 1886년 이화학당이다[8]. 이는 여자교육이 근대 이전에는 중요한 사회문제로 간주되지 않았음을 의미한다.

그러나 가정이 사회를 유지하고 발전시키는 핵심적인 기관이라는 점을 고려한다면, 전통사회에서도 여자 교육 문제가 전혀 고려되지 않은 것은 아니다. 이 점은『소학』'입교(立教)'의 다음 구절을 통해서도 확인할 수 있다.

「소학 권1 '입교'」

○ 열녀전에 이르기를 옛날에 부인이 자식을 배면, 잘 때 기울이지 않으며, 가에 앉지 않으며, 설 때 발을 치딛지 않으며, 사특한 맛을 먹지 않으며, 베인 것이 바르지 않으면 먹지 않으며, 자리를 끼고 앉을 때 바르지 않으면 앉지 않으며, 눈에 사특한 빛을 보지 않으며, 귀에 음란한 소리를 듣지 않고, 밤이면 소경으로 하여금 모시를 외우게 하고, 바른 일을 말하였다. 이렇게 하면 낳은 자식이 얼굴이 단정하고 재주가 다른 사람보다 넘칠 것이다.

○ 여자가 열 살이 되면 나다니지 않으며, 스승 어미(姆教)의 가르침을 유순하게 들어 따르며, 삼과 모시(枲, 뚝삼)를 잡으며, 실과 고치를 다스리며 명주와 깁을 짜며, 여자의 일을 배워 의복을 장만하며, 제사를 보살펴 술과 촛물과 대그릇과 나무그릇과 김치와 젓갈을 드려 예로도와 전(奠, 제사를 지내는 일)을 도울 것이다.

8 최숙경·하현강,『한국 여성사 ―고대~조선시대』, 이화여대출판부, 1972, 571쪽.

○ 열다섯이 되면 비녀를 꽂고 스물이 되면 남편을 얻을 것이니 연고가 있으면 스물셋에 시집을 갈 것이다. 빙례로 하면 아내가 되고 그저 가면 첩이 된다.

『소학』에 등장하는 여자 교육의 특징은 '모교(姆敎)'로 불리는 '스승어미'(이 용어는 언해본에 사용한 용어임)의 역할에 의존한다는 것이다. 스승어미는 한 집안이나 가문에서 여성을 가르치는 가장 위의 여자를 일컫는다. 왕실의 경우 '왕후(王后)'가 있고, 그 위에 '대비(大妃)'나 '왕대비(王大妃)', '대왕대비'가 존재하듯이, 가문에서도 가장 윗분이 되는 여자 어른이 존재한다. 물론 이 계층은 정해진 것이 아니다. 때로는 어머니가 스승어미의 역할을 할 수도 있고, 할머니가 이 역할을 할 수도 있다. 틀림없는 것은 집안의 남자가 딸이나 손녀를 교육하는 적은 없다는 뜻이다. 이 점은 우암 송시열의 『계녀서』에도 잘 나타닌다.

[번역] 맹자께서 말씀하시길 장부가 갓을 쓰면 아비에게 절하고, 여자가 시집가면 어머니에게 절한다 하셨으니, 여자의 행실은 아버지가 가르칠 일이 아니지만, 네 나이 비녀꽂기에 이르러 행실 높은 집으로 출가하니 마지못해 대강 적어 주니, 늙은 아버지의 말이 선후가 없고 소략하다 하지 말고, 힘써서 행하라.

이 글은 우암 송시열이 시집가는 딸이 지켜야 할 도리를 필사하여 적은 것으로, 부녀로서 지켜야 할 덕과 범절을 순국문으로 적은 글이다. '여자의 행실'은 아버지가 가르칠 일이 아니라고 하였듯이, 조선시대 여자 교육은 스승어미의 몫이었던 셈이다.

조선시대 여자 교육서와 가풍

내훈과 규범(閨範) 관련

조선시대 여자 교육은 '현모양처(賢母良妻)'를 일차적인 목표로 삼았다고 볼 수 있다. 공식적인 교육 기관이 없이, 스승어미(姆教)가 교육을 담당하는 주체였지만, 왕실이나 사대부 가문을 중심으로 다양한 교육서가 출현하였다. 대표적인 것으로는 다음과 같은 것들이 있다.

첫째, 『내훈(內訓)』은 1475년 성종의 어머니인 인수대비(仁粹大妃)가 부녀자 교육에 필요한 대목을 소학, 열녀, 여교, 명감 등 4책에서 뽑아 7장으로 편찬한 책으로 조선시대 여자 교육서 가운데 가장 대표적인 책이다. 이 책은 1573년(선조 6년), 1611년(광해군 2년), 1656년(효종 7년)의 이본이 존재하며, 1737년(영조 14년)에는 제목을 『어제내훈(御製內訓)』으로 바꾸어 3권 3책으로 출간되었다. 『어제내훈』은 어제내훈 서, 어제내훈 소식, 내훈목록, 권1(言行章, 孝親章,

昏禮章), 권2(夫婦章), 권3(母儀章, 敦睦章, 廉儉章)으로 구성되었으며, 왕실 여인의 필독서였다.[9]

둘째, 여자를 대상으로 하는 사서(四書), 소학(小學)류이다. 예를 들어 『여사서(女四書)』는 1736년(영조 12년) 후한시대 조대가의 여성(女誡), 당나라 송약소(宋若昭)의 여논어(女論語), 명나라 인효문황후(仁孝文皇后)의 내훈(內訓), 명나라 왕절부(王節婦)의 여범(女範) 등을 엮어 편찬한 책으로, 이덕수(李德壽) 등이 언해하였다.[10] 『여소학(女小學)』이라는 제목을 갖고 있는 자료는 다수가 존재한다.[11] 이러한 자료는 필사본이 많은데, 각 가문에 따라 필요에 의해 사서나 소학 등에서 발췌하여 묶었기 때문이다. 그 가운데 1888년 호산 박문호가 저술한 『여소학』은 다음과 같이 편찬 동기를 밝히고 있다.

[번역] 하늘이 사람의 성품을 주실 적에 남녀의 후박(厚薄)이 없으나, 가르치지 않으면 어찌 착하며, 글이 아니면 무엇에 근거하겠는가. 그런고로 이전 착한 부인들이 글을 깊이 새겨 내치(內治)에 도움을 주고, 사책(史册)에 이름을 남겼다. 그러나 글이 덕을 이기면 또한 마음을 방자하게 하는 까닭에 한나라의 채염(蔡琰: 채문희, 호가십팔박을 지음)과 진나라의 사도 온(韞, 진나라 때 명재상 사안의 질녀. 왕희지의 처로 총

9 홍윤표, 어제내훈 해제, 『어제내훈』, 홍문각, 1990.
10 홍윤표, 여사서 해제, 『여사서』, 홍문각, 1990.
11 홍윤표, 여소학 해제, 『여소학』, 홍문각. 1989.

명하고 재변이 뛰어남)은 아는 것이 많기로 좀사람(庶人, 일반인)한테도 조롱을 받았다.

우리나라에 언문이 있으니, 그 글 지으신 분은 성인이다. 부인과 어린아이도 배울 만하니 하루아침에도 가히 통할 것이다. 그 글로 경서를 번역하여 부인들도 배우게 하였는데, 세월이 지나고 시속이 무너져 이전의 법도가 차차 어두워졌다. 부귀한 부인들은 너무 편하여 사치하는 풍속만 날로 성하고, 가난한 사람들은 치산에 골몰하여 언문을 배울 겨를이 없다.

(우리)집 매제가 칠팔세에 언문을 대강 통하여 익히는 것이 허탄한 소설이었다. 싸움과 괴이한 일이 규문에 무슨 관련이 있겠는가 하고, 이전 성현의 말씀을 모아 조그만 책을 만들어 가르치고 출가할 때 농에 넣어 보냈더니 근친(覲親) 시에 그 책을 찾으니 화재(火災)에 태워버렸다.

집 아이는 십오 세에 칠서를 다 읽었더니 여식과 질녀는 차차 그 나이가 되어 정구(井臼, 절구질)는 능히 하지만 속에 든 것을 무르니, 한 말도 배운 것이 없구나. 대저 아들이 배우지 못한 것은 부모가 용서나 하겠지만, 딸은 남의 집에 보낸 사람이니, 만일 배우지 못하면 남편과 시어미에게 노여움을 끼칠 것이니 덕을 닦지 않으면 어찌 남의 집 며느리가 되겠는가. (하략)

호산 박문호의 『여소학』은 소학과 마찬가지로 6권의 체제를 갖추고 있다. 다만 내용은 조선시대 여자가 꼭 알아야 할 덕목에 해당한다. 권1에서는 '서륜(敍倫), 설교(設敎), 명별(明別), 여덕(女德 上), 칙신(飭身), 사부모(事父母)'를 내용으로 하고, 권2에서는 '여덕(女德 下), 사구(事舅姑), 사부자(事夫子), 육자(育子), 우형제(友兄弟), 목종가(睦宗家), 사장(事長), 접물(接物), 치가(治家), 여례(女禮 上), 계례(笄禮, 비녀하는 예절)', 권3은 '여례(女禮 中), 혼례(昏禮), 상례(喪禮)', 권4는 '여례(女禮 下), 제례(祭禮), 사생의(事生儀), 여공(女功), 직임(織紝), 의복(衣服), 음식(飮食)', 권5는 '고사(古事), 효녀(孝女), 효부(孝婦), 열녀(烈女)', 권6은 '고사(古事 下), 현처(賢妻), 현모(賢母), 현부인(賢婦人)'으로 구성되었다.

또 하나의 여소학은 이병헌 필사본으로 충북 음성 감곡면의 기록역사박물관에 소장되어 있다. 이 책은 계묘년 신리에서 병을 앓고 있는 이병헌이 필사했다는 필사기가 남아 있는데, 소학에서 여자 교육과 관련된 내용을 간추린 것이다. 이뿐만 아니라 『여학별록(女學別錄)』과 같이 부녀자가 지켜야 할 덕목을 간추려 필사한 책도 다수 전한다.[12]

셋째, 부녀자의 덕목이나 지켜야 할 예절을 정리한 필사류들이다. 이른바 『규범(閨範)』, 『규의(閨儀)』 등이 붙어 있는 책이 이에 해당한다. 청장관 이덕무(李德懋)가 편찬한 『사소절(士小節)』에 들어 있는 '부의(婦儀)'(한문 활자본), 청주 한씨 집안에서 전해온 『한씨부훈(韓氏婦訓)』(필사본) 등이 이와 같은 종류로 볼 수 있다.

12 허재영 편, 『국어사 국어교육 자료집』2, 박이정, 2008.

규곤시의방(음식디미방)과 규합총서

스승어미를 중심으로 한 여자 교육
은 가문 전승의 독특한 문화를 만들
기도 하였다. 특히 음식문화의 경우
어머니가 딸에게 집안의 음식 비법을
전수하기도 하였는데, 1670년(현종 11
년)경 장계향(張桂香: 1598~1680)이 쓴
『규곤시의방(閨壺是議方)』(일명 음식디
미방 = 飮食知味方)은 대표적인 조리서
이다[13]. 동아시아에서 최초로 여성이

『규곤시의방』 표지
(경북대학교 도서관 소장)

쓴 조리서이며, 한글로 쓴 최초의 조리서이기도 하다.[14] 『음식디미
방』이전에도 한국에서 음식에 관한 책은 있었지만, 모두 한문으로
쓰였으며, 간략하게 소개하는 것에 그쳤다. 반면 음식디미방은 예로
부터 전해오거나 장씨 부인이 스스로 개발한 음식 등, 양반가에서 먹
는 각종 특별한 음식들의 조리법을 자세하게 소개하였다. 가루음식
과 떡 종류의 조리법 및 어육류, 각종 술담그기를 자세히 기록한다.
이 책은 17세기 중엽 한국인들의 식생활을 연구하고 이해하는 데 귀

13 황혜성 편, 『규곤시의방-음식디미방』, 한국도서출판사, 1980.
14 물론 『음식디미방』보다 신창 맹씨 종가 『자손보전』에 수록된 해주 최씨(1591~
    1660)가 쓴 조리서가 최초의 한글조리서로 인정된다(배영동, 「17세기 장계향의 삶과
    조리지식의 현대 문화자원화 과정」, 『비교민속학』 63, 2017, 293쪽)고 밝히고 있으나
    『음식디미방』의 내용 구성이나 음식조리법의 종류면에서 그 가치를 평가할 수밖에
    없다.

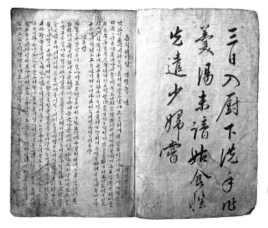

『규곤시의방』권수제
(경북대학교 도서관 소장)

중한 문헌이다. 현재 원본은 경북대학교 도서관에서 소장 중이다.

이 책은 궁체로 쓰인 필사본으로, 표지에는 '규곤시의방'이라 이름붙여졌으며, 내용 첫머리에 한글로 '음식디미방'이라 적혀 있다. 음식디미방은 한자어로 그중 '디'는 알 지(知)의 옛말이며, 제목을 풀이하면 '음식의 맛을 아는 방법'이라는 뜻을 지닌다. 이 책에는 146개의 음식 조리법이 필사되어 있는데, 위의 책에서 볼 수 있듯이 책 본문 앞에는 권두시가 소개되어 있는데, 이를 현대어로 풀이하면 다음과 같다.

[현대어 풀이]

삼일입주하(三日入廚下) 시집 온 지 삼일 안에 부엌에 들어

세수심갱탕(洗手心羹湯) 손을 씻고 정성들여 갱과 탕을 끓이지만

미암고식성(未暗姑食性) 시어머니 식성을 알지 못하니

선견소부상(先遣少婦嘗) 먼저 소부(少婦, 어린소녀)에 보내 맛보게 하네

위의 시는 당나라 때 왕건(王建)이 지은 '신가랑사(新嫁郎詞)' 세수 중 세 번째 작품으로『전당시(全唐詩)』에 수록되어 있다. 4행의 '소부(少婦)'는 '소고(小姑)'라는 의미로 시누이를 지칭하는 용어인데, 일반적으로 4행의 '고(姑)'가 들어 있어 '부(婦)'로 교체했을 가능성이 높은 것으로 알려져 있다.

이와 함께 권말에는 필사기(筆寫記)가 나타나 있는데, 이 책을 필사하게 된 동기를 적어 놓았다.

[현대어 풀이]

이 책을 이리 눈 어두운데 간신히 썼으니, 이 뜻을 알아 이대로 시행하고 딸자식들은 각각 베껴가되, 이 책 가져갈 생각을 언감생심 내지도 말 것이며, 부디 상하지 않게 간수하여 쉽게 떨어버리지 말라.

이 필사기 내용 중 딸자식들은 베껴가고 가져갈 생각은 마음먹지도 말라고 하는 표현을 두고 해석이 분분하다.

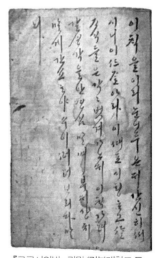

『규곤시의방』권말 (경북대학교 도서관 소장)

이를 테면 딸자식이 가져가지 못하게 하는 이유를 두고 가문의 독특한 음식문화가 외부로 유출되지 못하게 하려는 의도라고 보는 견해와, 딸자식이 이 책을 베껴는 가되 가져갈 생각은 하지 말라고 하여 이 책이 가문의 비법으로 보존되기를 바란다는 의미의 완고한 표현이라고 해석하는 견해가 있다.

안동 장씨는 장계향이라는 여성인물로 밝혀진 바 있으므로, 여성인물이라는 필자의 위치를 생각할 때 매우 이중적인 입장으로 인식된다. 한 집안의 딸로 태어나 남의 집 며느리가 된 상황에서 딸과 며느리라는 입장을 두루 헤아리지 않을 수 없었을 것이다. 그렇기 때문에 딸에게 베껴가도록 허락은 했으나 자신의 며느리에게 음식 비법을 전승하고 책을 보존, 계승해야 한다는 가문의식이자 가승의 발로(發露)일 것이다. 가승(家乘) 비법의 경우 집안 대대로 전승해야 할 특수지식에 해당하기 때문이다.

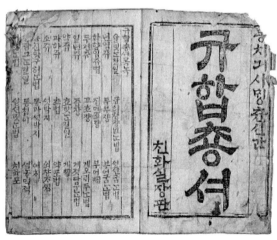

규합총서
(국립중앙박물관 소장)

가승 전통의 생활 지침서 가운데 『규합총서』(1809년 빙허각 이씨)도 의미 있는 자료이다. 이 책은 국립중앙박물관이 소장하고 있으며, 음식 조리법과 생활 지침을 내용으로 하고 있다. 구성을 소개하면 다음과 같다.

■주사의(酒食義): 술 담기, 장 담기, 초 빚기, 김치, 생선, 고기, 꿩과 닭, 나물, 떡, 과줄, 기름 짜기 등

■봉임칙(縫紝則): 옷 재단, 봉재, 수놓기, 염색법, 방직, 빨래, 문방사구, 온갖 그릇 및 등잔 관리, 그림, 향 만들기, 양잠, 보물, 돈의 계보, 격물, 방구들 놓는 방법, 열녀, 머리 모양, 화장법 등

■산가락(山家樂): 밭 갈기, 과실수 기르기, 꽃 기르기, 꽃 품평, 세시 기록, 날씨, 가축 기르기, 양봉 등

■청낭결(靑囊訣): 태교, 육아, 구급법, 물린 데 치료법, 민간요법, 벌레 박멸법, 팔도 특산물, 경험 처방 등

■술수략(術數略): 집 방위 및 여러 환란에 대처하는 방법 등

여기서 빙허각 이씨의 가계도를 참고할 필요가 있다.

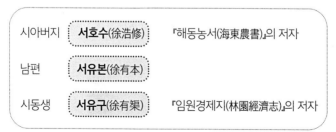

시아버지	서호수(徐浩修)	『해동농서(海東農書)』의 저자
남편	서유본(徐有本)	
시동생	서유구(徐有榘)	『임원경제지(林園經濟志)』의 저자

빙허각 이씨의 남편은 서유본이고 시아버지는 『해동농서』의 저자인 서호수, 임원경제지를 쓴 시동생 서유구는 시동생이었다. 빙허각 이씨의 주변 환경은 견외견학(肩外見學)이라는 학풍이 조성될 만한 여건이었을 것이다. 시아버지가 소장하고 있는 농서(農書), 시동생이 읽고 있는 임학서(林學書)를 이론 지식으로 겸비할 수 있었을 것이고, 경험 지식으로서 음식 비법과 봉재술, 산가락 등이 저술에 활용되었을 것이다.

음식조리법만을 다룬 『음식디미방』과 달리 『규합총서』는 농법이나 임학, 술수략까지 포함하여 그야말로 규방의 백과사전이라고 불릴 만큼 그 구성이나 내용이 광범위하다. 그러한 점에서 이 책을 가정학이라는 범주로 한정하는 시각은 재고되어야 한다.

『음식디미방』이나 『규합총서』는 남성이 기술하고, 남성이 전유하는 기존의 지식 체계에 기대지 않고, 여성이라는 시각에서 새로운 지식을 받아들여 자기 저술로 만들어냈다는 점에서 높이 평가되어야 한다. 특히 음식으로 대변되는 고유문화는 한 나라의 지식 및 문화수준의 척도가 된다는 점에서 재평가되어야 할 영역이다.

근대식 교육으로의 전환

선교사들이 본 한국 여성

스승어미를 중심으로 한 전근대의 가정교육이 변화를 보이는 시점은 1880년대 중반 이후이다. 이 시기는 근대식 학제가 도입되기 전으로, 서양 선교사들에 의해 여학교가 설립되기 시작한 때이다. 우리나라 최초의 여자 교육기관은 1886년 미국 북감리교 여선교사 스크랜톤에 의해 설립된 이화학당으로, 당시 학교 사정에 대해 오천석(1964)에서는 다음과 같이 진술하고 있다.[15]

〈근대 학교의 모습 – 스크랜톤 부인의 회상〉

학교수업은 새집으로 가기 6개월 전에 스크랜톤 의사 사택에서 시작되었다. 학생 하나를 상대로 수업이 출발되었다. 학생이라는 사람은 정부 관리의 첩으로서, 그 관리는 자기 첩이 영어를 배워 가지고 언제나 왕후의 통역이 되어 보려는 희망을 가지고 있었다. 그 여자는 3개월쯤밖에는 우리와 같이 있지 않았다. 제일 처음의 장기적 학생은 김 부인보다 한 달 뒤인 1886년 6월에 왔다. 이 여아가 우리에게 온 것은 틀림없이 가난 때문이었다. 며칠이 지나 그의 어머니는 차라리 가난을 참을지언정 자기 딸을 외국인에게 맡겨 둘 수는 없다고 생각하게 되었다. 이웃 사람들은 그를 나쁜 여인, 육친의 애정이 없는 어머니라고 비난하면서, 그렇지 않으면 어떻게 스크랜톤 부인에게 자식을 맡길 수 있겠느냐고 하였다. 그들은 얼마 동안 음식도 넉넉히 먹고 좋은 의복도 입을 수 있고 하여 나쁘지 않을 터이지마는, 나중에는 미국으로 데려갈 터이요, 그렇게 된다면 그 운명이 어떻게 될지 누가 알 것이냐고 하였다. 그

15 오천석, 『한국신교육사』, 현대교육총서출판사, 1964.

리하여 그 여아가 결코 이 나라를 떠나지 않을 것이라는 것을 문서로 보증하지 않을 수 없었고, 이것이 그 어머니의 염려를 다소 완화시키는 데 효과가 있었으며, 몇 달이 지나서야 비로소 그 여자는 안심하게 되었다. 두 번째로 온 학생은 집도 없는 걸아(乞兒)로서, 그 모친은 성문 밖에서 스크랜톤 의사가 주워오다시피 하여 병을 치료한 여인이었다. 한국 사람들은 이 여아들을 깊은 관심을 가지고 주시하였다. 이들이 불행하거나 부당한 대우를 받지 않고 있다는 사실을 안 다른 어머니들도 차차 서양 부인을 신임하게 되어, 언덕 위에 있는 새 집으로 옮겨갈 때에는 학생 수가 4명으로 늘고, 다음 해 정월에는 7명이 되었다.

근대의 가정문화에서 여성의 지위가 열악했음은 선교사들의 여행기에서도 빈번히 확인할 수 있다. 다음은 이사벨라 버드 비숍의 여행기에 나타난 결혼 풍습이다.

〈비숍 여사의 여행기: 제9장 결혼의 풍습〉

아내는 남편에 대한 자신의 임무를 늘 인정해 왔지만, 남편은 아내에 대해 그런 것을 거의 인정하지 않는다. 남편이 아내를 겉보기에 정중하게 대하는 것은 옳은 일이지만, 아내에 대한 애정을 나타낸다든지 그에게 자신과 동등한 대우를 해준다면 그는 조롱이나 경멸의 대상으로 전락한다. 양반의 남편 중에는 아내와 사나흘 같이 지낸 다음 자신의 초연함을 보여주기 위하여 상당한 기간 아내와 별사(別舍)하는 사람도 있다. 그렇게 하지 않으면 오히려 모양이 나쁘게 된다. 동양의 다른 나라와 같이, 조선에서도 생활이 궁핍해서 생업에 보대끼고 친척끼리 절제하며 살아가는 사람들이, 부유한 사람들보다 더 행복한 결혼을 한다는 것이 내게는 깊은 인상을 주었다.[16]

조선의 여성은 속박 속에서 살아왔다. 그들은 열등함을 운명으로 받아들인다. 그들이 결혼할 때, 애정을 기대하지 않으며, 관습을 깨뜨린다는 생각이 도무지 들지 않는 것 같다. 그들은 말없이 '현모양처'의 법칙을 따른다. 고분고분하지 못하다든지, 화를 내거나 추문을 불러일으키는 여자는 모진 매를 맞게 되고, 상민의 여자로 전락한다. 그러나 상류층에서는 관습상 남편이 아내를 때릴 수 없고, 그의 유일한 치료책은 이혼인데, 재혼이 쉽지 않기 때문에 남자는 자신의 운명으로 체념할 수밖에 없다. 그러나 여자가 남편을 괴롭히고 가정을 파괴하는 것도 모자라 부정(不貞)한 짓을 저지르면 남편은 그 여자를 관청에 데려가 심하게 매질을 하고 노비의 아내로 삼게 할 수 있다.[17]

선교사들의 눈에 비친 조선 여인의 모습은 이 시기 다른 견문록에서도 빈번히 찾아볼 수 있다. 그 가운데 알렌(1908)의 『조선견문기』[18]에서는 여자 선교사의 역할이 "학교에 다니는 처녀를 위해 적

---

16 이사벨라 비숍 지음, 신복룡 외 역, 『조선과 그 이웃나라들』, 집문당, 2006, 120쪽.
17 이사벨라 비숍 지음, 신복룡 외 역, 앞의 책, 120쪽.
18 알렌 지음, 신복룡 번역, 『조선견문기』, 평민사, 1986.

합한 남편감을 찾아주고 이 부부의 부모 노릇을 해 주는 일"이라고 진술하기도 하였다. 이사벨라 버드 비숍이나 알렌이라는 이국인(異國人)의 눈에 비친 조선의 여성은 관습을 깨뜨릴 생각조차 없는 매우 수동적인 인물이라는 점이다. 그것이 현모양처의 법칙을 따르는 것으로 보았는데, 그것을 조선이라는 사회를 이해 못 하는 낯선 외국인의 시선으로만 볼 수 없는 냉철한 분석이자 평가이다.

근대식 학제와 여자 교육

우리나라에서 근대식 학제가 도입된 것은 1895년 소학교령 이후이다. 학제 도입 당시 소학교의 기초가 되는 심상과(尋常科) 교과목에는 '수신, 독서, 작문, 습자, 산술, 체조'가 있었고, '때에 따라 체조 대신 본국지리, 본국역사, 도화, 외국어 한 과목을 추가'하거나 여아(女兒)를 위해 '재봉(裁縫)'을 추가할 수 있다고 하였다.(소학교령 제 8조) 이는 이 시기부터 여자 교육을 공식으로 인정했다는 뜻이다. 그러나 실제 이때 여자 교육을 어떻게 했는지는 분명하지 않다. 그 대신 본격적인 여학교 설립은 1900년 이후에 활발해졌다. 다음은 1898년 『매일신문』(배재학당 협성회)에 수록된 여학교 설립과 관련한 논설이다.

[번역] 하늘이 사람을 내시니 남녀에게 평등한 권리를 주셨다. 활발하고 장엄한 것은 사나이가 좀 나은 듯하나, 생각이 깊고 침착한 것은

여인이 혹 사나이보다 더 나은 일이 많다. 동서고금을 보더라도 여인이 행한 일이 이처럼 장하다. 그러나 이 여러 여인들도 모두 학문이 있었기에 능히 이러한 일을 하였으므로 예전에도 남녀가 동등한 권리를 갖고 있고 여학교를 세우라는 말이 많았으나, 근일 뜻 있는 여러 여인들이 모여 몇 백, 몇 천 년 동안 압제를 받고 잔약하던 풍기를 일조에 떨쳐버리고, 여학교를 설시해 달라고 궐 아래 엎드리어 성상께 상소를 하였더니, 성스러운 천자의 천지일월 같은 덕과 밝으심으로, 가상하게 여기셔서 학부에 명하여 잘 설시하여 주라고 하신 비지를 받들게 되었다. 장하고 아름답도다. (하략) -『매일신문』1898.10.15.

이 논설은 근대식 학제 도입 직후 여학교 설립 청원 운동과 관련한 것으로, 이에 따라 최초의 관립 여학교인 '순성여학교(승동학교)'가 설립되었다. 이 학교는 1899년 2월 26일 여학생 30명을 시작으로 양현당 김씨가 사재를 털어 운영했던 것으로 알려져 있다. 초급 과정으로『천자문』,『동몽선습』,『소학』등을 가르쳤고,『태서신사』와 같은 역사교육, 재봉틀을 이용한 실기 교육 등이 이루어진 것으로 알려져 있다.

이를 비롯하여 1900년대에는 다수의 여학교가 설립되었는데, 김영덕 외(1972),『한국여성사-개화기~1945)』[19]에 따르면 1901년부터 1908년까지 설립된 여학교로는 다음 표와 같은 학교가 있다.

19 김영덕 외,『한국여성사-개화기~1945)』, 이화여대출판부, 1972, 79쪽.

1900년대 설립된 여학교

설립연대	학교명	창설자	교장·학장	비고
1901 (실제는 1899)	전선여학교 (일명 승동 여 학교)		양현당 김씨	『매천야록』에서 는 1899년 이전 창설 추정
1905	태평동 여학교		교장: 이소영 부인	
1906	양규의숙		숙감: 박민자 사무원: 민영기 부인	숙장은 권중현 농 상공부대신 부인
1906	진명여학교	엄비	학감: 황몌례	
1906	숙명여학교	엄비	교장: 이정숙	
1907	명진여학교			
1907	양정의숙	엄비		
(중간 생략)				
1908	승동여학교			
1908	영신학교			
1908	양정여학교	교장: 최성경 학감: 안숙원		

근대식 학제 도입 이후 설립된 소학교(1906년 이후 보통학교)와 1900년부터 설립된 중학교(1906년 이후 고등학교)에서 여학생을 어떻게 가르쳤는지 구체적인 기록이 없으므로, 그에 대한 논의는 쉽지 않다. 그럼에도 위의 표에 등장하는 각종 여학교의 경우 여학생을 위한 보통교육을 담당했던 기관으로, 1906년 이후에는 이들을 위한 각종 교과서가 등장하기도 하였다. 이들 교과서는 대부분 전통적인 교육 내용과 근대식 교육 내용을 혼재하여 편찬한 경우가 많았는데, 대표적인 것으로, 1908년 이원긍(李源兢)이 편찬한 『초등여학독본(初等女學讀本)』(보문사, 1908)은 다음 표와 같은 내용으로

초등여학독본의 내용

장	과	제목	내용	성격	출처
明倫	1	人倫	오륜 (부자, 군신, 부부, 장유, 붕우)	전통 오륜	
	2	上同	오륜	전통 오륜	
	3	人權	남녀 권리 동등(자유), 지능	근대	
立教	4	姆教	여범	전통	禮記
	5	貞烈	정조열행(貞操烈行)	전통	女士
	6	家本	현모양처(여학 필요)	전통	
	7	學禮	모훈(母訓)과 부례(父禮): 출가의 조건	전통	
女行	8	四行	여자의 4덕: 德, 言, 容, 功	전통	
	9	上同	재주, 말하기, 아름다움, 손재주보다 4덕이 중요	전통	
	10	女德	4덕의 성격	전통	
	11	女言	여언(말하기)의 덕	전통	
	12	女容	여용의 성격	전통	
	13	女功	여공의 성격	전통	
專心	14	專心	마음을 전일하게 하는 것	전통	
	15	上同	여자의 행실	전통	
	16	內外	여자의 기거	전통	
	17	修心	여자의 마음 수행	전통	
	18	修身	여자의 수신	전통	
事父母	19	孝敬	여자의 부모 공경	전통	
	20	食飮	여자의 부모 공경(음식)	전통	
	21	養志	여자의 부모 공경(마음)	전통	
	22	獨女	여자의 부모 공경(외딸)	전통	
	23	有愼	여자의 부모 공경(병환)	전통	
	24	有責	여자의 부모 공경(꾸지람)	전통	
	25	不怨	여자의 부모 공경(원망하지 않음)	전통	
	26	驕憨	여자의 부모 공경(교만, 응석하지 않음)	전통	

	27	夫婦	여자의 남편 공경	전통	
	28	于歸	여자의 남편 공경(신행)	전통	
	29	敬順	여자의 남편 공경(공순)	전통	
	30	不敬	여자의 남편 공경(존경)	전통	
	31	不順	여자의 남편 공경(공순)	전통	
	32	侮夫	여자의 남편 공경(모욕하지 않음)	전통	
事夫	33	夫言	여자의 남편 공경	근대	성경
	34	夫怒	여자의 남편 공경(순종)	전통	
	35	夫病	여자의 남편 공경(질병)	전통	
	36	夫征	여자의 남편 공경(기다림)	전통	
	37	懶婦	여자의 남편 공경(게으르지 않음)	전통	
	38	賢婦	여자의 남편 공경(근면)	전통	
	39	有行	여자의 남편 공경(현처)	전통	
	40	依賴	여자의 남편 공경(여학 필요)	근대	
事舅姑	41	問安	여자의 시부모 공경	전통	
	42	曲從	여자의 시부모 공경	전통	
	43	姑愛	여자의 시부모 공경	전통	
	44	女憲	여자의 시부모 공경(효부)	전통	여헌
	45	冢婦	여자의 시부모 공경	전통	
	46	主饋	여자의 시부모 공경	전통	
	47	虐婦	여자의 시부모 공경(며느리 학대)	전통	
	48	無禮	여자의 시부모 공경	전통	
和叔妹	49	叔妹	여자의 시가 공경(시누이, 시동생)	전통	
	50	體敵	여자의 시가 공경	전통	
	51	謙順	여자의 시가 공경	전통	

구성되어 있다.

이 교재의 구성에서 확인할 수 있듯이, 근대식 여자 교육에서 남녀동등권(男女同等權)이나 여성의 사회적 역할 등과 관련한 내용이 포함된 것은 틀림없으나. 이 시기의 여자 교육에서도 전통적인 '현모양처'의 여성상에는 변화가 없었다. 더욱이 '가정학(家庭學)'이라는 학문이 도입되고, 여성이 가정생활의 주체로 인식되면서 집안의 중요한 업무는 여성의 역할로 인식되었는데, 1907년 박정동이 편찬한『여자 보통 신찬가정학』[20]에서는 '어린 아이를 가르치고 기르는 것'(一. 태중에서 교육, 二. 젖 먹여 길음, 三. 어린 아히의 복과 음식과 거처, 四. 어린 아히의 니 놀 째 종두함, 五. 어린 아히의 동정과 희롱), '가정 교육'(一. 가정 교육의 필요, 二. 가정 교육의 목적, 三. 가정 교육의 방법), '늙은이(노인) 봉양', '병 보음', '교제'(一. 방문, 二. 듸객, 三. 향응, 四. 셔신, 五. 정표), '피난'(화재, 풍재, 진재, 수해, 적환), '하인을 부림'(하인에게 일을 시킴, 하인을 선택함) 등과 같이 여성이 가정에서 담당해야 할 일을 내용으로 하였다.

『가정학』의 도입은 학문의 분과별 발전이라는 측면에서는 긍정적으로 기여하였으나, 한편으로는 여성이 가정 내에서 해야 할 일이 무엇인가를 규정짓는 부정적인 기류를 형성하기도 하였다. 물론 명륜장(明倫章)의 인권(人權)편에는 남녀의 동등권을 인정하는 듯한 조항이 포함되어 있어 일견 여성에 대한 인식이 '근대로의 전

20 박정동,『여자 보통 신찬가정학』, 우문관, 1907.

환'으로 이행되었음을 유추할 수는 있다. 그러나 전체를 견인하는 분위기는 여전히 전근대의 모습에서 크게 다르지 않았다.

근대식 학제 도입 이후 여성에 대한 교육이 필요함을 인식하기는 했지만, 학제의 도입이 바로 여성 교육으로 이어지지 않았으며, 여학교의 설립 역시 여성을 교육의 대상으로 인식했다는 점에서는 긍정적이나 이 역시 여성의 역할이나 의무를 더욱 공고히 하는 결과를 초래했다. 초등 여학독본이나 가정학의 출현은 사회의 한 구성원으로서 여성의 역할을 가정이라는 울타리로 한정 짓고 그 안에서 여자의 역할을 더욱 강조하는 봉건적 이데올로기가 작동하는데 일조를 하였다.

결론

전통적인 교육이 남성을 기준으로 설정되어 있음은 『논어』에 나타난 여성관에서도 쉽게 찾아볼 수 있다. 『논어』 권5 공야장(公冶長)에서도 밝혔듯이 가정의 구성원으로서 여성의 지위가 보장된 것은 아니었다. 특히 '효'를 강조하고, 가문을 중시하는 남성중심 사회에서 여성은 아내이자 며느리로서 가문을 수호하는 수호자의 역할을 강요받는 경우가 많았다. 이처럼 전통사회는 혈족과 가문이 사회 구조의 핵심 역할을 담당했고, 여성의 사회적 지위와 사회 활동은 극히 제한되었다. 또한, 이상적 인간을 육성하기 위한 교육도 대부분 남성 중심으로 구성되어 있었다.

그러나 전통사회에서 여자 교육의 특징은 '모교(姆敎)'로 불리는 '스승어미'의 역할에 의존한다는 것이다. 송시열의 『계녀서』를 통해서 알 수 있듯이 아버지가 딸이나 손녀를 가르치지도 않았으며 공식적인 교육기관도 없었으나 사서(四書), 소학(小學)류 예를 들어 『내훈(內訓)』, 『여사서(女四書)』, 여논어(女論語), 여범(女範), '규범(閨範)', '규의(閨儀)', '부의(婦儀)' 등 다양한 교육서의 출현은 이 시기 여성 교육에 대한 필요성을 통감한 시대적 분위기로 읽을 수 있다.

특이한 점은 딸과 며느리를 대하는 태도는 다소 이중적인 면을 드러낸다. '결혼이라는 제도가 신부의 딸이 남의 집 며느리로 바꾸는 절차'라는 인식을 견지하고 있어서인지 딸을 가르치려는 의지보다는 남의 집 며느리가 되는 현실을 인정하여 교육을 하려는 인식이 매우 강했다.

이러한 풍토에서 일부 여성은 스승어미라는 교육의 주체가 없더라도 아버지나 오빠, 시아버지나 시동생, 남편 등의 남성을 통해 견외견학을 체험하는 기회를 얻기도 하였다. 『음식디미방』이나 『규합총서』의 결과물이 이를 잘 대변해 준다.

근대식 학제 도입 이후 여성에 대한 교육이 필요함을 인식하기는 했지만, 학제의 도입이 바로 여성 교육으로 이어지지 않았으며, 여학교의 설립 역시 여성을 교육의 대상으로 인식했다는 점에서는 긍정적이나 이 역시 여성의 역할이나 의무를 더욱 공고히 하는 결과를 초래했다. 초등 여학독본이나 가정학의 출현은 분과별 학문의 발전이라는 차원에서는 긍정적이나 사회의 한 구성원으로서 여성의 역할을 가정이라는 울타리로 한정 짓고 그 안에서 여자의 역할을 더욱 강조하는 봉건적 이데올로기가 작동하는 데는 오히려 일조를 한 측면이 있다.

참고문헌

김영덕 외, 『한국여성사-개화기~1945)』, 이화여대출판부, 1972.

김태길, 전통사회와 가족, 『삶과 그 보람』, 철학과 현실사, 1992.

박정동, 『여자 보통 신찬가정학』, 우문관, 1907.

오천석, 『한국신교육사』, 현대교육총서출판사, 1964.

이원긍, 『초등여학독본』, 보문사, 1908.

최숙경 · 하현강, 『한국 여성사 – 고대~조선시대』, 이화여대출판부, 1972.

황혜성 편, 『규곤시의방-음식디미방』, 한국도서출판사, 1980.

허재영 편, 『국어사 국어교육 자료집 2』, 박이정, 2008.

홍윤표, 어제내훈 해제, 『어제내훈』, 홍문각, 1990.

홍윤표, 여사서 해제, 『여사서』, 홍문각, 1990.

홍윤표, 여소학 해제, 『여소학』, 홍문각, 1989.

알렌 지음, 신복룡 번역, 『조선견문기』, 평민사, 1986.

이사벨라 비숍 지음, 신복룡 외 역, 『조선과 그 이웃나라들』, 집문당, 2006.

대중가요로 본

일제 강점기 사회사

3강_김영철

〈사의 찬미〉 ― 가부장적 윤리의 비극

〈사의 찬미〉(1926)는 1920년대 최초로 음반에 취입된 대중가요다. 〈사의 찬미〉는 노래를 짓고, 부른 윤심덕의 투신자살로 널리 화제가 된 곡이다. 윤심덕은 평양 출신으로 평양여고보, 경성여자 사범과를 졸업한 신여성 인테리로서 1923년 동경음악학교를 졸업한 조선 최초의 여류 성악가였다. 인물도 출중하고 성량도 풍부해 최고의 소프라노 가수로 각광을 받았다.

　그러나 연극단체 토월회 활동을 통하여 극작가 김우진을 만난 것이 그의 비극적 운명의 시작이었다. 김우진은 호남의 갑부로서 당시 최고의 극작가로 인정받는 호남아였지만 이미 결혼하여 처자식을 거느린 유부남이었다. 1926년 7월에 연극인 이기세의 주선으로 〈메기의 추억〉 등 10여 곡을 일본 음반에 취입코자 도일했는데, 그때 예정에 없이 취입한 노래가 바로 〈사의 찬미〉였다.

〈사의 찬미〉는 루마니아 작곡가 이바노비치가 1880년에 작곡한 〈도나우강의 잔 물결〉이란 곡에 윤심덕이 직접 가사를 붙이고, 동생 윤성덕의 피아노 반주로 부른 노래다.

광막한 광야에 달리는 인생아

너의 가는 곳 그 어데 있는가

쓸쓸한 세상 험악한 고해에

너는 무엇을 찾으려 하느냐

　　-윤심덕, 〈사의 찬미〉

염세적이고 비극적 세계관을 내용으로 한 노래다. '삶에 열중한 가련한 인생아, 너는 칼 위에 춤추는 자로다'(2절)처럼 삶의 허무와 무상을 노래하고 있다. 인간조건을 아예 위태로운 곡예사로 단정하고 있는 것이다. 그러니 의당 무의미한 삶을 접고 죽음의 세계에서 구원을 받으라는 역설적인 희망을 노래하고 있다. 그리하여 제목부터 아예 〈사(死)의 찬미〉로 정한 것이다.

윤심덕은 운명의 남자 김우진을 깊이 사랑하였다. 하지만 그는 이미 처자를 둔 유부남이었고 그래서 그들은 비련의 주인공일 수밖에 없었다. 자유연애를 갈구하던 시대였지만 엄연한 도덕률과 사회윤리가 지배하던 시대였다. 신여성으로서 자유로운 사상과 사랑을 원했지만 가부장제적 윤리가 지배하는 사회는 결코 그들의 사랑을 용납하지 않았다. 그래서 그들의 사랑을 완성할 수 있는 길은 오직 죽음뿐이었다. 1926년 8월 3일 관부연락선에서 마지막 밀회를 나눈 후 이루어질 수 없는 사랑의 완성을 위하여 현해탄에 몸을 던졌던 것이다.

사랑의 완성을 위한 죽음, 그것은 사회적 파장을 불러 일으켰고 장안의 화제가 되었다. 최초의 소프라노 여가수와 호남의 부호이자 촉망받는 극작가의 투신자살은 사회적 센세이션을 일으켰다. 자유연애를 외치던 젊은이들에겐 진정한 사랑의 아이돌(idol)이 되었고 유사한 동반자살이 유행처럼 번졌다. 조선에서 처음으로 이른바 모방 자살 충동이라는 '베르테르 효과' 현상이 생긴 것이다.

투신 후 자살은 거짓이고 나중에 이탈리아에 산다는 소문이 퍼져 사회적 파장은 더욱 커졌다. 투신자살 후 나온 〈사의 찬미〉는 그래서 더욱 각광을 받았다. 물경 10만 장이라는 판매고를 올렸던 것이다. 유성기가 들어온 초창기에 10만 장은 기적에 가까운 일이다. 그래서 투신자살도 이것을 노린 축음기 회사의 조작이라는 설까지 떠돌아 또 한 번 충격을 주었다. 결국 〈사의 찬미〉는 윤심덕의 유언이자 유언곡이 되었다. 그녀는 그의 죽음을 예견했듯이 직접 〈사의 찬미〉를 썼던 것이고, 노래를 불렀던 것이다.

신민요, 기생가요 —기생문화의 음영

1930년대 대중가요의 한 축을 담당한 것이 신민요였다. 그리고
신민요의 주역은 바로 권번 출신의 기생가수들이었다. 신민요는
1930년대 대중가요의 중요한 양식으로 전통민요에 대중가요 양식
이 접목된 복합장르다. 신민요의 가수들은 대부분 기생들이다. 이
화자, 왕수복, 박부용, 선우일선, 이은파, 옥잠화, 장일타홍 등이 그
들이다. 일본 대중가요인 '엔카'(演歌)가 들어오고 유성기 회사가
등장했지만 아직 전문가수들을 양성하지 못해 부득이 노래 잘하는
기생들이 대거 동원된 것이다. 1930년대 주요 대중가요 양식으로
떠오른 신민요 가수들이 기생출신이 많았던 것은 당대 정부 허가
제로 운영되던 기생학교, 곧 권번과 밀접한 관련이 있다.

1916년 일제는 공창제(公娼制)와 함께 기생학교인 권번을 정식
허가제로 인정하였다. 권번(券番)은 조선 기생청의 후신으로 기생
들을 교육하고 관리하는 사설 기생학교였다. 10대 소녀들을 모아
시문(詩文), 가무(歌舞), 습자, 예의, 일본어를 가르쳐 기생으로 양
육하고, 기생 수료 후 요정에 파견하여 화대(花代)를 수금하고 관
리하는 역할을 맡았다. 때로 화대를 갈취하여 기생들이 동맹파업
을 일으키기도 하였다. 기생은 정부 허가제여서 권번에 반드시 기
적(妓籍)을 두고 세금까지 내게 하였다. 서울의 '조선권번', '한성권
번', 평양의 '평양권번', '기성권번'이 유명했고 지방 대도시마다 권

번이 있는 걸 보면 당시 기생업이 얼마나 흥행했는가를 알 수 있다. 1947년 해방이 되면서 공창제와 함께 사라졌다.

다음 노래를 보면 1930년대 기생문화가 우리 사회에 얼마나 깊숙이 자리 잡고 있었는지 알 수 있다. 김해송의 〈모던기생 점고〉(1938)를 보자.

꽃 같은 기생아씨 관상 보아라

뾰죽뾰죽 오뚝이 기생, 재수 없는 병아리 기생

소다 먹은 덴뿌라 기생, 제멋대로 쏟아진다

명월관이냐, 국일관이냐, 천양원 별장이냐, 음벽정이냐

　　-김해송, 〈모던기생 점고〉

〈모던기생 점고〉는 당시 기생들을 점고(點考)하는 형식으로 호명하여 관상을 보는 것처럼 노래하고 있다. '하야멀쑥 야사이 기생, 열다섯 자 다꾸앙 기생, 동서남북 시카꾸 기생, 꼬불꼬불 아리랑 기생, 날아갈 듯 비행기 기생, 하늘하늘 봄버들 기생'(2절)처럼 각양각색으로 묘사된다.

그런데 이 노래에서 당시 서울에 자리잡은 유명 기생관이 적나라하게 나열되어 흥미롭다. 명월관, 국일관, 천양원, 음벽정, 식도원, 조선관, 태서관, 송죽원, 남산장, 백운장, 가게츠, 동명관 등등. 심지어 별장 이름까지 나열되어 있다. 이들이 상상이 아니라 실제

기생관 이름이었을 것이니 당시 서울에 얼마나 많은 기생관이 있었고, 거기에 얼마나 많은 여성들이 기생으로 종사했는지 알 수 있다.

그 만큼 1930년대는 기생문화가 우리 사회에 만연해 있었던 것이다. 나라와 국권을 빼앗긴 일제 강점기였지만 먹고, 마시고, 즐기는 퇴폐문화가 독버섯처럼 자리 잡고 있었던 것이다. 그 만큼 여성 계층이 뚜렷한 직업 없이 기생으로, 술집 작부로, 카페걸(cafe girl)로, 창녀로 살아가야만 했던 암울한 시대상을 보여준다.

기생가수들은 신민요의 주요 담당층이면서 주로 자신들의 신세를 한탄하는 노래도 많이 남겼다. 일종의 '기생 한탄가'라 부를 수 있는 기생들의 삶과 애환을 그린 노래들이 다수 남아 있다. 대부분 어쩔 수 없이 기방(妓房)에 몸을 담아 돈과 사랑에 배신당하고 늙어가는 처량한 신세타령이 주류를 이룬다.

그중에서 이화자가 부른 〈화류춘몽〉(1940)은 기생들의 삶과 운명이 얼마나 고달프고 허망한가를 극명하게 보여준다.

꽃다운 이팔소년 울려도 보았으며

철없는 첫사랑에 울기도 했더란다

연지와 분을 다듬는 얼굴 위에

청춘이 바스러진 낙화신세

마음마저 기생이란 이름이 원수다

비록 기생이 됐지만 풋풋한 첫사랑도 있었고, 이팔 소년의 사랑의 호소도 들어봤다. 하지만 이제 연지와 분으로 연명하는 바스라진 청춘이 낙화처럼 지고 있다. '밤늦게 인력거에 취한 몸을 실어 손수건 적신 적이 몇 번인고, 이름조차 기생이면 마음도 그러냐'(2절)고 눈물로 하소연하고 있다. '빛나는 금강석도 품어보고, 겁나는 세력 앞에 호강도 받았지만 이제는 한 떨기 낙화 신세, 마음마저 썩는 것이 기생의 도리냐'(3절)고 애절하게 호소하고 있다. 그저 기생은 잠시 폈다 지는 이름 없는 무명화(無名花)에 불과한 것이다. 기생이란 이름 때문에 마음도 썩고, 삶의 도리조차 잊어야 했던 것이다.

채규엽의 〈홍등야곡〉(1933) 역시 기생을 환락의 등불 아래 시들어가는 꽃망울로 노래하고 있다.

환락의 등불 아래 말라가는 이 얼굴
못 본 지 몇 날인가 손꼽으면 눈물져
정 없는 봄바람에 꽃망울은 그대로
못 피고 진다 허면 처량쿠나 사랑아
　-채규엽, 〈홍등야곡〉

봄바람이 불건만 기생이란 신분 때문에 사랑의 꽃은 망울만 머금은 채 시들어가고 있다. 사랑을 약속한 그 님은 결코 다시 찾아오지 않는 것이다. 몸을 파는 미천한 신분이지만 그래도 진실한 사랑의 약속은 가슴에 품고 있다. 하지만, 님이 찾지 않으면 그 사랑의 꽃망울은 피지 못하고 그대로 시들 것임을 한탄하고 있다.

기생 한탄가는 '홍도'라는 예명으로 많이 불려졌다. 마치 홍도가 당대 기생의 대명사처럼 불린 것이다. 김영춘의 〈홍도야 울지마라〉(1939), 남일연의 〈홍도의 고백〉(1940) 등이 그것이다.

사랑을 팔고 사는 꽃바람 속에

너 혼자 지키려는 순정의 등불

홍도야 울지마라 오빠가 있다

아내의 나갈 길을 너는 지켜라

　-김영춘, 〈홍도야 울지 마라〉(이서구 작사, 김준영 곡)

사랑을 팔고 사는 기생의 신분이지만 순정을 지키며 굿굿이 살아간다. 그 뒤엔 든든한 오빠의 사랑과 믿음이 있다. 이 곡은 1936년 동양극장에서 공연된 신파극 〈사랑에 속고 돈에 울고〉의 부제곡으로 불리다가 1939년에 음반으로 출시되면서 대박을 터뜨린 곡이다. 사랑하던 남자 영철이 배신하여 부잣집으로 장가가고, 기생이 되어 오빠의 학비를 댔으나 끝내 병으로 숨진다는 신파조 내용을 담고 있다.

〈사랑에 속고 돈에 울고〉가 공연되는 날이면 장안이 온통 눈물바다가 되었다는 전설적인 작품이다. 1965년 신영균, 김지미 주연으로 〈홍도야 울지 마라〉는 영화로 만들어져 인기를 이어갔다. 근래에도 신파극이 공연될 때 필수 레파토리로 무대에 올라가는 작품이다. 〈홍도야 울지 마라〉는 지금도 살아있는 현재 진행형의 노래인 것이다.

하루아침 거미줄에 얽힌 홍도는
참사랑에 벌을 받는 화류의 나비
차라리 내 청춘을 저바릴망정
오빠의 진정만은 믿고 살아요
　-남일연, 〈홍도의 고백〉

남일연의 〈홍도의 고백〉(1940)도 김영춘의 〈홍도야 울지 마라〉처럼 홍도와 사랑하는 오빠와의 믿음을 노래하고 있다. 비록 기생이됐지만 오빠의 사랑과 보호 속에 굳건히 살아갈 것을 다짐하고 있다. 비록 거미줄에 얽혀 '화류(花柳)의 나비'가 됐지만 오빠의 사랑만은 변하지 않으리라 굳게 믿고 있는 것이다.

이처럼 '홍도'는 기생을 대변하는 기생노래의 대명사가 되었다. 수많은 '홍도'들이 비참한 삶을 살고 그들의 운명을 노래로 담아냈던 것이다.

이화자의 〈화류애정〉(1940) 역시 사랑에 운명을 건 기생의 허망한 믿음을 노래하고 있다. 그런데 〈어머님전 상백〉(1939, 이화자)은 특이하게도 사랑하는 님이 아니라 어머님께 신세 한탄하는 내용을 담고 있어 이채롭다. 어머님 곁을 떠나 기방에 몸담고 있지만 어머님을 향한 효심은 변함없다는 불효자식의 심정을 구구절절이 편지 형식으로 노래하고 있어 심금을 울린다. 돈 때문에 자식을 기방에 보내놓고 부모들은 얼마나 가슴이 아팠을 것인가. 기생딸을 둔 어머님의 심정과 효심을 절절하게 노래하고 있다.

어머님, 어머님
이 어린 딸자식은 어머님 전에
피눈물로 먹을 갈어 하소연합니다
전생의 무슨 죄로 어머님 이별하고
꽃피는 아침이나 새우는 저녁에
가슴 치며 탄식하나요
　-이화자, 〈어머님전 상백〉(조명암 작사, 김영파 곡)

어머니의 편지를 받고 '눈물이 앞을 가려 연분홍 치마에 얼굴을 파묻고' 편지를 쓴다.(1절) '두 손을 마주잡고 비오니 남은 세상 길 이길이 누리시길 비옵나이다'(3절)라고 끝을 맺는다. 〈어머님전 상백)은 실제 이화자의 실화로 알려진 노래다. 이화자가 부른 〈화류춘몽〉, 〈화류애정〉 역시 기생이던 이화자가 자신의 체험과 운명을 진솔하게 토해낸 노래들이다. 그만큼 이화자의 기생 한탄가는 그녀의 실제 인생과 체험이 녹아 있다는 점에서 더욱 실감나고 감동을 준다.

기생 한탄가의 대명사가 된 홍도의 실제 이름은 바로 이화자였던 것이다. 그 만큼 기생 한탄가에서 이화자의 역할은 컸다. 물론 그녀는 신민요에서도 중심 창자이기도 했다. 그녀는 해방 직후 단성사 뒷골목에서 30대의 젊은 나이로 아편중독에 찌든 채 한 많은 세상을 떠났다.

만요의 유행 ─ 사회풍자와 시대비판

1930년대는 시대 풍속을 풍자한 만요가 크게 유행하였다. 만요(漫謠)는 익살과 해학을 담은 우스개 노래로서 일명 코믹송(comic song)으로 불린다. 만요는 당시 일본에서 들어온 외국인 만담 속에 끼어 있는 삽입가요로 불려지다가 독립적인 노래 양식으로 발전하였다. 만요는 시대를 풍자하는 익살스런 노래로, 재치 넘치는 가사에 악곡도 코믹하게 구성하였다. 만요는 만담을 음악으로 만든 일종의 코믹송이었던 것이다. 일상생활의 소소한 내용을 해학적인 터치로 담아내는 일종의 풍자가요였다.

음악양식으로는 일본 엔카의 영향을 받은 신파조의 트롯양식을 취하고, 경쾌한 리듬으로 밝고 명랑한 리듬과 창법이 특징이다. 1930년대 세태와 풍속, 가치관을 반영하고 풍자하는 사회성을 내포하고 있는 양식이다. 단순한 코믹송이 아니라 사회 풍자적, 비판적인 요소를 내포하고 있었던 것이다.

만요는 30년대에 풍미한 중요한 대중가요 양식이었으나 그 싹은 이미 1920년대부터 발아되었다. 〈오전짜리 우동〉, 〈나팔절〉, 〈쌍동이가〉, 〈엿장사 늙은이〉 등이 그것이다. 제목부터 코믹한 분위기를 풍기고 있다. 서민들의 일상현실에서 소재를 택해 재밌고 해학적인 내용으로 사회현실을 풍자하고 있다.

그러나 만요의 전성기는 역시 1930년대 와서 개화된다. 대표적인 것으로 속물주의에 물든 결혼풍속을 풍자한 김용환의 〈장모님전 항의〉, 청년 실업자의 애환을 노래한 김용환의 〈낙화유수 호텔〉, 황금만능주의 세태를 비판한 김정구의 〈세상은 요지경〉, 향락과 나태에 빠진 젊은 세대의 가치관을 해학으로 풀어낸 박향림의 〈오빠는 풍각쟁이야〉 같은 곡이 대표적이다. 익살 속에서 식민지 현실의 비애와 부조리한 사회를 비판하는 사회성이 강한 대중가요였다.

〈오빠는 풍각쟁이야〉(1938)는 2004년 장동건과 원빈을 스타덤에 올려놓은 영화 〈태극기 휘날리며〉에 삽입곡으로 불려져 더 유명해진 곡이다.

오빠는 주정뱅이야 머, 오빠는 모주꾼이야, 머

난 몰라이 난 몰라이, 밤늦게 술 취해 오는 건 난 몰라

날마다 회사에선 지각만 하구, 월급만 안 오른다구 짜증만 내고

오빠는 짜증쟁이, 오빠는 모주쟁이, 오빠는 대포쟁이야

　-박향림, 〈오빠는 풍각쟁이야〉(이봉룡 곡)

　박향림의 〈오빠는 풍각쟁이야〉다. 누이동생을 보살피지 않고 괴롭히는 오빠를 정감 있게 풍자하고 있다. 가정적으로 좋은 것은 다 챙기고, 불고기, 떡볶이는 혼자만 먹고, 명치좌 구경도 혼자만 가는 심술꾼 오빠를 묘사하고 있다. 오빠는 사회적으로도 회사에는 지각하면서 월급 안 오른다고 투정부리는 불성실한 샐러리맨이다. 결국, 이런 유형이 1930년대 월급쟁이들의 기본 행태였는지 모른다. 30년대 회사원의 일상과 단면을 잘 보여주고 있다.

　김장미의 〈엉터리 대학생〉(1939)과 김해송의 〈나무아미타블〉(1939)은 당대 지식인인 대학생들의 나태와 모던 보이, 모던 걸들의 행태를 풍자하고 있다.

우리 옆집 대학생, 호떡주사 대학생은

십년이 넘어도 졸업장은 깜깜해

아서라 이 사람아, 정말 딱하군

밤마다 잠꼬대는 걸작이지요

연애냐 졸업장이냐, 연애냐 졸업장이냐

아서라 이 사람아 정신 좀 차려라

　　-김장미, 〈엉터리 대학생〉(김다인 작사, 김송규 곡)

10년이 넘도록 졸업도 못하고 연애와 당구, 술집과 다방으로 전전하는 나태하고 타락한 대학생을 풍자하고 있다. 일제 강점기의 시대를 책임지고 앞서가야 할 지식인이 이렇게 주색잡기에 골몰했던 것이다. 일부 계층이었겠지만 나라를 뺏긴 일제 강점기에 타락한 지식인 사회의 단면을 보는 것 같아 씁쓸하다.

상투깍고 십년공부, 나무아미타불

발톱깍고 십년공부, 나무아미타불

네까짓것 버팅기면, 나는 너를 홀딱할까

그런대로 나만 따르면 족도리나 씌워주지

　　-김해송, 〈나무아미타불〉(김다인 작사, 김송규 곡)

김해송의 〈나무아미타불〉(1939)도 모던 보이(modern boy), 모던 걸(modern girl)들의 행태를 풍자한 노래다. 배웠다고 지식 자랑하고 다니면서 제구실도 못하는 모던 보이, 모던 걸의 허황된 실상을 잘 보여준다. '상투깍고, 발톱깍고, 10년 공부하고 잘났다고 버팅겨봤자 결혼조차 제대로 못하는 실업자'로 전락한 것이다. '지지리도

못생긴 게 분 바른다고 고와질까, 나무아미타불'(2절)은 허영심에
들떠 화장을 짙게 하고 거리를 누비고 다니는 모던 걸을 풍자하고
있다.

모던 보이와 당시 유행하던 웨이트레스의 퇴폐와 비리를 예리하
게 파헤친 노래로는 〈명물남녀〉(1937, 강홍식, 안명옥)가 대표적이다.

> 이 몸은 서울 명물 깍뚝이, 모던 보이 대표하는 장난꾼
> 새빨간 넥타이 날 좀 보세요, 서울서 날 모르면 실수지
> 나는 또 누구신데 이러우 직업부인 대표하는 웨트레스
> 하나꼬상 고싱끼에 잠은 못 자나 얼간이들 녹이는 덴 제일이냐
>   -강홍식, 안명옥, 〈명물남녀〉

모던 보이 바람둥이와 직업여성 웨이트레스가 성 풍속을 유린하
는 퇴폐적인 풍경이 적나라하게 묘사되어 있다. 새빨간 넥타이를
매고 장안의 바람둥이로 신문에 소개된 모던 보이와 광산으로 돈
을 모은 재력가와 세력가들, 이런 얼간이들을 모두 녹여 버리는 웨
이트리스 등 퇴폐적이고 타락한 현실의 단면과 왜곡된 풍속, 사회
심리를 비판하고 있다. '세상은 불경기에 빠져도 한가한 인간들은
꽤 많고, 장난꾼인 깍뚝이가 서울을 흔들고, 웨이트레스 세력이 판
을 치는 세상'(5절)을 풍자하고 있다. 곡 자체도 탱고풍인 춤곡으로
마치 바람둥이 남녀가 카바레에서 춤을 추는 효과를 연출하고 있다.

그밖에 사회 구석구석에 만연한 비리와 부조리, 왜곡된 사회상을 다양한 소재로 노래하기도 한다.

수박 사려 애기 낳는 수박 사려
아서라 저 마누라 거동 좀 보소
아들난단 바람에 정신이 팔려
이 수박 저 수박에 꼭지만 따났네
　　-김해송, 박향림, 〈시쿤둥 야시〉(처녀림 작사, 이용준 곡)

김해송, 박향림이 듀엣으로 부른 〈시쿤둥 야시〉(1938)는 당시 남아 선호 사상이 얼마나 극심했는가를 보여주는 만요다. 남자 아이 낳는다는 말에 속아 이 수박, 저 수박 고르다가 꼭지만 따났다는 해학을 담고 있다. 이뻐진다는 말에 미깡(감귤)을 고르다가 여기저기 손때를 묻히는 아가씨 모습(2절)에서 당대에 만연한 미모 지상주의 단면도 엿볼 수 있다. 미모 지상주의는 그때나 지금이나 마찬가지였던 것이다.

노다지 노다지 금노다지, 노다지 노다지 금다지
노다진지 칡뿌린지 알 수가 없구나
나오라는 노다지는 아니 나오고
칡뿌리만 나오니 성화가 아니냐

124

앵여라차 차차 앵여라차 차차 눈깔먼 노다지야

어디에 묻혔길래 요다지 태우느냐 사람의 간을

앵여라차 차차 앵여라 차

　　-김용환, 〈노다지 타령〉(금운탄 작사, 이면상 곡)

　김용환의 〈노다지 타령〉(1939, 원제 '눈깔 먼 노다지')은 1930년대 불
던 금광 채굴 사업을 풍자한 노래다. 집 팔고 논 팔아 금광에 투자
했지만 실패로 끝나는 일확천금의 한탕주의를 조롱하고 있다.

요즈음 찻집은 뿌로카 세상

요즈음 찻집은 기업가 세상

이 구석엔 금광이 왔다갔다 하

저 구석엔 중석광이 왔다갔다 하

천원 만원 주먹구구 뻘건 눈이 돌아갈 때

전화통은 찌릉찌릉 운다 울어 운다 울어

　　-박향림, 〈요즈음 찻집〉(조명암 작사, 김해송 곡)

　박향림이 부른 〈요즈음 찻집〉(1941)이다. 사랑하는 사람들이 차
를 마시며 밀담을 나누던 찻집이 금광, 중석광을 연결하는 뿌로카
세상으로 바뀐 현실을 비난하고 있다.

　그밖에 〈돈바람 분다〉(이은파), 깍쟁이 시골영감을 그린 〈유쾌

한 시골영감〉(1936, 강홍식), 〈밤엿장사〉(1935, 신카나리아), 〈꼴불견 주제가〉(채규엽), 〈영감타령〉(1934, 김주호, 선우일선) 등이 있다. 이처럼 만요는 사회 각계각층의 부조리와 비리를 구석구석 파헤쳐 사회 현실을 비판하는 일종의 사회 계몽가였던 것이다. 비록 표면적으로는 코믹 타치로 해학과 익살을 담고 있지만, 이면적으로는 무서운 비판의 칼날을 번뜩이고 있었던 것이다.

만요는 흥미롭게도 김용환, 김정구 형제, 그리고 이난영의 남편 김해송이 주도한 느낌이다. 특히 김해송(일명 김송규)은 많은 만요를 작곡하고 직접 노래를 부르기도 하였다. 김해송의 노래로는 〈엉터리 대학생〉, 〈나무아미타불〉, 〈시쿤둥 야시〉, 〈낙화유수 호텔〉, 〈모던기생 점고〉, 〈오빠는 풍각쟁이〉, 〈얼간이 망둥이〉 등으로 대부분의 만요가 그의 곡이다. 김용환은 〈노다지 타령〉이 대표적이고, 동생 김정구는 〈세상은 요지경〉, 〈총각 진정서〉, 〈명랑한 부부〉, 〈왕서방 연서〉를 불러 만요 흥행에 앞장섰다. 이처럼 만요는 김용환, 김정구 형제, 김해송이 주도하고 많은 작곡가와 가수들이 참여하여 1930년대를 풍미한 대중가요의 대표적인 양식이 되었다.

이러한 만요 열풍은 해방 후에도 지속되어 한복남의 〈빈대떡 신사〉, 신신애가 리메이크한 〈세상은 요지경〉, 〈영감타령〉을 리메이크한 〈잘했군 잘했어〉(고봉산, 하춘화), 〈유쾌한 시골영감〉을 리메이크한 서영춘의 〈서울구경〉으로 이어진다.

당대 시대와 사회현실의 어두운 구석과 비리를 파헤쳐 해학과 익살로 풍자해 낸 만요. 비록 우스개 노래지만 그 속에는 사회풍자와 비판의 예리한 칼날이 번뜩이고 있다. 새천년을 사는 오늘에도 사회의 부조리는 만연한 만큼, 이 시대를 풍자하는 신만요가 절실한 시점이다.

만주 유랑가 — 일제 강점기 유이민의 애환

만주 유랑가의 시대적 배경

두만강, 압록강을 건너 중국 땅에 농사짓고 장사하러 떠난 유이민들의 역사는 이미 조선시대부터 시작되었다. 청나라 말기에는 지금의 연변지역을 만주족의 발상지로 보고 신성시해 왔기 때문에 사람이 살지 않는 변방으로 여겨왔다. 그 덕분에 기름진 옥토와 사냥감이 많았던 북간도로 많은 조선의 이주민들이 생겨났다. 월경죄(越境罪)로 단속하였으나 먹고 살기 힘든 시절에 월경은 문제가 되지 않았다.

그러던 상황이 조선이 일제 식민지가 되면서 유이민들이 기하급수적으로 늘어났다. 일제와 지주들의 등살에 못 이겨 야반도주한 유랑민들이 줄을 지어 두만강과 압록강을 건넜던 것이다. 또한, 의병들이나 독립군들이 월경하여 독립운동을 전개하면서 그곳은 조선인들의 제2의 삶의 터전이요, 독립운동의 전초기지가 되기도 했다.

1931년 만주사변이 터지고 1937년 중일전쟁으로 일본이 승리하자, 일제는 만주국이라는 위성국가를 세워 대륙침략의 야욕을 본 격화했다. 선만일체(鮮滿一體), 오족협화(五族協和)라는 기치를 내걸고 갖은 회유와 압박으로 조선인들을 만주 땅으로 내몰았다. 땅을 주고 일본국적을 준다는 회유책으로 반강제적으로 만주 땅을 밟게 했던 것이다. 그렇게 모인 인구가 근 200만 명, 엄청난 조선인들의 민족 대이동, 곧 엑소더스(exodus)가 일어났던 것이다.

이러한 시대상황으로 1930년대 유행가에는 만주를 배경으로 한 노래들이 많다. 만주 유이민들을 소재로 해서 태어난 것이 1930년 대 만주 유이민가다. 만주 유이민가는 유이민들의 고단한 삶을 노래한 생활가, 여기저기 만주벌판을 떠도는 보헤미안 풍의 유랑가, 당시 만주 곳곳을 떠돌며 노래와 춤으로 유이민들을 위로하던 유랑극단의 노래, 그리고 두고 온 고향땅을 그리는 망향가가 중심을 이룬다.

이렇게 해서 일종의 유이민의 노래, 즉 노마드 송(nomad song)이 대유행을 했던 것이다.

노스탈쟈와 이국정서

만주 유랑가는 기본적으로 노마드 송인만큼 무엇보다 두고 온 고향과 친지들을 그리워하는 사향가(思鄕歌)가 주류를 이룬다. 백난아의 〈찔레꽃〉(1942, 김영일 작사, 김교성 곡)이 대표적인데 만주 땅에서 찔레꽃이 피는 고향과 고향사람들을 그리워하는 애절한 향수를 절절하게 노래하고 있다.

> 찔레꽃 붉게 피는 남쪽 나라 내 고향
> 언덕 위에 초가삼간 그립습니다
> 자주 고름 입에 물고 눈물 흘리며
> 이별가를 불러 주던 못 잊을 사람아
>   -백난아, 〈찔레꽃〉(김영일 작사, 김교성 곡)

만주 땅에 이주해서 살지만 두고 온 고향 땅, 고향 사람들을 잊을 수가 없다. 초가삼간을 떠나올 때 '자주고름 입에 물고 눈물 흘리며 이별가를 불러주던' 사람들을 그리워한다. '달뜨는 저녁이면 노래 하던 세 동무'가 그립지만 그리움을 '작년 봄에 모여 앉아 찍은 사진을 보며' 달랠 수밖에 없다(2절). 고향을 그리는 애타는 마음과 열정 때문에 찔레꽃조차 붉게 피어나는 것이다.

하지만 고향을 등진 타국 땅의 삶이 결코 편할 수가 없었다. 남인수가 부른 〈오로라의 눈썰매〉(1939)는 이러한 힘들고 거친 만주 방랑생활의 슬픔을 노래하고 있다.

> 여기는 북쪽 하늘 눈보라의 지평선
> 젊은 피가 얼어붙는 오로라의 남쪽 길
> 아 여기가 타향이냐 고향이냐

갈수록 향방 없는 임자 잃은 나그네

　-남인수, 〈오로라의 눈썰매〉(조명암 작사, 김영호 곡)

이처럼 눈보라 몰아치고, 오로라가 춤추는 만주 땅에서 갈 길을 잃고 바람처럼 떠도는 나그네 신세가 된 것을 한탄하고 있다. 만주 유이민들은 모두 '갈 곳 없는 얼이 빠진 나그네'(2절)가 되어 이국땅에서 타향살이로 전전해야 했던 것이다.

그저 고단한 삶에서 위안 받을 수 있는 것은 고향에 대한 그리움과 향수, 그리고 술 한 잔, 담배 한 대뿐이었다.

칼바람에 썰매는 간다 백운색 벌판을

몰아치는 젊은이 정열 버릴 곳 어데냐

지난밤은 목단강 술집 오늘은 송화강변

얼어 터진 이 가슴 속에 뿌린 술이다.

　-권명성, 〈송화강 썰매〉(조명암 작사, 박시춘 곡)

권명성이 1940년에 부른 〈송화강 썰매〉라는 노래다. 칼바람 부는 백운색 벌판을 헤매 돌면서 가슴 속에 뿌리는 술 한 잔, 그것이 방황하는 젊은이를 위로하던 유일한 낙인 것이다. 만주벌판을 떠도는 젊은이들은 '흥안령에 파묻힌 꽃은 새봄을 기다려도 내 청춘은 추억 속에 묻힌 가랑잎'(2절) 신세가 되고 말았던 것이다. 시베리아, 목단강, 송화강, 홍안령을 헤매 돌아다녀도 가슴은 얼어 터지고 청춘은 파묻힌 가랑잎이 되었다.

눈보라 치는 만주벌판을 헤매 돌며 한줄기 불빛과 뼤치카의 온기를 그리워하고(〈북극 5천키로〉, 1939, 채규엽), 만주 하늘에 떠 있는 달을 보며 고향을 그리워하거나(〈만주의 달〉, 채규엽), 〈북국의 외로운 손〉(남인수)이 되어 향수열차에 몸을 실었던 것이다. 실로 이렇게 떠도는 〈북방여로〉(1939, 백년설)는 고달픈 인생 여로(旅路)였던 것이다.

한편 이들을 위로하며 만주를 떠돌던 유랑극단의 비애를 노래한 유랑극단의 노래도 많이 유행했다. 〈청노새 극장〉(1942, 김영춘), 〈써커스 걸〉(박정림), 〈방랑극단〉(1939, 남인수), 〈오동동 극단〉(1940, 백난아), 〈제3 유랑극단〉(1940, 백년설) 등이 그것이다.

오늘은 이 마을에 천막을 치고
내일은 저 마을에 포장을 치는
시들은 갈대처럼 떠다니는 신세여
바람찬 무대에서 울며 새우네
    -남인수, 〈방랑극단〉(조명암 작사, 박시춘 곡)

남인수가 부른 〈방랑극단〉(1939)이다. 방랑극단은 '오늘은 이 마을에 천막을 치고, 내일은 저 마을에 포장을 치며' 만주 곳곳을 떠

돌아야 했다. 만주 유랑극단은 유이민들의 고달픈 삶에 큰 위로가 되었다. 하지만 그들 역시 유랑극단이란 말 그대로 유랑민 신세였다. '시들은 갈대처럼 떠다니는 신세로 바람찬 무대에서 울며 새워야' 했던 것이다. 유랑극단은 피에로처럼 '북소리 흘리면서 흘러가는 몸'(3절)이었던 것이다.

남만주다 북만주 포장은 흐른다
나는야 오동나무 가극단 아가씨다
초생달 보름달을 백두산 우에 걸고서
체수 넘는 그네줄에 체수 넘는 그네줄에 고향을 본다
  -백난아, 〈오동동 극단〉(처녀림 작사, 이재호 곡)

백난아의 〈오동동 극단〉(1940)이다. 남만주, 북만주, 눈천지를 떠돌며 그네줄 타는 오동나무 가극단의 열일곱 살 아가씨의 처연한 모습을 노래하고 있다. 그네줄 너머 백두산에 걸린 초생달을 보면서 고향을 그리워한다. 앵무새 우는 밤에 어머니 사진을 보며 베갯머리에 흘린 눈물에 꿈도 젖는다(2절, 3절).

만주 유랑가들과 함께 이국정서를 자극하는 국경 소재의 노래들도 많이 제작되었다. 아마도 유이민들이 압록강이나 두만강 등을 넘나들며 유랑생활을 해야 하겠기에 유난히도 국경을 소재로 한 노래가 유행한 것으로 보인다. 강이나 항구, 철도를 소재로 한 것이 많은데 이는 유랑의 교통수단이 주로 배와 기차였기 때문이다.

〈국경의 버들 밭〉(1937, 송달협), 〈국경의 뱃사공〉(1938, 송달협), 〈국경의 파시장〉(1942, 진방남), 〈국경의 부두〉(1939, 고운봉)는 뱃길, 〈국경열차〉(1938, 송달협), 〈국경특급〉(1939, 김영춘), 〈국경열차〉(선우일선)는 기찻길을 소재로 하고 있다.

눈물을 벼개 삼아 하룻밤을 새고 나니
압록강 푸른 물이 창밖에 굽이친다
달리는 국경열차 뿜어내는 연기 속에
아아아아 어린다 떠오른다 못 잊을 옛사랑이
　　-송달협, 〈국경열차〉(조명암 작사, 박시춘 곡)

송달협의 〈국경열차〉다. 압록강을 건너며 푸른 물레 비치는 옛사랑의 그림자, 그 아련한 추억을 안고 만주 땅으로 떠나가고 있는 것이다.

만주유랑가나 국경가요들은 이국적 분위기를 연출하기 위해 호궁, 비파, 고쟁 같은 중국악기를 동원하거나 캐스터네츠를 사용하여 만주벌판에 말이나 청노새가 달리는 분위기를 연출했다. 여로를 그리는 로드 송(road song), 유랑의 길을 떠도는 노마드 송은 자연히 여로(旅路)와 유랑의 교통수단이 필수적이었기 때문이다. 만주 유랑가에 배, 기차 그리고 청노새 마차가 많이 등장하는 이유는 여기에 있다.

만주나 북간도를 배경으로 한 유랑의 노래들과 함께 이국정서를 자극하는 노래들도 하나의 유행가 양식으로 자리 잡았다. 주로 우리 동포들이 모여 사는 중국이 주된 배경이다. 그 무렵 만주뿐만 아니라 북경, 상해 등 대도시에 우리 교민들이 장사나 이민, 망명 등으로 많이 모여 살았던 것이다.

상해를 집중적으로 노래한 〈안개 낀 상해〉(1939, 남인수), 〈꽃피는 상해〉(1936, 선우일선), 중국의 고도(故都)인 소주를 배경으로 한 〈소주 뱃사공〉(1942, 이해연), 할빈을 소재로 한 〈꽃마차〉(1942, 진방남) 등이 있다.

특히 중국 아가씨를 모델로 한 노래가 많았는데, 〈북경 아가씨〉(백난아), 〈호궁처녀〉(왕수복), 〈중국 아가씨〉(박향림) 대표적이다. 〈왕서방 연서〉(1938, 김정구)는 한국에 장사하러 온 중국인 비단장수가 한국 처녀와 사랑에 빠져 모든 것을 바친다는 코믹한 내용을 담은 만요다.

상하이 상하이 눈물의 상하이

안개 낀 우승로에 붉은 불 푸른 불이

눈물 속에 어린다

피었다 시들어진 눈물의 파레포

아 빤두의 조각달 외로이 우는

눈물의 상하이 눈물의 상하이

　　-남인수, 〈안개 낀 상해〉(조명암 작사)

남인수가 부른 〈안개 낀 상해〉(1939, 박시춘 곡)다. 1939년 환락에 젖은 상해의 밤풍경을 실감나게 묘사하고 있다. 고향을 등지고 마도로스가 된 님을 찾아온 여자가 카페의 여급이 되어 술을 마시며 춤을 추는 환락가의 풍경이 펼쳐진다. 우승로, 파레포, 사마로, 황포강 등의 지명과 호궁, 쟝크, 꾸냥 등의 이국적 풍물이 낯선 이국정서를 자극한다. 반주악기도 주로 중국악기를 동원하여 중국풍으로 연주됨으로써 더욱 이국풍의 정서를 풍겨준다.

친일가요 ─ 전시체제와 황국신민화

선만일체(鮮滿一體)의 친일가요

일제는 1931년 만주사변을 일으켜 대륙침략의 야욕을 드러내고 마침내 1937년 중일전쟁을 승리로 이끌면서 급기야 위성국가 만주국을 세워 중국 식민지화의 발판으로 삼았다. 한국에 이어 중국까지 군국주의, 제국주의의 마수를 뻗쳤던 것이다. 대동아 공영권을 앞세워 차례차례 아시아 전 지역을 식민지로 침탈하고, 마침내 1941년 미국과의 태평양 전쟁을 일으켜 세계 제패의 야욕을 드러냈다.

이러한 와중에 전쟁 병참기지가 된 조선은 전쟁을 치르기 위해 갖은 물적, 인적 피해를 감수해야 했다. 가수를 포함한 연예인들도 이러한 전시체제에 동원되어 군국주의를 옹호하고 전쟁을 격려하는 선전선동의 나팔수로 동원되었다. 대동아 공영권(大東亞 共榮圈), 일시동인(一視同仁), 동조동근(同祖同根) 사상이 강화되고 이에 따라 예술도 천황의 길을 따르는 황도(皇道) 예술, 후방에서 전선을 후원하는 총후(銃後) 예술의 임무를 떠맡아야 했다.

특히 선만일체(鮮滿一體), 오족협화(五族協和)라는 기치 아래 전개되던 만주국 식민정책을 옹호하고, 선전하는데 많은 연예인들이 동원됐다. 아예 가수나 연극, 영화인들은 일제로부터 공연예술 허가증인 '기예증(技藝證)'을 받아야 활동했고, 그만큼 철저한 감독과 통제를 받을 수밖에 없었다. 1940년 전후는 그야말로 한국 가요의 암흑기였다.

특히 만주국이 세워진 1937년 이후의 가요들은 그야말로 '만주천국'을 노래하는 만주 찬가가 주류를 이루었다. 이미 일제는 만주사변을 치룬 후 1933년 만선일여(滿鮮一如)를 표방하고 1934년 본격적으로 만주이민 정책을 시행했던 것이다. 그러던 것이 실제로 만주국이 세워진 후에 본격적인 정책홍보에 나섰다. 그 홍보에 앞장선 것이 대중가요였다. 만주야말로 살기 좋은 지상천국임을 강조하며 만주 이주를 장려하는 선전선동(agi-pro)의 노래들이 줄을 이었다. 일제는 만주국을 세웠으나 실질적인 지배를 위해서 조선인들의 강제 이주가 필요했던 것이다. 그래서 그를 회유하기 위한 만주찬가를 부를 수밖에 없었던 것이다.

친일가요들은 대체로 행진곡 및 군가풍의 노래와 트롯이나 신민요풍의 노래로 대별된다. 〈혈서지원〉, 〈결사대의 아내〉는 행진곡풍이고, 〈목단강 편지〉, 〈정든 땅〉은 트롯풍이다. 그런데 흥미로운 것은 일제 말기인 1940년을 전후해서 친일가요가 아닌 일반가요에서 행진곡, 군가풍의 장조(長調) 노래가 급증하고 있다는 점이다. 〈감격시대〉(1939), 〈동트는 대지〉(1939)는 완전히 행진곡 풍이고, 〈나그네 설움〉(1940), 〈아주까리 등불〉(1941), 〈찔레꽃〉(1942,), 〈번지 없는 주막〉(1940) 등은 슬픈 내용임에도 불구하고 장조를 써서 건전가요풍을 흉내 내고 있다. 단조(短調) 일색인 트롯에서 일제 말기에 들어 장조 노래가 급증한다는 사실은 단조 트롯의 애상성을 벗어나 희망과 용기를 주는 시대 풍조가 반영된 것으로 보인다.

대표적인 곡이 1941년 백년설이 부른 〈복지만리〉(김영수 작사, 이재호 곡)다. 〈복지만리〉는 같은 제목의 영화 주제곡이다. 이 영화는 선만일체(鮮滿一體) 사상을 선전하기 위해 김영수 극본을 토대로 전창근 감독이 만든 국책영화다. 대동아 공영권을 실현하기 위해 만주 이주를 권유하는 영화로 만주가 지상낙원이고 복지만리임을 강조하고 있다. 일제가 내세운 오족협화의 이상촌을 건설한다는 내용으로 되어 있다. 3절은 아예 일본어로 되어 있어 친일가의 속성을 분명히 드러낸다. 〈정든 땅〉도 3절은 일본어로 되어 있다.

달 실은 마차다 해 실은 마차다

대콩 벌판 위에 휘파람을 불며 불며

저 언덕을 넘어서면 새 세상의 문이 있다

황색기층 대륙 길에 어서 가자 방울소리 울리며

—백년설, 〈복지만리〉(김영수 작사, 이재호 곡)

이처럼 〈복지만리〉는 그야말로 만주 땅이 새 세상의 문이요, 새
천지의 천국임을 강조하고 있다. 1941년 태평양 레코드사에서 나
온 이 노래는 영화의 인기에 힘입어 5만 장이나 팔리는 흥행을 거
두었다. 그밖에 '고향이 따로 있나 정들면 고향'이라고 만주를 제2
의 고향으로 노래한 〈정든 땅〉(1943, 백년설), 만주의 목단강으로 이
주하여 성공한 오빠의 편지를 받고 감격해서 잠을 못 이룬다는 내
용을 담은 〈목단강 편지〉(1942, 이화자), 만주로 이주해서 낮이면 농
군이 되고 밤이면 책을 읽으며, 성공의 길을 찾아가는 아들이 어머
님께 안심하라고 위로하는 〈어머님 안심하소서〉(1943, 조명암, 김해
송, 남인수)가 대표적이다.

한번 읽고 단념하고 두 번 읽고 맹세했소

목단강 건너가며 보내주신 이 사연을

낸들 어이 모르리 성공하소서

오빠라고 부르니까 선생님이 되옵소서

사나이 가는 길에 가시넝쿨 넘고 넘어

난초 피는 만주 땅에 흙이 되소서

　-이화자, 〈목단강 편지〉(조명암 작사, 박시춘 곡)

〈목단강 편지〉에서는 아예 '난초 피는 만주 땅에 흙이 되소서' 라
고 호소하고 있다. 아예 만주 땅에 일신을 바쳐 생을 마감하라는 뜻
이다. 〈만주신랑〉(1942, 송달협)은 만주 땅에서 '새사랑, 새태양'의 신
랑이 되어(1절), '새사주(社主), 새역사' 창조에 앞장서서(2절), '새살
림, 새나라'의 주인공이 되라고(3절) 노골적으로 선동하고 있다.

전쟁독려가

전면적인 친체제 노래는 전쟁을 독려하는 승전가 및 지원병가의
형태로 나타난다. 특히 전쟁 지원을 독려하는 지원병가가 주류를
이룬다. 일제는 중일전쟁을 치르고 대륙침략 전쟁이 본격화되자
부족한 군인을 조선 지원병으로 채웠다. 1938-1945년까지 지원병
제를 실시하여 1만 8천여 명의 지원병을 군에 투입하였다. 지원병
은 대부분 소학교 이하의 저학력자가 대상이었는데 제대 후 취업
을 보장하고 유가족을 우대한다는 명분을 내세워 거의 강제로 징
용하였다.

　그도 모자라 전문대 이상의 고학력자들은 '학도병 지원제'라는
명목으로 4500여 명이 동원되었다. 전쟁이 태평양 전쟁으로 확대
되자 급기야 1943년 8월부터 아예 강제 징용제로 바꾸어 20만 명

을 전쟁터로 내몰아 2만 2천여 명이 목숨을 잃었다.

이들의 강제 동원을 고무하고 합리화하기 위해 일제는 연예인들을 동원하여 영화, 연극, 대중가요에 투입하였다. 수많은 연예인들이 전시체제, 전쟁독려에 동원됐던 것이다. 1940년대 접어들어 군사가요, 군가에 가까운 전쟁 노래가 급증한 것은 이러한 배경에서이다.

> 살아서 돌아오는 네 얼굴보다
> 죽어서 돌아오는 너를 반기며
> 용감한 내 아들의 충의 충성을
> 지원병의 어머니는 자랑해주마
>
> ―장세정, 〈지원병의 어머니〉(조명암 작사, 고가마시오 곡)

장세정이 부른 〈지원병의 어머니〉(1941)다. '살아서 돌아오는 네 얼굴보다 죽어서 돌아오는 너를 반기겠다'는 필사의 각오를 다지고 있다. 어느 부모가 자식이 죽기를 바랄소마는 이 노래는 오히려 자식의 죽음을 영광으로 생각한다. 자식보다 나라를 우선으로 하겠다는 극단적 애국심의 발로다. 이 노래는 지원병으로 나간 아들이 '산천에 피를 흘리고 떨어지는 붉은 사꾸라'(3절)가 되라고 호소하고 있다.

〈지원병의 어머니〉가 어머니가 부른 노래라면 〈아들의 혈서〉(1943,

백년설)는 이에 대한 아들의 답가다.

> 어머님 전에 이 글월을 쓰옵나니
> 병정이 되는 것도 어머님 은혜
> 나라에 바친 목숨 환고향 하올 적에
> 쏟아지는 적탄 아래 죽어서 가오리다
>   -백년설, 〈아들의 혈서〉(조명암 작사, 박시춘 곡)

아예 죽어서 돌아갈 것이니 어머니는 '이 얼굴을 다시 보리라 생각을 마옵소서'(4절)라고 애원하고 있다. 그 어머니에 그 아들이다. 모자가 모두 목숨을 바쳐 나라를 구하는 애국자가 되고 있다. 생명보다 죽음, 아들보다 나라를 더 생각하는 순국자요, 애국자다. 그런데 목숨을 바쳐 지켜야 할 나라와 님은 바로 일제였고, 천황이었던 것이다. 이처럼 인간관계에서 가장 친밀한 모자간의 애정을 동원하여 죽음을 각오한 승전가를 부르게 했던 것이다.

> 상처의 붉은 피로 써 보내신 글월인가
> 한자 한맘 맺힌 뜻을 울면서 쓰셨는가
> 결사대로 가시던 밤 결사대로 가시던 밤
> 이 편지를 쓰셨네

세상에 어느 사랑 이 사랑을 당할 손가

나랏님에 바친 사랑 달 같고 해 같애

철조망을 끊던 밤에, 철조망을 끊던 밤에

한 목숨을 바쳤소

　　-이화자, 〈결사대의 아내〉(조명암 작사, 박시춘 곡)

〈결사대의 아내〉(1943, 이화자 노래)는 결사대에 투입되어 철조망을 뚫고 한 목숨을 바친 남편의 죽음을 찬양하고 있다. '한 목숨 넘어져서 천병만마 길이 되면 그 목숨을 애끼리오 용감한 님이시여'라고 남편의 죽음을 찬미하고 있는 것이다. '나랏님께 바친 사랑 별 같고 해 같애, 이 안해는 웁니다, 감개무량 웁니다'(3절)라고 끝맺음하고 있다. 이제는 자식도 버리고 남편까지 전쟁터에 잃게 된 아내가 감개무량 울고 있는 것이다.

무명지 깨물어서 붉은 피를 흘려서

일장기 그려놓고 성수만세 부르고

한 글자 쓰는 사연 두 글자 쓰는 사연

나랏님의 병정 되기 소원입니다

　　-백년설, 〈혈서지원〉(조명암 작사, 박시춘 곡)

〈혈서지원〉(1943)은 1943년에 실시된 해군 지원병에 응모한 지원자의 포부와 각오를 다지는 노래다. '손꼽아 기다리던 이 소식은 꿈인가'(2절) '바다로 가는 마음, 물결에 뛰는 마음'으로 '나라님 허락하신 그 은혜를' 잊지 않겠다(3절)는 다짐을 하고 있다.

지원병가 승전가에서 눈에 띠는 대목은 조명암이 대부분 작사를 했다는 점이다. 〈결사대의 아내〉, 〈지원병의 어머니〉, 〈혈서지원〉, 〈아들의 혈서〉 등 모두가 조명암의 노래다. 작곡가로는 박시춘, 가수로는 백년설이 눈에 띈다. 일제는 지원병가, 승전가의 효율을 높이기 위해 당시 대중들에게 인기 있던 조명암, 박시춘, 백년설, 이화자, 남인수 등 유명 음악인들을 총동원하였던 것이다.

독립군가

이러한 친일가요와 대조적으로 독립군가도 많이 불렸다. 만주는 1910년 한일합방으로 나라를 뺏긴 후 독립군의 전초기지가 되었다. 독립군의 전신인 의병들의 투쟁도 결국 국권상실로 종결되자 국내에서 활동하기 어렵게 된 의병들과 뜻있는 독립투사들이 만주, 러시아, 중국으로 이주하여 독립운동을 전개하였던 것이다. 특히 3.1운동 후 중국 상해에서 1919년 4월에 결성된 임시정부는 독립운동의 공식적 기구가 되었다.

만주로 진출한 독립군들은 항일전을 효율적으로 수행하기 위하여 독립군들의 사기를 진작하기 위한 독립군가를 제정하였다. 독립군가는 노래의 특성상 부르기 쉽고 익숙한 것이 효과적임으로 이미 많이 알려진 민요나, 행진곡, 서양군가, 찬송가 등을 차용하여 거기에 가사를 덧입히는 방식으로 불려졌다. 예를 들면 〈독립군가〉는 남북전쟁 군가, 〈혁명군 행진곡〉은 프랑스 국가인 '라마르세에유', 〈광복군 아리랑〉은 민요가 원곡이다. 대부분 투쟁의 현장에서 여러 사람들의 구비전승의 형식으로 불려지기 때문에 작자미상이 많고, 악보가 상실된 채 가사만 전해지는 것이 대부분이다. 물론 〈광야의 독립군〉(이청천), 〈광복군 아리랑〉(김학규)처럼 개인 작사가도 있기는 했다.

수많은 독립군가가 투쟁의 현장에서 불렸지만 〈독립군가〉는 임시정부가 인정한 공식 군가다. 따라서 이 노래는 독립군가의 대표성을 띤다.

신대한국 독립군의 백만용사야
조국의 부르심을 네가 아느냐
삼천리 삼천만의 우리동포들
건질 이 너와 나로다
나가 나가 싸우러 나가
나가 나가 싸우러 나가
독립문의 자유종이 울릴 때까지 싸우러 나가세
　－〈독립군가〉

이 노래는 상해에서 발간되던 〈독립신문〉 1920년 2월 17일자에 게재된 것으로 알려져 있다. 가사 중 3천만은 삼천리와 짝을 이루기 위해 과장된 표현으로 보인다. 1920년대 한국의 인구는 1천 7백만이었기 때문이다(1944년, 2천 5백). 1910년대부터 독립군 사이에서 불렸던 것을 임시정부가 공식적인 노래로 지정한 것이다. 1945년 해방될 때까지 오랫동안 독립군 사이에서 불린 대표적인 독립군가다.

이 노래 역시 미국 작곡가 Henry Work가 작곡한 〈Marching through Georgia〉에 가사를 덧입힌 것이다. 이 곡은 미국 남북전쟁 때 불린 군가였다.

〈용진가〉 역시 1910년대부터 불린 독립군가다.

> 요동만주 넓은 뜰을 쳐서 파하고
> 여진국을 토벌하고 개국하옵신
> 동명왕과 이지란의 용진법대로
> 우리들도 그와 같이 원수 쳐보세
> 　-〈용진가〉

이 노래는 독립군 양성소이던 신흥무관학교 교가였고, 김일성 항일 빨치산인 유격대 행진곡으로도 불려진 것으로 알려져 있다. 김대중 대통령 북한방문 때 환영곡으로 불린 것도 그런 배경이 있기 때문이다. 〈용진가〉는 특히 건국시조와 구국의 영웅을 호명(呼名)하여 애국심을 고조시키는 내용을 담고 있다. 1절에서는 고구려 시조인 동명왕, 조선건국의 1등 공신인 이지란을 호명하고, 2절에서는 이순신과 을지문덕, 3절은 이준과 안중근 열사를 거명하고 있다. 호국열사의 용맹을 닮아 투쟁에 승리할 것을 다짐하고 있는 것이다.

참고문헌

김광해, 윤여탁, 김만수 공저, 『일제 강점기 대중가요 연구』, 박이정, 1999.

김영철, 「유이민 시의 디아스포라 상상력과 민족 정체성」, 『지식의 변화와 지형』, 경진, 2019.

김점도 편, 『유성기 음반 총람 자료집』, 신나라레코드, 2000.

김지평, 『한국 가요 정신사』, 아름출판사, 2000.

박찬호, 『한국 가요사』, 미지북스, 2015.

이영미, 『한국 대중 가요사』, 민속원, 2015.

장유정, 『근대 대중가요의 지속과 변모』, 소명출판, 2012.

한국정신문화연구원, 『한국 유성기 음반 총목록』, 민속원, 1998.

한국고음반연구회, 『유성기 음반 가사집』, 민속원, 1990.

일본인의 정신문화

'무사도(武士道)'

4강_ 홍성준

들어가며

미국의 문화인류학자인 루스 베네딕트(Ruth Fulton Benedict, 1887-
1948)는 그의 저서 『국화와 칼』(1946년 간행)에서 일본인이 국화를
가꾸는 데 신비로운 기술을 가지고 있음과 동시에 칼을 숭배하고
무사에게 영예를 돌리는 이해하기 어려운 특성을 지니고 있다고
기술하였다. 베네딕트가 말한 일본인의 상반된 특성은 현대 일본
인에게도 적용되는 지극히 상징적인 면모라고 할 수 있는데, 두 가
지 특성을 보다 보면 다음과 같은 의문점이 생긴다. 국화를 가꾸는
점은 아름다움을 추구하고 예술적인 면을 중시하는 것을 의미하지
만, 칼을 숭배하고 무사(武士)에게 영예를 돌리는 점은 과연 무엇을
의미하는 것일까?

일본인의 정신문화를 베네딕트의 분석 기준으로 살펴보면 '국화'와 '칼'로 극단적으로 나눌 수가 있는데, 여기에서 말하는 '칼'이 무사를 가리킨다고 하더라도 전쟁을 좋아하고 전투적인 성향을 지닌 특성을 의미하지는 않을 것이다. 실제로 일본인의 특성을 보았을 때 이러한 성향을 찾아보기는 어렵기 때문에 그 속에 담긴 또 다른 의미를 찾아보아야 한다.

일본에는 무사와 관련된 속담이 많이 존재하는데 그 중 대표적인 것을 몇 가지만 소개하면 다음과 같다.

> 무사에게는 두 말이 없다. [武士に二言なし]
> 무사의 목숨은 의(義)로 인해 가벼워진다. [武士の命は義によりて軽し]
> 무사의 삼망(三忘: 집, 처자식, 자신) [武士の三忘]
> 무사의 한마디는 금철(金鉄)과 같다. [武士の一言鉄筋の如し]
> 무사는 정(情)을 안다. [武士は情を知る]
> 두 명의 군주를 섬길 수 없다. [二人の君に事へがたし]
> 무사는 먹지 않아도 체면 차린다. [武士は食はねど高楊枝]

무사 관련 속담을 전부 다 살펴보지는 못하였지만, 대체적으로 전투적이거나 공격적이라기보다 무사가 지켜야 할 행동 규범이나 마음가짐을 나타낸 것이라 할 수 있다. 이와 같은 무사의 도덕 가치와 생활 태도는 바로 무사도(武士道)라는 사상과 연관 지을 수 있으며 현대 일본인의 특성과 밀접한 관련을 맺고 있다.

이 글에서는 일본인의 정신문화를 대표하는 사상인 무사도(武士道)의 개념과 역사 및 그 변천의 양상을 살펴보고, 무사도에서 다루는 핵심 용어 중 '명예', '충의', '할복'을 중심으로 일본인의 정신문화를 분석해 본다. 또한 일본의 무사도를 잘 나타내 주는 '주신구라[忠臣蔵]' 작품을 통하여 '명예', '충의', '할복'의 정신문화를 이해한다. 마지막으로 일본인의 정신문화 속에 깊숙이 침투해 있는 무사도 정신과 현대사회에서 자주 언급되는 사무라이 정신에 대해 생각해 보기로 한다.

무사도란 무엇인가?

무사도의 개념

무사도란 일본 무사 계급의 윤리 · 도덕규범 및 가치 기준의 근본을 나타내는 체계화된 사상을 말한다. 이는 에도시대의 지배계급인 무사에게 문무(文武) 양도(両道)를 단련하고 자신의 목숨을 걸고 철저한 책임을 지우게 하려는 데에서 시작되었다. 무사가 일상생활을 하다가 여러 가지 문제에 맞닥뜨렸을 때 어떻게 대처해야 하는지, 무엇을 중요하게 생각하고 무엇을 지켜야 하는지에 대한 규범이라고도 생각할 수 있다. 무사로서 정당한 대처 방법을 제시해 주는 것이 바로 무사도인 것이다.

무사도를 더욱 깊이 이해하기 위해서는 무사에게 있어 '죽음'이란 무엇인지를 우선 먼저 생각해 보아야 한다. 에도시대 중기에 쓰인 『하가쿠레(葉隱)』(1716년경 간행)에는 다음과 같은 구절이 있다.

무사도란 죽는 일이라는 사실을 알게 되었다. 어느 쪽인지 망설여질 때에는 죽을 확률이 높은 쪽을 선택하는 편이 좋다. 별로 어려운 일이 아니다. 각오하고 죽으면 된다.[1]

이는 『하가쿠레』 중 가장 유명한 구절 중 하나이며, 무사도의 개념을 가장 확실하게 나타내고 있는 구절이라고 할 수 있다. 무사도에서 말하는 '죽는 일'이란, 삶과 죽음을 선택해야 할 경우에 반드시 죽음을 선택해야만 한다는 것을 의미한다. 뒤에서 언급하겠지만, 일본의 무사는 죽음을 두려워하지 않았으며, 오히려 죽음을 맞기 위해 스스로 나서는 경우도 있었다. 그들에게 죽음이란 그 무엇보다 우선시되고 당당한 선택일 때가 있었기 때문이라고 볼 수 있다.

그렇다면 『하가쿠레』가 말하는 '죽음'이란 과연 무엇일까? '어느 쪽인지 망설여질 때에는 죽을 확률이 높은 쪽을 선택하는 편이 좋다'라 함은 죽느냐 사느냐를 놓고 선택을 해야 할 때 죽음을 선택하

---

1 "武士道と云は死ぬ事と見付たり。二つノ＼の場にて、早く死方に片付ばかり也。別に子細なし。胸すわつて進む也"(『葉隱』, 聞書一). 相良亨·佐藤正英 校注(1974), 『葉隱』, 日本思想大系26, 岩波書店, 220쪽.

라는 뜻이다. 여기에서 무사도가 말하는 '죽음'에 대해 생각해볼 필요가 있다. 인간은 누구나 죽음을 두려워한다. 비록 무사라고 할지라도 이 사실은 변하지 않는다. 다만, 무사가 죽음을 결심하는 경우는 명예가 실추되거나 굴욕을 당했을 때 등과 같이 무사로서 견디기 어려운 상황에 놓여 있을 때이다. 이런 상황에서 삶과 죽음 사이에서 고민하게 된다면 죽음을 택하라는 의미인 것이며, 이 상황에서 살아남아 봤자 무사라는 이름으로 명예롭게 살아가기는 어렵다는 것을 뜻하는 것이다.

그리고 '각오하고 죽으면 된다'라는 구절은 무사에게 있어서 '죽음에 대한 각오'가 무엇인지를 생각해 보도록 해 주는데, 이 구절은 일상생활 속에서의 죽음에 대한 각오 및 자세의 중요성을 일깨워주고 있다. 무사는 명예를 목숨보다 중요한 가치로 인식하기 때문에 이 부분은 죽음이 중요하다는 의미가 아님을 쉽게 알 수 있다. 무사도에 있어 죽음이 가지는 중요성은 두말할 나위가 없지만, 그렇다고 해서 무사가 죽음을 무조건적으로 받아들이고 어떤 상황에 놓여 있더라도 반드시 죽음을 선택해야 한다는 것을 의미하지는 않는다. 죽음보다 명예가 우선시되어야 함은 물론이고, 그 명예를 위해 죽음을 선택할 각오가 평소부터 되어있어야 한다는 것을 말하고 있는 것이다.

무사도의 역사와 변천

본 절에서는 무사란 어떤 사람을 가리키는 말이었는지를 살펴보고, '무사도'라는 용어가 처음 등장하는 서적을 시작으로 무사도의 개념이 시대가 흐름에 따라 어떻게 변천되어 왔는지를 대표적인 인물과 서적을 중심으로 살펴보도록 한다.

1. 무사와 무사도

무사란 본래 무예를 전문으로 하는 세습되는 전사(戰士) 신분의 사람을 가리키는 말이었다. 일본 사회에서 무사가 등장한 것은 헤이안시대 중반(10-11세기경)부터이며 초반에는 주로 군사적 직무를 담당하였다. 그런데 그들은 그 군사력을 바탕으로 귀족 중심 사회에서 조금씩 지배력을 키워 나갔다. 당시 귀족들이 전문으로 한 분야는 문학, 유학, 의식, 법률학 등이었는데 반해, 무사의 전문 분야는 기마술(騎馬術)과 궁술(弓術)이었다. 기마술은 질주하는 말을 자유자재로 다루는 승마술을 말하고, 궁술은 달리는 말 위에서 활을 쏘며 적과 싸우는 기술을 말한다. 기마술과 궁술은 고도의 기술을 요했으며, 이 기술은 무사 가문에서 대대로 이어져 내려오는 특기(特技)였다.

이러한 전사(戰士)적인 특기를 지닌 계층인 무사는 영주(領主)로서 영지(領地)의 농민을 지배하는 계층이기도 했다. 군사력을 바탕으로 세력을 키워나가던 무사들에게 있어 영지의 관리와 가문의 존속은 매우 중요한 사항이었다. 영지의 관리는 무사 가문의 일족이나 가신(家臣)의 거주 문제와 봉급 문제를 비롯한 영지 내 거주민의 실생활과 밀접한 관련을 지닌 문제들을 말한다. 그리고 가문의 존속은 영지를 지배하는 무사 가문의 가독(家督) 승계나 질서 유지 등과 관련된 문제를 말한다. 일본에는 '이에[家]'라고 하는 독특한 가족 형태가 존재하는데, 이것은 바로 무사 가문의 존속 문제와 깊은 관련이 있다고 볼 수 있다.

무사도는 이러한 무사 가문의 존속 문제를 비롯하여 무사 개인이 지켜야 할 윤리 · 도덕적인 규범과 가치 기준을 가리킨다. 중세 사회에서 '활을 쏠 때의 마음가짐'이나 '궁시(弓矢)의 도'라고 불린 가치 기준은 근세 사회로 접어들면서 '무사도'라는 새로운 표현으로 거듭나게 되었다.[2]

2. 『고요군칸』의 편찬

에도시대 초기에 편찬된 『고요군칸[甲陽軍鑑]』(1615-1623년경 편찬 추정)은 가이노쿠니[甲斐国][3]의 다이묘[大名]인 다케다[武田] 가문의 전술을 기록한 군학(軍学) 서적이다. '무사도'라는 용어는 이 서적에서 처음 사용되었는데, 당시까지 무사의 사상을 가리키던 '무

---

2 笠谷和比古(2001), 『武士道その名誉の掟』, 教育出版, 25쪽.

3 가이노쿠니[甲斐国]는 현재의 야마나시현[山梨県]에 해당되는 지역으로 전국 시대에 다케다 신겐[武田信玄, 1521-1573]으로 대표되는 다케다 가문이 지배하였다.

도(武道)'라는 용어와 혼용되고 있음을 확인할 수 있다. 이 서적에는 무사의 업적이나 사상, 마음가짐 등과 더불어 개인 전사의 생존술과 같은 전략 및 전술이 상세히 기록되어 있다.

『고요군칸』은 전국 시대 무사의 사상을 집대성한 에도시대의 서적물로 평가받고 있는데, 이 서적에서는 무인(武人)으로서의 명예를 드높이는 것으로 자신과 일족의 발전을 꾀한다는 점을 강조하고 있다. 즉, 현재 무사도에서 중요시되고 있는 무사의 명예가 이 서적에서도 강조되어 있는 것이다.『고요군칸』에서 주장하는 바는 무사로서의 삶과 관련이 있으며 무사 집안의 가훈이자 가신으로서의 처세술을 상세하게 논하고 있고 그들의 업적, 사상 등이 기록되어 있기 때문에 이 서적은 전국시대의 무사도를 이해하는 데 있어 사료적 가치가 높은 서적이라고 할 수 있다.

3. 야마가 소코의 등장

17세기 중반 유학자이자 군학자인 야마가 소코[山鹿素行, 1622-1685]의 등장은 무사에 대한 시각을 새롭게 하는 계기가 되었다. 전국 시대 말기부터 무사의 존재 이유에 대한 회의적인 시각이 생겨나고 이를 모색하려는 사회적 분위기가 형성되었다. 소코는 야마가류(山鹿流)라고 하는 군학을 창시하였는데, 이는 무사가 지켜야 할 도덕규범이나 일상적인 마음가짐을 무사도라는 이름으로 정리한 학문을 말한다. 전국시대의 무사도와는 다른 에도시대의 무사도를 주장하였다는 점에서 특징적이다.

소코는 유교적인 논리에서 무사도를 논하였는데, 단순한 신분 제도상의 계급이 아니라 사회적인 의미에서 무사의 존재 이유를 찾았다. 유교에서 말하는 사회의 기본 구성 요소인 사농공상(士農工商)의 신분 중 가장 위에 위치한 사(士) 계급은 무사를 가리킨다. 전국시대 후기에 병농분리가 본격화되어 무사와 농민이 분리되면서 신분 간 차이가 엄격하게 구분되었고 직업의 세습화가 일반화되었다. 신분 간 이동이 불가능한 것은 아니었지만 신분 체계의 최상위에 위치한 무사 계급은 신분 이동이 거의 없었다. 양자 입양, 고용 등 다양한 이유로 인한 신분 간 이동이 이루어졌지만, 무사 계급 중에서도 중상위 계층 이상의 경우에는 신분 이동이 거의 이루어지지 않았다.

이런 가운데 상위 계층인 무사들에게 도덕적인 지도자로서의 정신 수양이 강조되기에 이르렀다. 소코는 무사는 신분 제도가 아니라 사회 전체의 윤리를 책임지는 입장에 놓여 있다고 주장하며, 유교적인 논리가 바로 무사의 규범임을 강조하였다. 이 과정에서 소코는 주자학을 비판하였는데, 이는 사농공상의 신분 제도가 주자학에 근거한 봉건적인 체제라고 생각했기 때문이다. 주자학에서는 봉건체제를 엄격하게 바라보고 사농공상의 신분 자체를 매우 중요하게 생각하였다. 다시 말해 소코는 신분이 높은 계층에 속한 사람일수록 정신 수양을 통해 윤리·도덕을 책임지는 자세가 필요하다고 주장한 것이다.

　이렇게 하여 소코의 고학(古学)이 생성되었고 공자나 맹자의 가르침을 그대로 받아들이는 것이 유학의 본질이라는 점을 주장하였다. 소코의 고학에 대해서는 추후 기회가 되면 다시 고찰해 보고자 한다.

『하가쿠레』의 편찬

야마가 소코가 무사의 존재 이유를 사회 전체의 윤리·도덕적인 규범을 책임지는 데에서 찾아야 한다고 주장한 이래로 무사도의 개념이 다소 변화하였다. 그런데 18세기에 들어서 이러한 소코의 유교적 무사도를 비판하는 시각이 새롭게 등장하게 되었다.

　앞에서 예로 든 『하가쿠레』는 무사의 죽음에 대한 각오나 무사도에서 말하는 죽음의 의미와 같이 무사가 지녀야 할 마음가짐을 기록하고 있으며, 이밖에 무사도에 있어 행동에 옮기는 것이 매우 중요하다고 주장한다. 소코가 주장한 유학적 무사도는 이론에 불과한 것이며, 무사의 충의를 다하기 위해서는 행동으로 옮기는 것이 더욱 중요하다는 것이다.

　『하가쿠레』의 저자는 사가번[佐賀藩]의 무사인 야마모토 쓰네토모(山本常朝, 1659-1719)인데, 이 책은 그가 직접 집필한 것이 아니라 그가 구두로 전한 말을 같은 번의 무사인 다시로 쓰라모토[田代陣基, 1678-1748]가 그대로 받아 적거나 편집 및 정리해서 완성시켰

다. 앞서 언급한 "무사도란 죽는 일이라는 사실을 알게 되었다[武士道と云は死ぬ事と見付たり]"라는 구절은『하가쿠레』전체 내용 중에서 가장 유명한 구절이며, 무사가 삶과 죽음을 놓고 고민할 때에는 죽음을 택해야 한다는 결론을 이끌어내기 위한 중요한 부분이다. 이 구절을 중심으로『하가쿠레』에서는 죽음을 스스로 선택하여 생(生)에 대해 집착하지 않는 자세야 말로 올바른 무사도를 보여주는 행위라는 사실을 지속적으로 보여준다. 즉, 이 책에서는 이론적인 무사도가 아니라 행동으로 옮기는 실천적인 무사도를 추구해야만 한다는 것을 강조하고 있다.

무사는 죽음을 두려워하지 말아야 하고 삶과 죽음을 택해야 하는 상황에 놓이게 되면 죽음을 택해야 한다. 이는『하가쿠레』에서 가장 강조하는 내용이라고 할 수 있다. 죽음을 택하지 못한 무사는 겁쟁이로 낙인찍히는 데 반해, 죽음을 택한 무사는 그런 평가를 받지 않는다. 그렇기 때문에 무사는 삶과 죽음 앞에서 죽음을 택할 수 있어야 한다고 주장하는 것이다.『하가쿠레』는 무사가 가장 두려워하는 명예를 실추당하는 일과 수치스러워지는 일에 있어서 자유로워지려면 죽음을 택해야 한다고 가르친다.

한편, 죽음을 택하라고 하는 구절은 보는 시각에 따라 살기 위한 지혜나 사고(思考)를 포기하라는 말로 이해될 수도 있다. 본래 무사는 전쟁에서 싸워서 이김으로써 죽음에서 벗어나 생을 유지했던 것인데,『하가쿠레』에서는 전쟁을 회피하고 단지 죽음을 택하라고

만 가르치는 것으로 보여진다. 평범하고 겁이 많은 무사에게는 선택의 갈림길에서 무조건 죽음을 택한다는 사실은 오히려 유익한 가르침이었을 지도 모르지만, 지나치게 안이한 해결법에 지나지 않았다고도 볼 수 있다. 이렇게 정형화된 방법을 모두에게 요구했다고 한다면 그야말로 무책임하다고 밖에 할 수 없을 것이다.[4]

『하가쿠레』가 안고 있는 문제점으로 위와 같은 점을 들 수 있다. 실천적인 무사도, 다시 말해 무사들이 행동으로 옮기는 그 자체를 중시하였기 때문에 소코의 이론적인 무사도와 대립할 수밖에 없었다. 또한 뒤에서 기술할 '주신구라[忠臣蔵]'의 복수극에 있어서도 47인의 낭사(浪士)들이 복수극을 바로 행동으로 옮기지 않았던 사실을 비판하면서 역시 무사의 행동을 강조하고 있다. 『하가쿠레』에서는 무사의 행동 속에 충의가 포함되어 있고 그 행동을 하는 동안은 무아몽중(無我夢中)과 같다고 가르치고 있다. 『하가쿠레』의 등장으로 인하여 무사도의 특성이 이론성 중시로부터 실천성 중시로 변화한 것이다.

니토베 이나조의 『무사도』

현재 우리가 알고 있는 무사도는 메이지시대에 들어 니토베 이나조[新渡戸稲造, 1862-1933]가 정리한 것이라고 해도 과언이 아니다. 『고요군칸』에서 무사도라는 용어가 처음 사용된 이래로 무사

---

4 山本博文(2001), 『『葉隠』の武士道』, PHP研究所, 169쪽 참조.

가 지켜야 할 규범과 가치 기준을 뜻하는 무사도는 지속적으로 변천을 거듭해 왔다. 니토베 이나조는 메이지시대를 살아가는 일본인들이 전국시대부터 이어져 온 무사도 정신과 봉건 제도에 대해 제대로 이해하고 있어야 한다는 신념하에 무사들에게 필수적인 몇 가지 덕목을 정리하여 『무사도』를 집필한 것이다.

『무사도』는 1900년에 미국에서 『Bushido: The Soul of Japan』이라는 제목의 영문판으로 먼저 출간되었다. 일본인과 일본 문화에 대한 관심이 고조되던 시기에 미국에서 『무사도』가 간행되고, 독일어와 프랑스어 번역본이 차례로 간행된 후 1908년에 이르러 일본어 번역본도 간행되었다. 니토베 이나조가 이 책을 쓰게 된 이유는 미국인 아내가 '왜 이러한 사상이나 도덕적 습관이 일본에서 전해 내려오고 있느냐'라고 질문을 계속했기 때문이라고 한다.[5] 당시 일본의 도덕관념을 제대로 이해하기 위해서는 무사도에 대해 알아야 했고, 이는 일본인이 일본 사회라는 틀 속에서 어떻게 살아왔는가라는 니토베 이나조의 궁금증을 해소시키는 데에 매우 중요한 의미를 지닌 사상이었다고 할 수 있다.

『무사도』의 목차를 살펴보면 다음과 같다.

---

5 "이 책을 집필하게 된 직접적인 이유는 내 아내로부터 왜 이러한 사상이나 도덕적 습관이 일본에서 전해 내려오고 있느냐는 질문을 수차례 받았기 때문이다.[この小著を著すにいたった直接の理由は、私の妻から、なぜこのような思想や道徳的習慣が日本でいきわたっているのか、という質問を何度も受けたからである]"(新渡戸稲造 著, 岬龍一郎 訳,『武士道』, PHP研究所, 2005, 3쪽)

제1장 도덕 체계로서의 무사도

제2장 무사도의 연원(淵源)

제3장 의(義) 또는 정의(正義)

제4장 용기(勇気), 감위견인(敢爲堅忍)의 정신

제5장 인(仁), 측은지심

제6장 예의(礼儀)

제7장 정직과 성실한 마음

제8장 명예(名誉)

제9장 충의(忠義)

제10장 사무라이[侍]와 교육과 훈련

제11장 극기(克己)

제12장 자해(自害)와 복수(敵討ち)

제13장 칼 · 사무라이의 영혼

제14장 여성의 훈련과 지위

제15장 무사도의 감화(感化)

제16장 무사도는 여전히 살아있는가?

제17장 무사도의 장래(將来)

목차를 보면 무사도의 정의, 개념 및 근원부터 시작해서 무사도
를 이해하는 데 필수적인 사상적 요소와 용어를 거쳐 무사도의 현
재와 미래를 가늠할 수 있는 주제까지 무사도의 다양한 부분을 이

해할 수 있게 구성되어 있음을 알 수 있다. 니토베 이나조는『무사
도』를 통하여 일본인의 정신이 무사의 생활 태도나 신조로부터 형
성되었다고 말하였다. 즉, 이 책은 일본 무사도 정신을 가장 자세하
게 분석하고 메이지시대 당시의 일본인의 정신문화를 지탱하는 사
상적 배경이 무사도에 있음을 가장 명확하게 제시한 결과물이다.
일본인의 정신문화를 파악하고 일본의 본질을 이해하기 위해『무
사도』는 현대인으로서도 반드시 읽어야 할 서적임에 틀림없다. 일
본 고유 전통의 정신문화라고 할 수 있는 무사도를 통하여 일본인
의 정체성과 윤리관, 도덕관을 다시금 깨우칠 수 있을 것이다.

무사도와 정신문화

일본의 무사도 정신을 알 수 있는 덕목 또는 용어는 매우 다양하
다. 니토베 이나조가『무사도』에서 언급한 것만 보아도 의(義), 용
(勇), 인(仁), 예(礼), 성(誠), 명예(名誉), 충의(忠義), 극기(克己), 할복
[切腹], 복수[敵討ち], 칼[刀] 등 여러 가지가 있다. 본 장에서는 이
중에서 무사도 정신을 가장 명확하게 이해할 수 있는 '명예', '충의',
'할복'을 통하여 무사도로부터 시작된 일본인의 정신문화에 대해
살펴보기로 한다.

명예

무사가 목숨보다 소중한 가치로 여겼던 것은 바로 명예(名譽, Honor)이다. 명예는 Honor의 번역어로 과거에는 '名'(이름), '面目'(체면), '外聞'(평판)과 같이 표현되었다. 『무사도』에 따르면 명예는 성서의 'Name'(칭호), 그리스어에서 유래한 'Personality'(인격)와 'Fame'(명성)을 연상시킨다고 한다.[6] 이 중에서 특히 명예와 연관이 깊은 단어는 명성(名声)이다. 니토베 이나조는 명성이 사람을 사람답게 하는 부분이라고 하였으며, 이것이 없으면 짐승과 다를 바 없다고 하였다. 이에 대한 어떠한 침해도 수치[恥]로 여겼으며, 무사는 어릴 적부터 수치에 대해 배웠다. 명성에 금이 갈 행위는 사람들로부터 비웃음을 당할 수도 있고 무사로서의 체면을 더럽히는 행위였다. 나아가 실수를 저지르거나 해서 명성을 해치게 될 경우에는 '부끄럽지도 않은가'라며 잘못을 바로잡고 명예가 훼손되지 않도록 주의를 주었다.

일본어에 '겐카[喧嘩, 싸움]'라는 말이 있다. 일반적인 '싸움'의 의미를 지닌 이 단어는 본래 '무사들의 사회에서 서로의 명예를 걸고 충돌하는 무력행사 또는 분쟁을 해결하기 위한 개인의 다툼'을 뜻하는 말이었다. 즉, 무사 사회에서 사용되던 어휘가 일반화된 경우라고 할 수 있다. 여기에서 중요한 것은 '서로의 명예를 걸고 충돌하는' 것이라는 점이다. 에도시대에 접어들어 태평한 시대가 도래

6 新渡戸稲造 著, 岬龍一郎 訳(2005), 위의 책, 84쪽.

하면서 무사들이 전쟁터에 나갈 일이 극히 드물어졌다. 하지만 그렇다고 해서 무사들 간의 싸움이 아예 없었던 것은 아니고 '겐카'라 불리는 싸움은 존재하였다. 일상생활을 하면서 무사로서의 명예가 더럽혀졌다고 느꼈을 때 개인 대 개인, 또는 집단 대 집단으로 싸움이 발생하곤 했다. 다시 말하자면, '겐카'는 명예가 더럽혀졌다고 느낀 곳에서 발생한 모든 분쟁을 무력으로 해결하고자 하는 행위를 가리키는 말이었던 것이다.

한편, 무사가 명예를 훼손당했을 경우에 상대방을 베어도 처벌받지 않는 특권이 존재했다. '기리스테 고멘[切捨御免]'이라 불린 제도가 바로 그것인데, 다른 말로 '부레이우치[無礼討]'라고도 한다.[7] 어휘의 의미를 살펴보면, '기리스테 고멘'의 '기리스테'는 '베어버리다'는 뜻이고 '고멘'은 '미안'이라는 뜻이다. 즉, '베어서 미안하다'라는 뜻으로 무사가 길을 가다 사람을 베고 미안하다고 하는 것을 말한다. 또한 '부레이우치'의 '부레이'는 '무례'를 뜻하고 '우치'는 '베어 죽이는 일'을 뜻한다. 즉, 무례한 일을 당하면 상대를 베어 죽인다는 것을 말한다. 여기에서 무례한 일이라는 것이 바로 명예가 훼손되는 일을 가리킨다.

무사에게 있어 명예가 훼손된다는 일이 얼마나 큰일인지를 단적으로 보여주는 예가 바로 이 기리스테 고멘이다. 단지 개인의 명예

---

7 에도 시대의 무사가 무례한 일을 당했을 때 상대를 베어도 처벌받지 않는다는 사실은 당시 에도 막부의 기본 법전인 『공사방어정서(公事方御定書)』 제71조 추가조항에 명기되어 있다.

가 더럽혀졌다는 이유만으로 사람을 베어버리는 것이 허용되었다는 것 자체로 명예의 소중함을 가늠해볼 수 있는 것이다. 물론 아무 상황에서나 베어버릴 수 있었던 것은 아니다. 기리스테 고멘을 행한 후에는 즉시 관가로 가서 신고를 해야 했으며, 어떤 상황이었든지 간에 최소 20일간 자택 근신을 해야만 했다. 그리고 사람을 벤 당시의 증거품을 모두 압수당했으며, 무례한 일을 당했던 당시를 목격한 증인을 확보해야만 했다. 만약 증인 확보가 어렵거나 기리스테 고멘의 정당성을 인정받지 못할 경우에는 참수형에 처해질 가능성도 있었다. 따라서 스스로가 처형될 상황에 놓여 진 경우는 할복자살을 하는 경우도 있었다. 결국, 기리스테 고멘이 명예를 되찾기 위한 제도라고 할지라도 그 정당성에 문제가 있다면 참수형을 당할 수밖에 없었던 것이다. 이를 피하기 위해 스스로 할복을 하곤 했던 것인데, 할복이라는 자해 행위 그 자체는 무사의 명예를 살리는 행위였기 때문에 무사들은 이러한 선택을 했던 것이다. 할복에 대해서는 뒤에서 상세히 논하기로 한다.

니토베 이나조는 『무사도』에서 다음과 같이 말하였다.

만약 명예와 명성을 얻을 수 있다면 무사에게 있어 생명은 값싼 것이라고 여겨졌다. 그리하여 생명보다 중요하다고 여겨지는 사태가 발생하면 그들은 언제든지 조용히 그 자리에서 한 목숨 버리는 일도 마다하지 않았던 것이다. 생명의 희생을 치르더라도 아깝지 않다고 하는 사태란 무엇인가. 그것이 충의(忠義)라는 것이다. 충의야말로 봉건제도 하의 수많은 덕들을 연결하고 균형 잡힌 아치와 같은 요석(要石)이었다.[8]

무사에게 있어 명예란 그 무엇보다 소중한 것이었으며, 목숨을 버려서라도 지켜야할 가치였다. 그리고 명예를 지키기 위해 목숨을 버리는 상황이 오게 된다고 했을 때 거기에는 충의(忠義)의 개념이 자리 잡고 있었다.

충의

일본인에게 있어 충의(忠義)란 무엇인가에 대해 한번 생각해 볼 필요가 있다. 니토베 이나조의 『무사도』에서는 충의에 대해 다음과 같이 말하고 있다.

봉건 도덕의 많은 덕목은 다른 윤리 체계나 다른 계급의 사람들과 공유하고 있지만, 충의라고 하는 덕, 즉 주군에 대한 복종이나 충의의 의무만큼은 독립된 특색을 나타내고 있다.[9]

---

8 "もし、名誉と名声が得られるのであれば、サムライにとって生命は安いものだと思われた。そのため生命より大事だと思われる事態が起これば、彼らはいつでも静かに、その場で一命を棄てることもいとわなかったのである。生命の犠牲を払っても惜しくないとする事態とは何か。それが忠義というものである。忠義こそは封建制の諸道徳を結びつけ、均整の取れたアーチとする要石であった"(新渡戸稲造 著, 岬龍一郎 訳(2005), 앞의 책, 91-92쪽)

9 "封建道徳の多くの徳目は、別の倫理体系や異なった階級の人々とも共有しているが、忠義という徳、すなわち主君に対する服従や忠義の義務だけは、独立した特色を示し

충의라는 덕목은 여러 나라에서 찾아볼 수 있지만, 일본의 그것은 독자적인 특성을 나타낸다는 의미이다. 이는 주군에 대한 복종이나 충의에 기반한 의무가 개인보다 우선시되는 독특한 성격을 말하는 것으로, 이는 미국의 동양학자이자 목사인 윌리엄 그리피스 (Willam Elliot Griffis, 1843-1928)의 다음 말을 통하여 확인할 수 있다.

중국에서는 공자의 도덕이 부모에의 복종을 인간의 제1의무로 하였지만, 일본에서는 충의가 첫 번째로 놓여졌다.[10]

이는 일본에서는 부모에 대한 효(孝)보다 주군에 대한 충의가 우선시된다는 것을 의미한다. 실제로 일본의 고전문학 작품을 보면 무사들의 이야기는 물론이고 상인이나 농민과 같은 일반 서민 계층의 이야기에서도 부모에 대한 효가 그려지는 경우는 찾아보기 힘들다. 그보다 충성이나 의리가 강조되는 이야기를 더 많이 확인할 수 있다.

무사도의 측면에서는 이러한 경향이 더욱 강해진다. 무사 사회는 기본적으로 주군과 가신의 주종 관계가 무엇보다 중요하기 때문에 자연스레 충의가 이를 뒷받침하게 된다. 이러한 주종 관계에

ている"(新渡戸稲造 著, 岬龍一郎 訳(2005), 앞의 책, 93쪽)

10 "中国では孔子の道徳が親への服従を人間の第一の義務としたのに対して、日本では忠義が第一に置かれた"(新渡戸稲造 著, 岬龍一郎 訳(2005), 앞의 책, 94-95쪽)

놓여 있으면 명령에 대해 절대적으로 순종하는 것이 도리에 맞는 행동이 되고, 경우에 따라서는 주군을 위해 자식의 희생까지 마다하지 않는 충성심이 미덕이 되기도 한다.

개인과 국가(또는 사회)를 놓고 보았을 때 서양에서는 개인을 더 중시하는 것에 반해 일본에서는 국가를 더 중시한다. 국가를 자신이 섬기는 주군의 일족을 가리킨다면, 무사도에서는 일족의 이해와 개개인의 이해는 일체 불가분이라고 말한다. 서양의 개인주의는 부모와 자식, 부부와 같은 개인적인 구성원의 이해를 인정하고 있지만, 일본의 무사도는 이러한 개인적인 이해를 인정하지 않고 공(公)적인 이해를 중시하고 있는 것이다. 그리고 여기에 충의의 개념이 자리 잡고 있다. 충의를 바탕으로 한 신념은 주군을 위해서라면 모든 것을 바치도록 장려하며, 이는 개인은 국가를 이루는 구성부분으로서 태어난다는 생각하에 형성된 것이라 할 수 있다.

할복

무사에게 가장 소중한 가치 중 하나인 명예, 그리고 주군 또는 국가를 위해 개인을 희생한다는 생각인 충의는 가장 기본적인 무사도 정신이며, 이를 실천하기 위한 가장 명확한 방법 중 하나는 바로 할복이라고 할 수 있다. 할복이란 스스로의 복부를 단도(短刀)로 갈라 자해하는 행위를 말한다. 주로 무사들이 행한 자해 행위로 일본의 독특한 관습이라고 할 수 있다. 일본의 봉건사회에 있어서의 도덕

관념에 비추어 보면, 할복은 불상사를 저질렀을 때 스스로 책임을 지고 자신과 그 일족의 명예를 지킨다는 의미를 지니고 있었다.

문헌상으로 확인할 수 있는 최초의 할복은 988년 후지와라노 야스스케[藤原保輔, ?-988]가 옥중에서 행한 것이다. 이와 관련된 내용은 가마쿠라시대[鎌倉時代] 초기의 설화집인 『속고사담(続古事談)』(1219년 성립)에 수록되어 있는데, 이 작품집에 따르면 야스스케는 강도짓을 하다 체포되었으며 그 후에 스스로 복부를 갈라서 자살을 시도하였고 이튿날 결국 숨졌다고 한다. 이후로 일본 무사들은 자살 수단으로써 할복을 선택하게 되었다.

니토베 이나조의 『무사도』에 따르면, 자해 시에 배를 가르는 것은 다음과 같은 이유에 근거한다고 한다.

신체 중에 특히 이 부분을 골라 자르는 것은 이 부분에 영혼과 애정이 깃든다고 하는 예로부터의 해부학적인 신념에 기초한 것이다.[11]

인간의 배에 영혼과 애정이 깃들어 있다고 여겨 '나의 영혼이 머무는 곳을 활짝 열어 당신에게 낱낱이 보여주고 싶다. 영혼이 더러운가 깨끗한가를 당신의 눈으로 확인하게 하고 싶다'[12]라는 생각에

11 "身体の中でとくにこの部分を選んで切るのは、そこに魂と愛情が宿るという昔からの解剖学的な信念に基づくものだからである"(新渡戸稲造 著, 岬龍一郎 訳(2005), 앞의 책, 122쪽)
12 한국일어일문학회(2003), 『게다도 짝이 있다』, 글로세움, 306쪽.

배를 가른 것이다. 즉, 할복을 함으로써 배에 깃든 영혼을 드러내어 보여줄 수 있다는 것이고, 이로써 스스로의 죄를 인정하거나 결백을 주장할 수 있다고 믿었다. 명예를 중시하는 무사에게 있어 할복은 스스로의 목숨을 걸고 명예를 지키는 수단이었던 것이다.

한편, 무사에게 있어서 할복은 명예를 지키는 수단 말고 또 다른 기능이 있었다. 할복은 불상사가 발생했을 때 그 책임을 스스로 판단하고 처치하여 명예를 지킨다는 사회적 의미를 지니고 있었는데, 이는 다시 말하면 '죄를 씻는다'는 의미와 '책임을 진다'는 의미를 뜻한다. 이와 관련해서 『무사도』에서는 다음과 같이 기술하고 있다.

이미 독자는 무사의 할복은 단순한 자살 수단이 아니라는 것을 이해했을 것이다. 그뿐만 아니라 무사의 할복은 법 제도로서 하나의 의식(儀式)이었다. 중세에 발명된 할복은 무사가 스스로의 죄를 갚고, 잘못을 사과하고, 불명예를 씻고, 친구를 구하며, 자신의 성실함을 증명하기 위한 방법이었던 것이다.[13]

할복은 단순한 자해 행위가 아니라 무사의 명예를 지키기 위한

---

13 "すでに読者は、切腹が単なる自殺の一手段でない、ということを理解されたであろう。それどころか、サムライの切腹は法制度としての一つの儀式だった。中世に発明された切腹は、武士がみずからの罪を償い、過ちを詫び、不名誉を免れ、朋友を救い、己の誠を証明するための方法だったのである"(新渡戸稲造 著, 岬龍一郎 訳(2005), 앞의 책, 126쪽)

방법이었으며, 이를 행함으로써 자신이 지은 죄를 씻거나 잘못에 대해 책임을 지는 수단이었던 것이다.

참고로 일본 고전문학에서는 이를 활용하여 작품 속 무사가 자신의 잘못에 대해 책임을 질 수 있도록 설정하기도 하였다. 반면에 무사가 할복하지 못하도록 설정함으로써 작품 속에서 지은 죄로부터 용서받지 못하였음을 간접적으로 표현하기도 하였다. 이렇듯 작가는 자신의 신념에 따라 작품 속 등장인물인 무사에게 할복의 기회를 부여하기도 하고 부여하지 않기도 하였다. 일본 근세 후기를 대표하는 작가인 교쿠테이 바킨[曲亭馬琴, 1767-1848]은 하급 무사 집안 출신 작가라는 점도 있어 무사의 태도와 마음가짐에 대해 매우 엄격하였다. 필자는 기존에 발표한 논문에서 이에 대해 논한 적이 있는데, 작품 속에서 죄를 씻기 위해 할복을 하려는 인물이 작품 내에서 끝까지 할복에 성공하지 못한다는 단순해 보이는 설정이 사실은 작가인 바킨의 의도된 설정이었다는 사실을 밝혀내었다.[14]

이와 같이 할복은 단순히 목숨을 끊는 자해 행위라기보다 무사의 명예를 지키기 위한 수단이었던 것이다. 명예를 지킨다는 말 속에는 자신과 자신의 일족의 더럽혀진 명예를 되찾는 일뿐만 아니라 스스로의 잘못을 뉘우치고 죄를 씻는 일도 포함되어 있었다. 할복은 무사도를 이해하는 데 있어 매우 중요한 요소라는 점을 기억

---

14 홍성준(2019), 『曲亭馬琴の読本の研究』, 若草書房, 214-218쪽 참조.

해 두어야 할 것이다.

'주신구라[忠臣蔵]'와 무사도

'주신구라'란 18세기 초에 발생한 아코 사건[赤穂事件]을 제재로 한 가부키[歌舞伎]·조루리[浄瑠璃], 라쿠고[落語] 등과 같은 문예 작품의 총칭이다. 일반적으로 '주신구라'라고 하면 가부키·조루리 작품을 가리키는데, 그 중에서도 가장 대표적인 작품은 지카마쓰 몬자에몬[近松門左衛門, 1653-1725]의 『가나데혼 주신구라[仮名手本忠臣蔵]』(1748년 초연)이다.

　아코 사건은 에도성 내에서 발생한 칼부림 사건을 시작으로 아코번[赤穂藩]의 낭사(浪士)들이 가해자인 주군에 대한 복수극을 단행한 사건을 말한다. 칼부림 사건은 아코번의 번주(藩主)인 아사노 다쿠미노카미 나가노리[浅野内匠頭長矩]가 고케[高家] 하타모토[旗本]인 기라 고즈케노스케 요시나카[吉良上野介義央]를 칼로 벤 사건이며, 이로 인하여 아사노 다쿠미노카미는 당일 할복을 명받았다. 번주를 잃은 아코번은 개역(改易)되고 소속 무사들은 낭사가 되었다. 그런데 이 사건으로 인하여 아사노 다쿠미노카미만 처벌을 받고 기라 고즈케노스케는 아무런 처벌도 받지 않았다. 일반적으로 무사들 사이에 칼부림이 벌어지면 '겐카료세이바이[喧嘩両成敗]'[15]

15 '겐카료세이바이[喧嘩両成敗]'는 중세 말기에 생겨난 관습법으로 대립이 발생하면

라고 해서 양쪽 모두를 벌하도록 하는데, 이 경우에는 기라 고즈케 노스케가 칼을 뽑지 않았기 때문에 아사노 다쿠미노카미에게만 할복 명령이 내려진 것이었다. 즉, 무사 간의 다툼인 '겐카'가 아니라 일방적인 폭력 행위, 또는 난동으로 받아들여진 것으로, 이 때문에 아코번의 낭사 47명은 번주를 위한 복수를 결심하게 된다. 아사노 다쿠미노카미가 칼을 뽑은 이유에 대해서는 여러 가지 설이 있지만 사실(史実)로서 명확히 밝혀지지는 않았다. 다만, 아코번의 낭사들이 복수극을 단행하였다는 점을 미루어 볼 때 억울한 사정이나 불공정한 처사가 있었을 것이라고 추측해 볼 수가 있다.

그런데 여기에서 '복수'에 대해 생각해 보고자 한다. 일본어로 복수는 첫 번째로 '敵討ち/仇討ち', 두 번째로 '復讐'로 나타낼 수 있다. 우선 첫 번째 가타키우치[敵討ち/仇討ち]는 '주군이나 아버지, 남편이 살해당했을 때 신하나 근친자가 억울함을 풀기 위하여 상대방을 죽이는 일'[16]을 말한다. 그리고 두 번째 후쿠슈[復讐]는 '보복, 앙갚음'을 뜻한다. 무사도에서는 일반적으로 '복수'라고 하면 가타키우치를 가리키는 경우가 많다. 하지만 주신구라에서 말하는 복수는 가타키우치인지 후쿠슈인지 논쟁이 계속되고 있다. 왜냐하면 아코 사건이 있었던 당시에는 자식이 아버지의 복수를 단행한다거

양쪽 모두에게 책임을 지우겠다는 명목으로 대립을 미리 차단시키는 것을 의미했다. 이것이 에도 시대에 들어서는 대립을 해결할 때에 활용하는 원칙으로 사용되었다.

16 "主君や父、夫などが殺された場合に、臣下や近親の者などが、恨みを晴らすために、その相手を殺すこと"(『日本国語大辞典』, 小学館, 2000)

나할 때를 가타키우치라고 하고 그밖의 경우에는 후쿠슈라고 하였다. 아코 사건을 가타키우치로 볼 것인지 후쿠슈로 볼 것인지에 따라 이 사건은 다르게 해석될 수 있다. 주군에 대한 복수에 주안점을 두면 가타키우치로 볼 수 있는 것이고, 단순히 억울함을 해소하기 위한 보복의 성격이라면 후쿠슈로 볼 수 있을 것이다. 이 사건을 가타키우치로 보았을 때 비로소 주군에 대한 충성과 충의를 다한 것이 되며, 이것이 바로 무사도에서 말하는 '복수'인 것이다.

이 아코 사건을 제재로 한 『주신구라』는 1748년에 오사카[大坂]의 다케모토자[竹本座]에서 초연되어 큰 인기를 끌었다. 에도시대뿐만 아니라 메이지시대 이후가 되어서도 『주신구라』의 인기는 식지 않았고 일본인의 정신문화 형성에 큰 영향을 끼쳤다. 주군의 원수를 갚기 위하여 47인의 낭사들이 모여 집단을 형성하고 권력에 대항하는 모습은 일종의 정치적인 투쟁과도 같은 면모를 보여주는 일이었다. 아코 낭사들이 죽음을 불사하고 주군의 원수를 끝까지 갚는 일, 그리고 권력 정치의 불공평함을 당당하게 규탄한 집단행동을 서슴지 않고 완수하였다는 점을 지카마쓰 몬자에몬을 비롯한 여러 작가들이 각색하여 작품화하였고, 회를 거듭하고 시간이 흐를수록 11막으로 완결된 『주신구라』라는 작품은 더욱 짜임새 있는 연극으로 손질되었다.[17]

'주신구라'에 나타난 무사도 정신은 앞서 기술한 '명예', '충의',

17 한국일어일문학회(2003), 『모노가타리에서 하이쿠까지』, 글로세움, 99쪽 참조.

'할복'이다. 이 세 가지의 무사도 정신이 '주신구라'에서 어떠한 방식으로 나타나고 있는지 살펴보기로 한다.

첫 번째 무사도 정신은 명예이다. 아사노 다쿠미노카미가 기라 고즈케노스케를 향해 칼을 뽑아 든 이유에 대해서 명확하게 밝혀진 바는 없지만, 무사로서 명예를 훼손당하였기 때문일 것이라는 추측이 일반적이다. 아코번의 낭사들이 아사노 다쿠미노카미에게만 할복 명령이 내려진 사실에 대해 분노하고 복수를 결심하게 된 것도 일방적인 판결로 인한 불명예가 원인이었다.

두 번째 무사도 정신은 충의이다. 아사노 다쿠미노카미가 칼부림을 일으키고 그날 바로 할복 명령에 의해 죽음을 맞자 아코번의 무사들은 모두 불공평한 판결에 대해 불만을 가지고 긴급히 모임을 가졌다. 이때 아사노 가문의 재흥(再興)을 위하여 목숨을 바칠 각오가 되어 있는 낭사를 모집하였는데 결과적으로 47인의 낭사들이 남게 되었다. 훗날 이들은 주군의 원수를 갚기 위해 복수극을 일으키게 되는데, 이들이 복수에 임한 사실은 자신의 목숨을 버리는 한이 있더라도 주군을 향한 충의를 다하려는 결심을 내린 것으로 이해할 수 있다.

세 번째 무사도 정신은 할복이다. '주신구라'에서 할복은 두 번 등장하는데, 하나는 아사노 다쿠미노카미의 할복이고, 다른 하나는 47인의 낭사들의 할복이다. 아사노 다쿠미노카미는 기라 고즈케노스케를 향해 칼을 뽑아 들었다는 이유로 즉일 할복을 명받았는데, 자신만 처벌받게 된 것에 대해 억울하다고 느꼈지만 당당하게 배를 가르고 죽음을 맞이하였다. 막부에서도 무사인 아사노 다쿠미노카미를 예우한다는 차원에서 할복을 명한 것이며, 이는 할복이 무사로서 죄를 지었으면 죄를 씻고 죄가 없으면 결백함을 영예롭게 증명하는 방법이었기 때문이다. 아사노 다쿠미노카미도 이 사실을 누구보다 잘 알고 있었기 때문에 별다른 저항 없이 순순히 배를 가른 것이었다. 그리고 47인의 낭사들은 주군을 위한 충의의 발로(発露)로서 복수극을 단행하고 모두 자진해서 이를 신고한 후 할복을 명받고 죽음을 맞이하였다. 이들의 할복은 명예를 지키고 충의를 다하기 위해 복수극을 단행한 사실에 대해 책임을 진다는 의미를 지니고 있다.

이렇듯 '주신구라'에는 무사도 정신 중 가장 대표적인 '명예', '충의', '할복'이 모두 나타나 있으며, 에도시대 이후까지 대중들로부터 큰 인기를 끌게 되면서 이 무사도 정신이 자연스레 일본인의 정신문화의 형성에 영향을 끼쳤던 것이다. 『주신구라』는 현대에도 가장 인기 있는 가부키, 조루리 작품 중 하나로 사랑받고 있다. 일본인의 무사도 정신을 가장 손쉽게 이해할 수 있는 방법으로 가부키나 조루리 작품인 『주신구라』를 감상하는 것을 들 수 있다.

나오며: '사무라이 정신'과 무사도

일본에는 '사무라이 정신'이라는 말이 있다. 일본 중세 때부터 형성되기 시작한 일본 고유의 정신문화인 이 말은 무사(武士)들이 지녀야 할 도덕적 가치 규범을 말한다. 현대에도 국가 재난을 비롯한 정치, 경제, 사회적 어려움을 극복하고자 할 때에는 어김없이 '사무라이 정신'이라는 말이 등장한다. 심지어 스포츠 분야에서 국가대표 선수들에게 '사무라이'라는 호칭을 부여하여 선수들의 사기 진작과 승리를 위한 동기 부여에 활용하고 있다.

'사무라이[侍]'란 일본 봉건시대의 무사를 가리키는 말로 귀인을 가까이에서 모시며 경호하는 사람을 의미하였다. 헤이안시대 이후 무사 계급의 지위가 향상하게 되자 사무라이라는 명칭은 무사 일반을 가리키게 되었다. 가마쿠라시대와 에도시대를 거치며 사무라이는 무사의 범주 안에서도 상급 무사를 가리키는 말로 정착되었다. 따라서 무사는 상급 무사인 사무라이와 하급 무사를 모두 포함하는 개념이라고 이해할 수가 있다.

앞서 말했듯이 현대에는 '사무라이 정신'이라는 말이 일반적으로 사용되고 있다. '무사도 정신'이라는 말은 어딘지 모르게 구시대적이고 딱딱한 인상을 주는 표현이라는 인식이 있는 반면에 '사무라이 정신'은 자연스럽게 받아들여진다는 특징이 있다. 하지만 무사도의 사상과 형태가 무사의 집권기인 에도시대에 완성되었다고 하더라도, 이것이 본래 헤이안시대 때부터 이어져온 사무라이 정신에서 비롯되었다는 점은 알아두어야 한다. 이 글에서 살펴본 무사도 정신이 바로 현대에 말하는 사무라이 정신과 통하고 있다는 사실을 염두에 두고, 일본인의 정신문화를 이해하는 하나의 방편으로 삼았으면 한다.

참고문헌

『日本国語大辞典』, 小学館, 2000.

니토베 이나조 지음, 씨알 기획 편저, 『무사도』, 청어람, 2005.

한국일어일문학회, 『게다도 짝이 있다』, 글로세움, 2003.

한국일어일문학회, 『모노가타리에서 하이쿠까지』, 글로세움, 2003.

홍성준, 『曲亭馬琴の読本の研究』, 若草書房, 2019.

笠谷和比古, 『武士道サムライ精神の言葉』, 青春出版社, 2004.

笠谷和比古, 『武士道その名誉の掟』, 教育出版, 2001.

相良亨・佐藤正英 校注, 『葉隠』, 日本思想大系26, 岩波書店, 1974.

佐々木潤之介, 『江戸時代論』, 吉川弘文館, 2005.

高橋昌明, 『武士の日本史』, 岩波書店, 2018.

野口武彦, 『忠臣蔵』, ちくま書房, 1994.

新渡戸稲造 著, 岬龍一郎 訳, 『武士道』, PHP研究所, 2005.

尾藤正英, 『日本文化の歴史』, 岩波書店, 2000.

山本博文 監修,『面白いほどよくわかる江戸時代』, 日本文芸社, 2003.

山本博文,『『葉隠』の武士道』, PHP研究所, 2001.

2부

지식의 교류,

지형을 바꾸다

5강 지식교류로서 『열하일기』의 탄생 / 김창수

6강 무형문화유산 분야 남북 교류와 협력 / 박영정

7강 애니메이션 속의 일본 근대문화 / 김계자

『열하일기』의 탄생 배경에 관한

조선·청 관계의 역사적 고찰

5강_ 김창수

열하일기는 연암 문학의 명실상부한 대표작으로서, 여기에는 연암의 위대한 창조 역량이 평생에 걸쳐 이룩한 모든 예술적 성과들이 집약되어 있다고 해도 과언이 아니다.(김명호, 『열하일기 연구』)

조선왕조 500년을 통틀어 단 하나의 텍스트만을 꼽으라고 한다면, 나는 단연 『열하일기』를 들 것이다. 또 동서고금의 여행기 가운데 오직 하나만을 선택하라고 한다면, 나는 또한 『열하일기』를 들 것이다.(고미숙, 『세계 최고의 여행기: 열하일기』)

조선시대 가장 유명한 문학작품을 골라보라는 질문을 받는다면 『열하일기(熱河日記)』는 아마 예외 없이 포함될 것이다. 『열하일기』는 조선 당대부터 지식인들에게 상당한 영향을 끼쳤다. 매해 중국으로 떠나는 지식인들에게는 김창업(金昌業)과 홍대용(洪大容)의 연행록과 함께 반드시 읽어야 하는 지침서로 평가를 받았다. 더하여 보수적 문학관을 가졌던 정조(正祖)는 『열하일기』를 지목하여 문체를 흐리는 저작이라고 비판하였다. 지성계에서 논란 자체가 일정한 영향력을 상징한다는 점을 고려하면 정조의 비판은 당시 『열하일기』가 상당한 위상을 지녔다는 것을 방증한다. 현재에서 들어서도 여전히 많은 사람이 『열하일기』를 주목하고 있다. 아마도 그것은 박지원이라는 개인이 갖고 있던 문학적 장점, 즉 당시에서는 보기 드문 독자의 흥미를 유발하는 서사 방식, 새로운 소재들, 해학적 서술 등이 배경에 자리 잡고 있기 때문이다.

지금까지 『열하일기』는 텍스트 자체의 특징에 주목해 왔다. 이 글에서는 지식의 다양한 맥락과 구성을 고려하여 텍스트 바깥의 지식을 고찰하고자 한다. 『열하일기』라는 조선후기 지식인의 높은 창작물이 나오게 된 배경의 역사적 맥락을 조선·청 관계라고 하는 다소 딱딱해 보일 수 있는 분야를 통해 설명할 것이다.

시대의 배경: 전쟁에서 평화의 시대로

17세기 초, 조선은 청나라와 전쟁에서 패배했고, 청나라를 상국(上國)으로 인정하였다. 이때부터 조선은 매년 정기적으로 조공(朝貢)을 하고, 국왕이 바뀔 때마다 국왕의 정통성을 책봉(冊封)을 통해 인정받았다. 그렇지만 조선 군신들은 이러한 현실적 국제정세를 마음속으로까지 인정한 것은 아니었다. 청나라의 건국 주체인 여진족을 야만인으로 간주해왔던 관념과 자신들이 중화로 인정한 명나라를 멸망시켰다고 생각했기 때문이었다. 강고한 반청(反清)의식 아래 청나라 문인들과 교류는커녕 형식적으로 문안을 주고받는 일도 거의 행해지지 않았다. 일부 한족(漢族) 유생들과의 만남과 필담은 이루어졌지만, 이는 정보 수집을 위한 목적이거나 명확히 반청의식을 표현하는 이들로 제한되었다.

서울송파 삼전도비
(1932년).
청에 대한 굴욕의 상징물로 간주되어 19세기 말부터 현재까지 여러 차례 자리를 이동하는 역사를 갖고 있다.(국립중앙박물관 소장)

『열하일기』저자 박지원이 살았던 18세기 후반, 중원대륙을 장악한 왕조는 청나라였다. 그런데 당시 조선 지식인들은 청나라를 중원대륙의 정당한 계승자가 아니라 부모의 나라인 명나라를 멸망시킨 원수로 여기는 흐름이 여전히 이어지고 있었다. 청나라에 대한 조선의 악감정은 1637년에 벌어진 양국 간의 전쟁[병자호란(丙子胡亂)]으로 거슬러 올라간다. 1623년 쿠데타로 광해군(光海君)을 몰아낸 인조(仁祖) 정권은 그동안 후금(훗날 청나라)에 대해서 국내적으로 공격적인 언사를 공공연히 드러냈다. 이와 같은 조선의 태도와 또 청 내부의 문제가 결합하면서 두 차례의 조선-청 전쟁이 발생했다(정묘호란, 병자호란). 병자호란 발발 직후 청군의 신속한 진격으로 인해 인조는 강화도로 피신하려는 계획을 시행하지 못한 채 남한산성에 고립되었고, 홍타이지(청 태종)가 직접 통솔한 군대에 의해 포위되어 수십 일 간 버티다 결국 삼전도에서 항복하였다. 문명국 조선의 국왕이 오랑캐의 수장에게 아홉 번 땅바닥에 머리를 조아리며 치욕스러운 의례를 행했던 것이다. 더하여 두 명의 왕자(소현세자, 봉림대군)가 볼모로서 청의 수도로 끌려갔다.

조선 지식인들의 바람은 명나라가 국력을 회복해 오랑캐 청나라를 멸망시키는 것이었지만, 그것은 결코 실현되지 못했다. 조선의 소망과는 달리 1644년 이자성(李自成)이 이끄는 농민군이 북경을 점령하자 명나라 황제[숭정제]는 자금성 뒷산에서 목을 매어 자결했다. 이러한 상황 속에서 산해관을 지키던 오삼계(吳三桂)가 청나라에 항복함으로써, 청나라 군대는 산해관을 넘어 이자성의 군대를 물리치고 북경을 점령하였다.

이즈음 볼모로 심양에 끌려갔었던 봉림대군(효종)이 왕위에 즉위하였다. 효종은 명나라를 멸망시킨 오랑캐 청에 대해 무력 수단을 동원해서라도 복수해야 한다는 명분을 내세우고 이를 국시(國是)로 삼아 강병(强兵) 양성 정책을 추진하였다. 효종뿐만 아니라 유교 문명의 계승자임을 자처했던 조선 지식인들도 청나라의 지배를 인정할 수 없었다. '오랑캐의 운명은 백 년을 못 간다(胡不百年)'라는 경전(經典)의 한 구절은 이들에게 너무나도 당연한 미래였고, 청나라에 대한 복수는 누구도 이의를 제기할 수 없는 '북벌(北伐)'의 시대가 한동안 지속하였다.

1662년 명나라의 계승을 내세우며 청나라에 저항했던 남명(南明)의 영력(永曆) 황제가 끝내 청나라 군대에 의해 살해당했다. 미약하지만 중화의 부활을 기대했던 남명 정권들이 모두 사라지자 조선의 지식인들은 당혹감에 휩싸였다. 북벌의 목표는 조선이 청을 멸망시키고 중국을 점령하는 것이 아니라, 오랑캐를 중국에서 쫓아낸 후 정통 중화의 계승자에게 황제의 자리를 돌려주는 것이었는데 그것을 받을 존재가 완전히 사라져 버린 것이다. 1673년 청에서 '삼번(三藩)의 난'이 발생하여 잠시나마 중화 회복에 대한 기대에 부풀었지만 채 10년이 지나지 않아 모두 진압되고 청나라는 도리어 강희제의 치세에 힘입어 중원에서의 지배를 공고하게 다져

나갔다.

'오랑캐는 백 년을 가지 못 한다'는 성현의 말은 실현되지 않았다. 조선 지식인들은 엄연히 존재하는 오랑캐의 중국을 어떻게 받아들여야 할지 고민에 빠졌고 곧 분열하기 시작했다. 가장 보수적인 이들은 여전히 청을 오랑캐로 여기면서 청의 국력이 쇠퇴할 때 다시금 북벌을 추진해야 한다고 믿었다. 더 많은 이들은 명의 멸망을 인정하고 조선이 중화의 문명을 잘 간직하고 있다가 언젠가 중국의 땅에서 중화 문명이 부활한다면 그들과 함께 문명의 세계를 만들어가야 한다고 생각했다. 그리고 소수의 몇몇 이들은 청이 중국의 지배자가 된 원인을 객관적으로 파악하고자 하였고, 그 결과 중화의 문명은 사라진 것이 아니라 다만 청이 그것을 차지하고 있는 것이라고 주장하였다. 한발 더 나아가 조선이 부강해지기 위해서는 청으로부터 그들이 점유하고 있는 문명을 배워야 한다고 강조했다. '북학'이 등장한 것이다.

18세기 중반에 촉발된 북학의 열풍은 청을 여전히 오랑캐로 보는 수많은 지식인으로부터 강력한 반발을 야기하는 가운데 점차 영역을 넓혀갔다. 홍대용(洪大容), 박지원과 같은 당시 명문 가문의 자제들에서 유득공(柳得恭), 이덕무(李德懋), 성해응(成海應) 등 뛰어난 학문 실력을 갖춘 서얼에 이르기까지 다양한 계층의 지식인들이 북학을 수용했다. 이들은 해마다 중국으로 가는 연행(燕行)에 참여하여 중국의 문물을 직접 관찰하면서 오랑캐가 차지한 중국을 냉정히 평가하였고, 또 중국 지식인들과 학문적 교류를 행하면서 지속적인 우정을 나누기도 하였으며, 귀국 후에는 이와 같은 자신들의 경험을 글과 모임을 통해 공유하였다. 박제가 역시 서얼 출신의 지식인으로서 박지원 등과의 교유 및 그 자신의 연행 경험을 통해 「북학의」를 저술할 수 있는 지적 바탕을 마련할 수 있었다.

북학이 탄생할 수 있었던 배경에는 청의 조선에 대한 태도도 주요한 역할을 했다. 당시 조선을 포함한 동아시아 국가들은 청의 통제에 의한 공식적 교류만 가능했고, 이에 따라 청으로 올 수 있는 관원 및 수행원의 숫자, 심지어 짐의 양까지 엄격히 제한되었다. 그런데 청 조정은 오직 조선의 사신 일행에게만 인원의 제한을 두지 않았다. 그 때문에 정식 관원의 수행원으로서 많은 조선 지식인들이 중국으로 갈 기회를 얻었고, 홍대용·박제가·이덕무, 그리고 박지원 등이 바로 이러한 기회를 이용해 연행에 참여하였다. 한편 명나라 때부터 북경에 온 외국 사신들에 대해 공식행사 이외에는 숙소 밖을 나가지 못하게 하는 문금(門禁) 제도를 시행해 사신들의 활동이 크게 제약되었다. 그런데 청나라는 대규모 반란을 진압한 17세기 말 이후부터 외국 사신들의 북경 유람을 눈감아 주었다. 이를 계기로 연행에 참여한 지식인들은 북경의 문물을 자유롭게 관찰하는 한편 중국 지식인들과 지속해서 교류함으로써 조선을 객관적으로 볼 수 있는 시야를 확보해 갔다. 박지원이 연행(燕行)을 떠나는 정조 4년(건륭 45, 1780)에는 이러한 시대 분위기 속에 있었다.

건륭제의 칠순 준비

청의 연호로는 건륭 45년, 조선은 정조 4년이 되는 해는 매우 특별했다. 바로 건륭제가 칠순(七旬)이 되는 해이기 때문이었다. 고령화 사회로 진입한 지 벌써 20년이 지난 오늘날 한국에서도 칠순이 되면 여전히 제법 격식을 갖춘 행사를 치르는 것이 사회적 관행이다. 그런데 무려 200년 전에, 그것도 당시 세계 최고의 권력을 가진 황제의 칠순은 그야말로 엄청난 세기의 사건이 아닐 수 없었다. 일부 연구에 따르면 건륭제는 자신의 정벌이 성공을 거둔 1760년대 이후 점차 스스로를 전 세계의 군주(ruler of universe)로 생각하기 시작했다고도 한다. 더구나 청나라 황제 중 칠순을 넘긴 황제가 없었다. 후금을 건국한 천명제(天命帝, 68세)부터, 국호를 청으로 바꾸고 황제국을 자임한 숭덕제(崇德帝, 52세), 그리고 그 이후의 순치제(順治帝, 38세), 강희제(康熙帝, 69세), 옹정제(雍正帝, 48세)까지 모두 70세 이전에 세상을 떠났다. 따라서 건륭제의 칠순은 청나라 역사에서도 전례에 없던 일이었다.

결과적으로 볼 때 건륭제는 자신의 칠순을 매우 성대하게 치렀다. 그렇지만 백성을 위하는 군주의 길을 걸어야 한다는 유교 정치 이념 속에서 어떠한 군주도 자신의 사치를 과시하기는 어려웠다. 건륭제는 자신의 칠순을 결코 성대하게 준비해서는 안 된다는 명령을 여러 차례 내렸다. 더하여 으레 북경에서 실시했던 황제의 생

건륭제의 무덤. 신위(神位) 뒤로 범어로 빼곡하게 적은 글씨들이 보인다.(개인 소장)

일 즉 성절(聖節) 또한 열하(熱河)에서 거행할 것을 예고했다.

그렇지만 단순히 수도 북경이 아닌 곳에서 생일을 보낸다고 검소한 것은 아니다. 많은 연구자가 지적했듯이 청나라는 조금 독특한 통치체제를 가지고 있었다. 크게 보면 과거 명나라의 영역인 농경지역과, 청을 포함한 중국의 서북 지역의 유목지역으로 구분할수 있다. 북경과 열하를 비교하면 북경이 갖는 정치적 중요성이 매우 크지만, 열하는 바로 유목지역의 수장들과 만나는 또 다른 통치의 공간이었다. 따라서, 열하에서 자신의 칠순 행사를 치르겠다는 건륭제의 선언은 곧 유목지역의 정치세력들과 유대를 강화하겠다는 것에 다름 아니었다.

건륭제가 열하에서 칠순 생일을 보내기로 한 가장 결정적인 요소는 판첸 라마(Panchen Lama, 班禪額爾德尼)의 방문이었다. 판첸 라마는 티베트와 몽골 일대에서 살아 있는 부처[活佛]로 추앙받는 종교적 지도자 중 하나로서 티베트 불교에서는 달라이 라마의 스승에 해당하는 존재였다. 굳이 예를 들면 지금의 교황과 같은 영향력을 지녔다고 볼 수 있다. 판첸의 방문이 이루어진다면 1652년(순치 9) 이후 150년 만에 활불이 청 황제를 찾아오는 것이었다. 역대 중국의 역사를 농경민족과 유목민족 간의 대립으로 정의하는 이론이 있는 만큼 중국 서북 지역의 유목민족들과의 관계는 청나라에서도 매우 중요한 사안이었다. 따라서 판첸과 우호적 관계를 형성하는 일은 곧 유목 세계의 안정과 직결될 수 있었다. 더하여 건륭제는 종교적인 의미에서 티베트 불교의 성실한 신도였으며 판첸 라마에게 매우 열렬한 존경심을 표했다.

칠순 행사의 장소가 열하로 결정된 또 다른 이유는 '외번(外藩)'들이 모두 모이는 장소로 적합했기 때문이었다. 외번은 몽골과 티베트 지역의 정치세력들로 청나라의 국력을 인정하고 간접 통치를 받는 이들이었다. 그렇다면 수도 북경을 두고 왜 열하를 선택했을까? 여기에는 천연두의 문제가 있었다. 유목민족은 상대적으로 농경민족보다 천연두에 취약했다. 최고의 의료혜택을 받을 수 있는 청나라 황제 중 무려 두 명이 천연두로 사망했다는 것은 천연두의 위험성을 단적으로 잘 보여준다. 따라서 청나라의 왕공 귀족들은 천연두의 발병을 세세하게 관리하여 이미 천연두를 앓고 나서 면역이 있는 이들을 숙신(熟身), 아직 천연두를 겪지 않은 이들을 생신(生身)으로 분류하였다. 일반적으로 북경에서 행사를 할 때도 '생신' 왕공 귀족이 오는 일은 매우 드물었다. 따라서, 보다 성대하게 외번들을 하객으로 초청하기 위해서는 천연두가 득실대는 도시로부터 떨어진 유목의 공간에 가까운 열하가 적합했다. 그 결과 건륭 45년 7-8월 사이 다수의 몽골 왕공들이 열하에 손님으로 참석했다.

몽골 왕공 하객들은 크게 둘로 나눌 수 있는데, 첫 번째는 종래부터 청나라의 행사에 참석했던 이들이다. 두 번째는 열하에 처음 온 특별한 손님들로 두르베크, 토르구트, 우량하이, 회부(回部) 백극(伯克), 금천(金川) 토사(土司) 등이 여기에 해당했다. 생소한 용어들이지만 두르베크와 토르구트는 복속 이후 최초로 버일러(Beile, 貝勒) 이상의 최상위 왕공이 찾아왔고, 회부 백극과 금천 토사는 처음으로 열하를 방문하였다. 그런데 이들은 모두 건륭 연간에 청나라에 완전히 복속했다는 공통점을 갖는다.

건륭제는 건륭 45년 자신의 칠순 생일에 판첸 라마를 초청하여 종교적 화합과 권위를 강화하고, 자신이 직접 복속시킨 지역의 수장들을 모두 모이게 함으로써 건륭의 제국을 세계에 과시하고자 하는 일대 이벤트를 준비하였다. 그렇다면 그 시기 조선은 청나라의 상황을 어떻게 이해하고 대응했을까?

정조의 상황과 칠순 축하 사신의 파견

청나라에서 건륭제의 칠순을 준비하게 분주하게 움직이는 동안 정조 역시 이 행사에 촉각을 곤두세우고 있었다. 정조가 즉위한 직후 조선과 청나라 사이에는 매우 불편한 일이 생겼다. 정조의 왕권은 공고하지 않았다. 그의 생부였던 사도세자(思悼世子)의 비극적인 죽음, 사도세자의 자식인 정조를 인정하지 않으려고 하는 정치세력들이 여전히 존재했기 때문이다. 1776년 정조는 국왕의 자리에 오르자마자 먼저 세손이었을 때 자신의 대리청정(代理聽政)을 반대했던 이들을 숙청하였다. 어머니 혜경궁 홍씨의 이복 삼촌인 홍인한(洪麟漢), 정후겸(鄭厚謙) 등이 그 대상이었다. 같은 해 8월, 정조는 신하들의 의견을 수용하여 숭정전(崇政殿)에서 역적들을 토벌했다는 교서(敎書)를 반포함으로써 왕위의 정통성을 다시금 선포하였다. 여기에 더하여 해당 사건의 경과를 외교문서[奏文]로 작성하고 사신을 파견하여 청나라에 전달하는 조치를 시행하였다. 반역을 진압한 후 중국에 이를 알리는 일은 종종 있었다. 그것은 청나라로부터 책봉을 받은 국왕이 이를 부정하는 역도들을 물리쳤다는 것을 알리고 자신의 정통성을 청나라로부터 재확인하는 작업이었다. 청나라에서 이를 수용하면 그것을 다시 국내에 반포함으로써 국내 정치에서의 권위를 확보하는 방식이었다. 정조는 재위 기간 발생한 많은 역모 사건 중 오직 이번 사안만을 청나라에 알렸는데 여기서 문제가 발생했다.

　일반적으로 조선 국왕이 중국 황제에게 문서를 올리면 황제의 답변을 수록한 외교문서[咨文]를 조선에 발급해주었다. 조선 사신의 가장 중요한 임무 중 하나는 바로 청으로부터의 회답문서를 받아오는 것이었다. 그런데 청나라에서 회답을 거부하였다. 조선 국왕이 제출한 문서에 제후국의 신분으로서는 사용해서는 안 되는 용어를 썼다는 것이 그 이유였다. 조선 사신들은 답서를 받아내기 위해 여러 가지로 교섭을 벌였지만 끝내 어떠한 문서도 받지 못하고 귀국했고, 조선 조정에서는 외교 사안을 제대로 처리하지 못한 사신들을 파직시켜야 한다는 요청이 대두하였다. 현대 국제외교에서도 대한민국이 다른 나라에 보낸 대통령 명의의 외교문서를 상대국이 오류를 지적하며 회답을 거부한다면 아마도 며칠간 뉴스의 헤드라인을 장식하고, 외교부 담당자는 문책을 받을 것이다. 하물며 전근대 시기 황제와 국왕의 사이에서는 사안의 중요성이 훨씬 컸으리라는 점은 쉽게 추측할 수 있다.

　자신의 대리청정을 반대한 이들을 제거하고 그 결과를 청나라를 통해 외교적으로 공인받으려고 했던 정조의 시도는 실패했다. 오히려 이 사안의 실패로 인해 새로운 사신을 선발하고 황제에게 제출할 외교문서를 두 가지 버전으로 준비하는 등의 치밀한 대응 끝에 겨우 수습할 수 있었다. 중국에 사신을 한 번 보낼 때마다 사신 선발과 관련된 군신 간의 논의가 진행되고, 황제 및 황족들에게 올릴 선물, 운반비 등 경제적인 비용도 상당했다는 점을 고려하면 정조의 외교정책은 즉위하자마자 꼬인 셈이 되었다. 이와 같은 상황에서 곧 건륭 칠순(七旬)이 다가왔다.

즉위 후 첫 번째 외교정책이 실패로 끝난 이후, 정조는 아마도 청나라와의 관계를 안정적으로 유지하기 위한 기회를 노렸고 곧 건륭제 칠순(七旬) 생일이라는 기회가 찾아왔다. 조선에서는 삼절(三節) 즉 황제의 생일[聖節], 동지(冬至), 정조(正朝, 음력 1월 1일)에 사신을 파견하였는데, 이는 청나라가 병자호란 이후 조선에 요구한 사항이었다. 그런데 청나라가 북경을 점령한 이후 세 번 발송해야 하는 사행을 하나로 합쳐서 새해 첫날에만 오도록 했다. 물론 삼절에 해당하는 축하문서와 예물은 지참해야 하지만, 세 번을 보내는 이동비용은 한 번으로 감소하기에 조선을 배려한 조치였다. 이로 인해 황제의 생일은 당일이 아닌 생일보다 앞서거나 혹은 늦게 축하하는 관행이 150여 년 동안 유지되었다. 황제 생일 당일 참석한 일은 결코 없었다.

조선에서는 건륭제의 생일(음력 8월 13일)에 43년 동안 생일이 지난 다음 축하를 행해 왔다. 따라서 건륭 44년(정조3, 1779) 10월 황인점(黃仁點)을 정사(正使)로 삼아 파견한 정기 사행에는 당연히 이미 건륭 44년 8월에 이미 치른 건륭제의 생일을 축하하는 문서와 예물을 지참시켰다. 그런데 이 사행에는 전례에 없이 건륭 45년 음력 1월 1일 날짜로 건륭제 칠순 축하문서를 첨부하였다. 건륭제의 칠순은 건륭 45년 8월이므로, 그동안의 원칙대로라면 건륭 46년 1월 1일에 축하문서와 선물을 올려야 했다. 그것이 150년 동안 지속하였던 생일 축하의 관행이었다. 건륭제의 할아버지인 강희제는 69세까지 살았기 때문에 오순과 육순을 맞이했지만, 조선에서는 별도의 사신을 파견하지 않았다. 건륭제의 아버지 옹정제(雍正帝)의 오순 때도 별도의 사행은 없었다. 건륭제의 칠순을 미리 축하하는 조치는 청나라와 전혀 협의한 바 없는 일이었기 때문에 외교적으로 어떠한 결과를 낳을지 알 수 없었다. 황인점은 청의 상황을 확인하고 또 확인한 끝에 축하문서를 제출해도 된다고 판단했고 이를 결행했다. 그 결과는 성공적이었다. 축하문서를 받은 청나라의 관원은 매우 기뻐했고 건륭제 역시 기꺼이 접수하라는 명령을 내렸다.

건륭제의 생일을 늦게 축하하던 관행을 지키지 않았지만, 청나라에서 긍정적으로 수용했기 때문에 정조의 모험은 일단 성공하였다. 그런데 정조는 여기에서 더 나아가는 대담한 결정을 단행했다. 앞서 황인점 일행이 제출한 축하문서는 건륭 45년의 칠순을 미리 축하하는 것이 생일 당일(8월 13일)에 제출하는 것은 아니었다. 황제 생일 축하행사는 당연히 생일 당일 거행되었지만, 청나라에서는 조선의 참석을 요청한 적도 없었고 조선 역시 생일에 맞춰 사신을 파견한 일도 없었다. 황인점 일행을 통해 미리 축하하는 조치가 성공한 것을 듣고 정조와 신료들은 논의를 거듭한 끝에 건륭제 생일 당일에 도착하는 사신을 파견하도록 결정하였다. 이에 건륭 45

년 3월 20일 박명원(朴明源), 정원시(鄭元始)를 각각 정사와 부사로 임명했고, 박명원 일행은 5월 25일 서울에서 출발했다. 북경에 도착하기까지 약 두 달 내외의 시간이 소요된다는 점을 고려하여 정확히 건륭제의 생일(8월 13일)에 맞추기 위한 일정이었다.

청이 북경을 점거한 이후 언제나 그렇듯이 박명원 일행의 최종 도착지는 북경이었다. 그런데 조선에서는 건륭제가 자신의 칠순을 북경이 아닌 다른 장소 곧 열하에서 보내리라는 것을 잘 알고 있었다. 전년도인 건륭 44년에 파견된 황인점 일행이 건륭 45년 1월 1일 청으로부터 '황제칠순칭경조(皇帝七旬稱慶詔)'를 받았고, 그전 해에 건륭제가 칠순 생일에 피서산장(避暑山場)인 열하로 갈 것이라고 명령을 내렸기 때문이다. 박명원 일행은 북경에 도착해서 생일 당일 황제가 없는 자금성에서 망궐례(望闕禮)에 참석할 것이라고 예상하였다. 망궐례는 왕실의 주요한 경조사가 있을 경우, 수도에서 멀리 떨어진 곳에 있는 신료들이 군주가 있는 곳을 향해서 치르는 의례를 뜻한다. 가령 조선 국왕 생일에 서울에서는 국왕에게 직접 축하하는 인사를 행하고, 각 지방관들은 행사 당일의 정해진 시각에 북쪽 즉 국왕이 있는 곳을 향해 축하 의례를 거행하는 것이다. 건륭제는 8월 이전에 이미 열하로 이동했기 때문에 북경에 남아 있는 청나라 관원들은 생일 당일(8월 13일)에 망궐례를 시행하고자 준비 중이었으므로 조선 사신들이 북경 망궐례에 참석하리라 예상한 것은 당연했다.

열하로, 열하로

박명원 일행이 북경에 도착하자 청나라 관원들은 별다른 판단 없이 조선 사신들이 도착 사실을 열하에 있는 건륭제에게 전달하였다. 아마도 '알았다', '잘 처리하도록 하라' 등의 형식적인 명령을 예상했을 것이지만, 건륭제의 조치는 전혀 예상하지 못한 것이었다. 조선 사신들을 열하로 직접 오도록 한 것이다. 『열하일기』에 따르면 조선 사신들의 관리를 맡은 관원에게 8월 4일 초저녁에 다음과 같은 명령이 도착했다.

이제 황제의 뜻을 받들어 이르노니 조선(朝鮮)으로부터 온 정부사 (正副使)가 열하에 와서 예를 행할 것이니 즉시 이 뜻을 조선 사신에게 전하고 열하로 같이 가게 하라. (중략) 이것을 특히 분부하는 것이다. 8월 초 4일 초저녁.(『열하일기』 행재잡록(行在雜錄))

같은 날 다시 다음의 명령이 도착했다.

황제의 뜻을 받들어 조선 사신 등을 데리고 열하로 가서 예를 행할 것은 이미 명령했거니와, 즉시 사신의 성명과 수행관들의 성명을 함께 베낀 것을 곧 예부로 보내고 기다리라 했는데 아직도 보고가 이르지 않았으니, 황제의 뜻을 받든 바에 어찌 늦출 수가 있는가. 속히 베껴서 예

부로 보낼 것을 서서 기다리노라.(『열하일기』행재잡록(行在雜錄))

『열하일기』의 기록대라면 첫 번째 문서가 발송된 시점은 8월 4일 초저녁이고, 두 번째 문서는 그로부터 고작 몇 시간 뒤일 것이다. 조선 사신을 열하에서 보고 싶은 건륭제의 열망과 황제의 명령에 대해 관련 부서인 예부가 얼마나 민감하게 반응했는지를 잘 보여준다. 또한, 청나라의 외교부서에서 열하로 조선 사신이 제출한 황제 생일 축하문서만 보내고 조선 사신들을 열하로 보낼지 묻지 않았기 때문에 담당자들은 감봉 처벌까지 받았다.

8월 5일 청 관리들의 독촉에 못 이겨 서둘러 북경에서 출발할 수밖에 없었다. 밤이 깊어 앞선 수레를 제대로 쫓아가지 못해 수십 길을 돌아가는 지경이었는데 이날부터 제대로 잠을 못 자는 이동이 시작되었다. 황제의 명령은 이미 각 지방 관아에까지 전달되어 조선 사신들에게 건장한 말과 여행에 필요한 필수품을 공급하게 하였다. 8월 6일 북경 북쪽에 있는 밀운현(密雲縣)에 도착했을 때는 지현(知縣)이 직접 맞이했고, 곧이어 군기대신(軍機大臣) 복차산(福次山)이 사신의 숙소에 이르러 황제가 조선 사신들을 몹시 기다리고 있으니 9일까지는 꼭 도착하기를 바란다는 부탁을 했다. 군기대신은 조선의 관직과 비교하면 재상급에 해당했는데, 제국의 재상이 외국 사신에게 거듭 부탁을 해야 할 정도의 상황이었다. 8월 7일, 시내를 건너는 와중에 조선 사신과 동행하는 예부의 낭중(5품)

이 배에 미리 탄 사람들을 모두 내리게 하고 조선 사신들을 먼저 건너게 했다. 출발한 지 나흘째가 되자 강행군에 지친 하인들은 가다가 길을 멈추면 모두 서서 조는 상황이었다. 8월 9일, 아침에 비로소 열하의 태학(太學)에 도착하였다.

조선 의주에서 심양-산해관-북경에 이르는 연해 노정은 대략 900km(3100리)였다. 조선 사신들이 이 연행로를 가는데 편도로 약 30일이 소요되었으니 하루 평균 약 30km를 이동한 셈이다. 북경에서 열하까지 지금의 도로 상황을 기준으로 약 223km이다. 박명원 일행은 8월 5일부터 9일 아침까지 약 4.5일 동안 하루 평균 49km를 이동하였다. 일반적인 사행에 비해 두 배에 가까운 속도로 강행을 거듭한 것이다. 황제의 명령과 청나라 관원들의 독촉, 그리고 지원이 빚어낸 결과였다.

겨우겨우 열하에 도착한 조선 사신 일행은 티베트 불교, 청 제국의 위상, 수많은 몽골 왕공들을 목도할 수 있었다. 더하여 건륭제가 존경을 표시하며 초청한 판첸 라마를 만나는 기회를 갖기도 하였다. 이러한 이색적인 풍경은 박명원의 수행을 맡았던 군관 박지원의 천재적인 필력을 통해 『열하일기』가 완성되어 우리에게 남겨졌다.

『열하일기』의 탄생

건륭제의 성대한 칠순 생일 행사의 기획과 그 장소로서 열하의 선택. 국내 정치를 안정시키기 위해 청나라와의 관계를 우호적으로 끌어올리려는 정조의 의도. 두 군주의 행동은 누구도 예상하지 못한 결과로써 조선 사신의 열하 방문이라는 사건을 만들어냈다. 여기에 또 다른 우연이 겹쳐 당시 사행의 책임자인 박명원의 8촌 동생 박지원은 사촌 형을 따라 청나라로 가는 사행에 참여하였다가 이러한 예기치 못한 상황으로 열하까지 이르게 되었고, 그 견문을 기록을 남겼다. 만약 건륭제가 관행을 따라 생일 행사의 장소로 북경을 선택했다면, 정조가 전례대로 생일 당일에 맞춰 사신을 파견하지 않았다면, 박명원이 정사(正使)로 선발되지 않았다면 아마도 우리는 『열하일기』를 읽을 기회를 얻지 못했을 것이다. 18세기 후반의 조선·청 관계의 상황과 거듭된 우연은 새로운 지식 탄생의 요소들이 되었다.

참고문헌

박지원 지음, 고미숙 옮김, 『세계최고의 여행기: 열하일기』, 북드라망, 2013.

김명호, 『열하일기 연구』, 창작과비평사, 1990.

구범진, 「1780년 열하의 칠순 만수절과 건륭의 '제국'」, 『명청사연구』40, 명청사학회, 2013.

구범진, 「조선의 건륭 칠순 진하특사와 『열하일기』」, 『인문논총』70, 서울대학교 인문학연구원, 2013.

구범진, 「조선의 청 황제 성절 축하와 건륭 칠순 '진하 외교'」, 『한국문화』68, 서울대학교규장각한국학연구원, 2014.

무형문화유산 분야 남북 교류와 협력

6강_ 박영정

남북 공유자산으로서 무형문화유산

1948년 시작된 남북 분단의 역사가 벌써 70년을 넘어서고 있다. 분단 상황에서 남북한은 전쟁을 겪었고, 현재도 정전체제 아래 군사·외교적 갈등으로 상호 불신과 체제 대결이 심화되고 있다. 분단 체제가 남북한 문화에 끼친 영향 또한 매우 커서 남한에는 자본주의 문화가, 북한에는 사회주의 문화가 각자의 정체성으로 자리 잡고 있다. 그에 따라 남북한 주민의 일상 문화에서도 이질화가 갈수록 심화되고 있다.

그런데 우리가 분단체제를 벗어나 통일시대로 나아가고자 한다면, 반드시 문화적 이질성의 문제를 극복해 나가야 할 것이다. 물론 그 극복의 방향이 반드시 어느 한쪽 문화로의 통합이나 통일로 귀결될 수 있는 일은 아니다. 이미 남북한은 오랜 단절 속에서 서로 다른 두 개의 문화를 형성해 온 관계로 당장의 동질성을 추구하기 전에, 현존하는 상대 문화에 대한 이해에서 출발하는 것이 중요하다. 그동안 남북 문화교류에서 당위적으로 받아들여져 온 '문화적 동질성의 회복'이라는 방향도 이제는 재검토가 필요해 보인다. 두 개 문화가 공존하는 가운데 문화적 다양성의 관점에서 문화의 새로운 발전을 모색하는 것이 필요하다.

이러한 상황에서 주목되는 부분이 분단 이전 시기까지 남북한이 공유하고 있는 문화유산이다. 남북이 공유하고 있는 문화유산이 미래의 통일문화를 만들어가는 시작점이 될 수 있기 때문이다. 유적이나 유물과 같이 변형되지 않는 물적 존재성을 가지는 유형문화유산은 물론 형태가 고정되지 않아 시대에 따라 변천해 온 무형문화유산도 남북 공유자산에 해당한다.

물론 남북 공유자산이라 하여 남북한의 그것이 동일한 것은 아닐 것이다. 특히 무형문화유산의 경우 분단 이후에는 남북한 사이에 적지 않은 차이가 만들어졌을 것으로 짐작해 볼 수 있다. 무형문화유산에는 사회적 환경의 변화가 반영될 수밖에 없기 때문이다. 무형문화유산을 지칭하는 용어로 남한은 '무형문화재(無形文化財)'를 사용하는 반면, 북한은 '비물질문화유산(非物質文化遺産)'을 사용하고 있는 것이 그 차이를 보여 주는 단적인 예이다.

최초의 남북 문화교류에 해당하는 1985년의 서울 평양 공연 교류에서 남북한은 문화적 충돌을 최소화하기 위해 동질성의 기반으로 여긴 전통공연을 중심으로 공연 프로그램을 구성하였다. 당시의 공연 교류는 이산가족 고향 방문에 맞추어 남북의 공연단이 서울과 평양을 방문하여 '동시 공연'으로 진행되었다. 1985년 9월 21부터 22일까지 서울예술단과 평양예술단이 평양의 평양대극장과 서울의 국립중앙극장에서 각각 2회의 공연을 올렸다. 민족 전통 가무를 중심으로 하되 상대를 비방, 자극하지 않는 내용으로 하고 출연자와 제작진을 합쳐 각 50명으로 숫자까지 동일하게 맞추었다.[1]

그런데 이러한 노력에도 불구하고 상대 공연에 대한 남북한의 평가는 부정적 비난 일색이었다. 분단 이후 남북한 문화의 이질화가 심화되고, 체제 대결이 극단화하는 상황에서 상호 이해의 자세가 형성되어 있지 않았기 때문일 것이다. 북한에서는 남한 공연이 복고주의적이고 양풍화되어 있으며, 퇴폐적이라는 비난을 가했고, 남한에서는 북한 공연에 대해 전통의 훼손, 국적 불명의 예술, 신파조에 획일적 예술이라는 비판을 했다. 공연 교류를 통한 동질성 회복은커녕 이질성의 확인, 나아가 공연을 통한 체제 대결의 결과를 낳았다.[2] 결과적으로 이 1985년 공연 교류는 남북한 문화의 이질화 정도를 극단화하여 보여준 사례가 되었다.

이러한 실패 사례에도 불구하고 무형문화유산은 남북한이 그 역

---

1   박영정 외, 『남북 문화교류협력 사업 분석 및 발전 방안 연구』, 문화체육관광부, 2013, 17쪽.
2   당시 남한에서 북한 예술단의 서울공연에 대한 평가는 다음 자료를 참조. 공종원 외, 『북한의 공연예술-평양예술단의 서울공연평가』, 한국문화예술진흥원, 1985.

사적 뿌리를 공유하고 있기 때문에 교류와 협력을 통해 공동의 자산으로 키워나가는 데 매우 적합한 분야이다. 분단으로 인해 이질화가 진행되었다는 가정 위에 상호 이해의 노력 속에 남북 교류에 접근한다면 1985년 사례를 반복하지는 않을 것이기 때문이다. 특히 무형문화유산 분야에서 남북 교류와 협력은 다른 분야 문화 교류와 협력이 발전하기 위해서도 선행되어야 할 분야라 할 수 있다.

이 글은 무형문화유산을 중심으로 남북한이 교류·협력을 추진할 때 고려할 사항들을 찾아보고자 하는 글이다. 먼저 북한의 무형문화유산 현황을 살펴보고, 이어 무형문화유산 분야 남북 교류협력의 방향과 주요 추진 과제를 제안해 보고자 한다.

북한의 무형문화유산 보호 정책과 관리 현황

북한의 무형문화유산 보호 정책

남북한은 체제의 차이에도 불구하고 민족문화를 발전시켜 나가겠다는 공통된 방향에서 정책을 추진해 왔다. 다만 남한에서는 원형의 보존과 계승이라는 관점에서 전승에 초점을 맞추었고, 북한에서는 사회주의 문화이념에 맞추어 '복고주의'를 반대하고 현대화하는 데 중점을 두었다는 점에서 차이를 보여 왔다. 북한의 '사회주의헌법'(제41조)에서도 원형을 보존하는 '복고주의적 경향'을 반대하고, '사회주의 현실에 맞게 계승·발전시킨다'는 것을 명시하고 있다.

남한에서는 일찍이 1960년대부터 '무형문화재' 보존 정책을 추진하여 무형문화재(전승자 포함)를 지정하고, 전수회관 등 전승 시설을 통해 체계적으로 전승해 왔다. 반면 북한에서는 오랫동안 무형문화유산 보호 정책 자체가 존재하지 않았다. 북한에서 '비물질문화유산'이라는 이름의 무형문화유산 보호 정책을 시행한 것은 최근 10년 남짓의 일이다.

북한의 무형문화유산 보호 정책을 간단히 개관해 보면, 2008년 '유네스코 무형문화유산 보호 협약' 가입, 2012년 '문화유산보호법' 제정을 통한 '비물질문화유산' 보호 규정 마련, 민족유산보호국(당시 민족유산보호지도국)에 '비물질문화유산처' 설치 등으로 요약된다. 2015년 '문화유산보호법'을 '민족유산보호법'으로 대체입법하면서 민족유산의 하위에 물질유산, 비물질유산, 자연유산의 세 범주를 편제하게 된다. 특히 2019년에는 '사회주의헌법' 제41조를 개정하여 '복고주의적 경향을 반대'한다는 문구를 삭제하여 전통문화, 특히 무형문화유산의 보존과 전승을 강화하는 기반을 마련하게 된다. 또한 2019년 수정보충된 '민족유산보호법'에서는 등록된 '비물질문화유산'이 소실되거나 손상되지 않도록 적극 보호하여야 한다고 하여 원형의 유지에 노력하고, 등록된 비물질문화유산 보유자 우대와 후대에의 전수(보급시설 포함)에 대해서도 구체적으로 규정하고 있다.[3]

3 북한의 무형문화유산 관련 법제 변천에 대해서는 박영정, 「북한의 무형문화유산 정책

무형문화유산 보호에 대한 북한의 정책 변화는 남북한 사이 무형문화유산 보호 정책의 공통점이 확대되고 있다는 것을 의미한다. 그만큼 향후 남북한 사이 무형문화유산 교류와 협력이 실질화할 수 있는 토대를 제공한다고 할 수 있다.

북한의 무형문화유산 관리 현황

북한 무형문화유산 보호 정책은 우리의 문화재청에 해당하는 민족유산보호국(국장 룡주)이 총괄하고 있다. 여기에 비물질유산처(처장 장명호, 부처장 박무송)가 편제되어 무형문화유산 보호 사업을 담당하고 있다. 무형문화유산을 심의 평가하는 기관으로는 민족유산보호국 국장을 위원장으로 하고 관련 전문가로 구성된 '비상설비물질유산심의평가위원회'가 운영되고 있다.

이렇듯 북한에서 무형문화유산 보호 정책이 시행된 것은 10년 남짓이지만 이 시기에 '국가비물질문화유산'과 '지방비물질문화유산'으로 체계화하여 무형문화유산 발굴과 등록 사업을 전개하였다. 특히 '국가비물질문화유산'에 집중하여 110여 개의 종목을 발굴, 등록하는 성과를 올린다. 2020년까지 종목 이름이 확인된 국가비물질문화유산은 112개, 지방비물질문화유산은 12개 정도이다.[4]

동향 연구」(『무형유산』, 국립무형유산원, 2019, 9-16쪽) 참조.

4   수십 년간 등록사업을 전개한 남한의 국가무형문화재가 140개인데 북한이 10년 남짓한 짧은 기간에 112개의 종목을 등록하였으니 그 속도를 짐작해 볼 수 있다.

국가비물질문화
유산 제72호 조선
민족무용기본 등
록증.(조선중앙TV,
〈민족의 재보 조선
춤〉, 2019. 9. 26.)

112개의 북한 무형문화유산에는 우리에게도 익숙한 전설이나 신화, 민요와 민속연희, 전통의술, 전통체육, 명절 풍습, 전통음식, 민속놀이, 전통공예 등이 망라되어 있다.

북한의 국가비물질문화유산으로 등록된 종목에는 등록 순서에 따라 등록번호가 부여되고 있는데, 등록번호가 알려진 종목만 본다면 민요 〈아리랑〉이 제1호이고, 김치 담그기 풍습 제2호, 막걸리 담그기 제3호, 장 담그기 제4호, 조선옷차림 풍습 제5호, 평양냉면 제6호, 민속무용 〈연백농악무〉 제7호, 씨름 제8호, 태권도 제9호, 고려청자 공예 제12호, 신선로 제21호, 민속무용 〈봉산탈춤〉 제28호, 함경도 단고기장 제63호, 봉이김선달 이야기 제70호, 〈훈민정음〉 창제원리 제71호, 조선민족무용기본 제72호, 조선식 탑 건축술 제88호, 알룩반죽자기 제조술 제93호 등이다.

또한 무형문화유산의 기술을 소유하고 있거나 보호하고 있는 기관이나 개인에게 '비물질문화유산등록증'을 발급하고 있다.

등록증에는 '유산이름'과 '유산 보호 및 소유기관(개인포함)', '등

국가비물질문화유산 제93호
알록반죽자기제조술 등록증.
(조선중앙TV, 〈현대알록반죽
자기 창작가 유관준〉, 2020.
2. 2)

록번호' 등이 명시되어 있으며, 발급자는 민족유산보호지도국(현
민족유산보호국)으로 되어 있다. 앞의 등록증 사진에는 피바다가극
단 조선무용연구소가 국가비물질문화유산 제72호로 등록된 조선
민족무용기본의 보호 및 소유기관이라는 사실이 명시되어 있고,
위의 등록증 사진에는 함경북도 미술창작사 유관준이 국가비물질
문화유산 제93호의 소유자(개인)라는 것이 명시되어 있다.

　'국가비물질문화유산'으로 등록된 북한 무형문화유산을 범주별
로 살펴보면 다음 쪽의 표와 같다. '사회적 관습, 예식 및 명절행사'
가 47건으로 가장 많았고, 이어 '전통 예술과 의술' 28건, '전통 수
공예와 기술' 20건, '구전전통과 표현' 10건, '자연, 우주와 관련한
지식과 관습' 7건의 순서이다.[5]

5　다음 쪽의 표에 제시된 112개의 종목 및 범주별 분류는 북한 공식 자료가 아닌
　연구자의 임의에 의한 것이다. 따라서 향후 관련된 북한 자료가 입수되면 그에 맞추어
　수정, 보완되어야 할 것이다.

북한 무형문화유산의 범주별 등록 현황

구분	소분류	종목명	종목수
구전전통과 표현(10)	전설과 신화	주몽전설, 해모수신화, 단군신화, 을지문덕전설, 견우직녀전설, 봉이김선달이야기, 설죽화전설, 〈훈민정음〉 창제원리, 강감찬전설, 금강산전설	10
전통 예술과 의술(28)	전통예술	민요 〈아리랑〉, 민속무용 〈연백농악무〉, 민속무용 〈봉산탈춤〉, 민속무용 〈돈돌라리〉, 민요 〈도라지〉, 민요 〈룡강기나리〉, 민요 〈신고산타령〉, 민속무용 〈강령탈춤〉, 민속무용 〈해주탈춤〉, 민속무용 〈은률탈춤〉, 민속무용 〈북청사자탈춤〉, 조선민족무용 기본, 민요 〈양산도〉, 가야금연주법, 소년농악무	15
	전통의술	4상의학, 뜸치료술, 침치료법(대퇴골두무균성괴사에 대한 침치료술, 약침에 의한 치료법, 척추변형성질병에 대한 침치료술, 화침료법, 고전시간침법), 부항료법, 시중호감탕료법, 훈증료법, 경성모래온천료법, 고려약물찜질, 고려약음식료법, 자라내기	10
	민족체육	씨름, 태권도, 활쏘기	3
사회적 관습, 예식 및 명절행사 (47)	예식 및 명절행사	첫돌맞이풍습, 설맞이풍습, 정월대보름과 달맞이풍습, 추석명절풍습, 동지죽풍습, 단군제례, 24절기 풍습	7
	민족음식	김치담그기풍습, 막걸리담그기, 장담그기, 평양랭면, 신선로, 상차림법, 떡국만들기, 조선불고기가공법, 록두리용풍습(록두지짐, 록두묵), 쑥떡만들기, 과줄가공법, 백화술양조방법, 오갈피술양조방법, 단군술양조기술, 수정과, 자라료리, 약밥, 함경도단고기장, 함흥농마국수, 명태매운탕, 숭늉, 추어탕, 전골, 감주, 두부앗기, 감홍로양조기술, 리강고양조기술, 문배술양조기술, 젓갈문화(건뎅이젓담그기의 개칭)	29
	민족옷	조선옷차림풍습	1
	민속놀이	바둑, 연띄우기, 그네뛰기, 윷놀이, 조선장기, 썰매타기, 제기차기, 바줄당기기[밧줄당기기], 줄넘기, 숨박곡질[숨바꼭질]	10
자연, 우주와 관련한 지식과 관습(7)	노동생활 풍습	구들생활풍습, 삼가공기술과 리용풍습, 산삼리용기술, 고려인삼재배와 리용풍습, 누에치기, 비단생산기술, 꿀벌치기	7

전통 수공예와 기술(20)	전통 수공예	고려청자공예, 전통수예, 조선화기법, 단청기술, 초물공예[풀공예], 옻칠공예, 백자제조술, 분장자기제조술, 수인목판화기법, 회령오지제조술, 알룩반죽자기제조술, 도기제조술	12
	전통기술	고려종이 제조기술, 가야금제작기술, 저대제작기술, 조선식지붕양식, 조선식탑건축술, 해금제작기술, 새납제작기술, 장고제작기술	8
계			112

(박영정, 「북한의 무형문화유산 정책 동향 연구」, 『무형유산』 제7호, 국립무형유산원, 2019, 17쪽. 〈표3〉을 수정, 보완함.)

　　가장 많은 건수를 보인 '사회적 관습, 예식 및 명절행사'에는 세시풍속에 해당하는 설맞이 풍습, 정월대보름과 달맞이 풍습, 추석명절 풍습, 동지죽 풍습, 24절기 풍습, 전통음식에 해당하는 김치담그기 풍습, 막걸리 담그기, 장 담그기, 평양냉면, 신선로, 상차림법, 떡국 만들기, 조선불고기 가공법, 녹두 이용 풍습, 쑥떡 만들기, 과줄 가공법, 백화술 양조방법, 오갈피술 양조방법, 단군술 양조기술, 수정과, 자라요리, 약밥, 함경도 단고기장, 함흥농마국수, 명태매운탕, 숭늉, 추어탕, 전골, 감주, 두부앗기, 감홍로 양조기술, 리강고 양조기술, 문배술 양조기술, 젓갈문화(건뎅이젓 담그기의 개칭), 민속놀이에 해당하는 바둑, 연띄우기, 그네뛰기, 윷놀이, 조선장기, 썰매타기, 제기차기, 밧줄당기기, 줄넘기, 숨바꼭질 등이 포함되어 있다. 특정한 기술이나 기능을 요구하지 않는 민속자료들이 다수 '국가비물질문화유산'에 포함된 것이 특징이다.

　　다음으로 '전통 예술'에는 무형문화유산으로서 상징성이 높은

황해북도예술단의 봉산탈춤 〈자루 속에 든 양반〉 공연 장면. 배경은 성불사 경내.(조선중앙TV, 〈민족의 자랑 우리춤 우리노래 73-봉산탈춤〉, 2019. 6. 16.)

민요와 무용이 다수 등록되어 있는데, 〈아리랑〉을 비롯하여 〈도라지〉, 〈용강기나리〉, 〈신고산타령〉, 〈양산도〉 등 북한지역에서 전승되어 온 민요 다섯 종목과 〈연백농악무〉, 〈봉산탈춤〉, 〈돈돌라리〉, 〈강령탈춤〉, 〈해주탈춤〉, 〈은률탈춤〉, 〈북청사자탈춤〉 등 북한 지역에서 전승되어 온 민속무용 일곱 종목이 등록되어 있다. 〈연백농악무〉를 농악이 아닌 '농악무'라는 명칭의 민속무용으로 분류하고 있는 것과 탈춤 역시 종합적인 전통 연희로 분류하지 않고 '민속무용'이라는 명명한 것이 남한과 크게 다른 부분이다. 또한 전통예술에 포함된 '조선민족무용기본'은 월북무용가 최승희가 정립한 '조선춤'의 기본 체계를 말한다. 이것으로 보면 북한 무형문화유산에는 역사적 유산만이 아니라 북한 사회에서 '창조된 전통'까지 포함하고 있는 것으로 보인다. '소년농악무'에는 '민속무용'이라는 장르명이 없는 것으로 보아 전승된 종목이 아니라 북한에서 어린이용으로 창작한 농악무로 보인다. 이렇듯 북한의 무형문화유산에는 전통예술에서 전승된 종목만이 아니라 분단 이후 북한에서 재정립하거나 창조한 문화유산이 포함되어 있는 것이 특징이다.

다음으로 '전통의술'에 포함되는 종목은 4상의학, 뜸치료술, 침치료법(대퇴골두무균성괴사에 대한 침치료술, 약침에 의한 치료법, 척추변형성질병에 대한 침치료술, 화침료법, 고전시간침법), 부항요법, 시중호감탕요법, 훈증요법, 경성모래온천요법, 고려약물찜질, 고려약음식요법, 자라내기 등 10개나 된다. 북한에서 '고려의학'(남한의 한의학)으로 명명된 전통의술이 발달된 사정을 반영한 것으로 보인다.

다음으로 '전통수공예'에는 고려청자를 비롯한 도자 관련 공예와 수예, 옻칠공예, 초물(草物)공예, 단청기술, 조선화기법, 목판화기법 등이 포함되어 있다. 북한에서 무형문화유산으로 등록된 도자기술에는 고려청자공예, 백자제조술, 분장자기제조술, 회령오지제조술, 알룩반죽자기제조술, 도기제조술 등 여섯 종목이다. 이 가운데 '알룩반죽자기'는 함경북도미술창작사의 유관준 작가가 수십년의 노력 끝에 고려시대의 유물로만 존재하던 알룩반죽자기를 복원, 재창조한 것을 말한다. '알룩반죽'이라는 이름은 단일 재료를 사용하는 일반적인 자기와 달리 두세 가지의 소재를 혼합한 반죽으로 얼룩무늬를 만들어 낸 데서 유래한 것이다.[6]

6 최근 북한 TV에서 작가 유관준이 '알룩반죽자기'를 복원하는 과정을 자세하게 소개하고 있다. (소개편집물, 「현대알룩반죽자기 창작가 유관준」, 조선중앙TV, 2020.2.2.)

'전통기술'에는 가야금 제작기술, 저대 제작기술, 해금 제작기술, 새납 제작기술, 장고 제작기술 등 북한식 개량악기 제조기술이 다수 포함되어 있다. 북한에서는 전통악기를 현대적으로 개량하여 사용하고 있는데, 그 개량 악기 제작기술을 무형문화유산으로 등록한 것이다.

북한의 국가비물질문화유산에는 탈춤이나 농악과 같이 남한에서 국가무형문화재로 등록된 무형문화유산도 여럿 포함되어 있지만, 고려의학 관련 전통의술이나 어린이 민속놀이 등은 북한에서만 등록되어 있다. 탈춤이나 농악과 같이 남북에 공통된 종목의 경우에도 북한에서는 원형 그대로가 아니라 현대화하여 계승하고 있다는 점에서 적지 않은 차이를 보이고 있다.

북한에서는 무형문화유산을 등록하는 데서 나아가 방송 프로그램이나 신문기사를 통해 소개와 보급을 활발히 하고 있다. 특히 국가비물질문화유산으로 등록된 종목들에 대해서는 독립된 소개 기사를 『로동신문』을 비롯한 다양한 매체를 통해 공개하고 있다. 또한 대중 속에 무형문화유산 보급을 위해 전국민족음식전시회, 전국단고기요리경연, 전국김치전시회, 전국조선옷전시회, 동지죽경연, 전국어린이바둑경기, 전국바둑애호가경기, 대황소상 전국민족씨름경기대회, 전국농업근로자민족체육경기대회, 전국농업근로자농악무경연 등을 매년 개최하고, 그 결과를 방송이나 신문을 통해 소개하거나 실황을 중계하고 있다.

북한 TV에 소개된 요리경연대회 한 장면. (조선중앙TV, 특집 〈2019년 음식문화발전을 더듬어〉, 2019. 12. 24.)

북한 TV 정월대보름 소개 프로그램 한 장면(조선중앙TV, 〈민속명절 정월대보름〉, 2020. 2. 7.)

북한 무형문화유산의 세계화

앞에서 살펴본 바와 같이 북한은 유네스코 무형문화유산 보호 협약에 가입하면서 무형문화유산 보호 정책을 본격화하였다. 법을 만들고, 관련 기관을 정비하며, 무형문화유산을 발굴 및 등록하는 일련의 활동을 전개한 것도 유네스코 인류무형문화유산에 등재하기 위한 준비 작업이었다고 볼 수 있다. 오늘날 북한이 무형문화유산 보호에 활발하게 나선 직접적 계기의 하나가 유네스코 인류무형문화유산 등재라고 볼 수 있는 것이다. 국내적 기반을 마련한 위에 북한은 2013년 민요 〈아리랑〉, 2014년 김치담그기를 유네스코 인류무형문화유산 대표목록에 등재하였고, 2018년에는 씨름을 남북공동등재 형식으로 등재에 성공하였다. 2020년에는 '조선옷차림풍습'과 '개성인삼재배와 이용풍습'을 유네스코 인류무형문화유산 대표목록에 등재하기 위해 준비 중이다. 남북한이 각기 단독등재 신청을 했다가 최종 단계에서 공동등재의 성과를 올린 〈씨름〉의 사례가 있었던 만큼 북한이 유네스코 인류무형문화유산 등록에 적극적인 태도를 보인다는 것은 국제무대에서 남북한 협력의 가능성을 높여주는 좋은 신호라 할 수 있다.

무형문화유산 분야 남북 교류협력 방향과 과제

분단체제에서 남북한의 문화적 차이가 심화되고, 무형문화유산 보호 정책에서 큰 차이가 있었지만, 최근 10여 년간 북한의 정책 변화로 남북한 사이 공통성이 확대되고 있다. 이는 무형문화유산 분야에서 남북한이 교류하고 협력할 수 있는 조건이 성숙해지고 있음을 의미한다. 현재의 남북 관계는 교착 상태에 빠져 있고, 일체의 교류와 협력이 중단되어 있는 상황이지만, 이 고비를 지나고 나면 무형문화유산 분야에서 남북한의 교류와 협력이 활발하게 전개될 것으로 예상해도 좋을 것 같다. 다만 그 교류와 협력이 지속성을 가지고 발전해 나가도록 하기 위해서는 다음과 같은 방향성 속에서

추진되어야 할 것이다.[7]

첫째, 북한의 무형문화유산이 지닌 문화적 가치를 인정하는 데서 출발해야 한다. 북한의 무형문화유산은 남한의 무형문화유산과 동일한 역사적 뿌리를 가지고 있지만 현재의 존재 방식에서는 차이가 적지 않다. 따라서 현재의 차이를 명확하게 인식하는 데서 교류와 협력을 출발해야 한다. 특히 남북한에서 동시에 국가급 무형문화유산으로 등록된 종목들, 예를 들어 탈춤이나 농악, 김장문화, 씨름 등을 대상으로 남북한 공동연구가 우선 진행되어야 한다. 이를 통해 그 차이의 구체적 실태와 문화적 의미, 그 차이가 발생하게 된 역사적 과정의 분석이 이루어져야 할 것이다. 상대의 무형문화유산에 대한 바른 이해가 있어야 교류와 협력이 비로소 시작될 수 있다. 그러한 과정이 있어야 자칫 갈등 요소가 될 수 있는 차이가 다양성의 동력으로 작동할 수 있기 때문이다.

둘째, 남북한 무형문화유산에 공통된 역사적 기반을 찾아서 공동 발전의 발판으로 삼아야 한다. 차이를 인식하고, 인정하되 공통성을 찾아서 키우는 노력이 병행되어야 교류와 협력이 지속할 수 있다. 분단 체제에서 이질화가 심화되었지만, 무형문화유산의 경우 공통성의 분모가 있으므로 이를 찾아서 확대해 나가도록 해야 할 것이다. 이를 위해서는 북한 지역에 연고를 갖고 있는 무형문화

---

7 남북 문화유산분야 교류 전반에 대한 이해는 다음 자료 참조.(김혜정 외, 『남북문화유산 교류사』, 국립문화재연구소, 2018.)

유산 관련 교류 협력을 우선 추진할 필요가 있다. 북한에서 국가비물질유산으로 등록한 탈춤이나 전통술, 공예 분야 학술 연구나 현지조사 등 다양한 방식의 교류가 가능할 것이다. 남북한에서 모두 국가급 무형문화유산으로 등록한 봉산탈춤, 은률탈춤, 강령탈춤, 북청사자탈춤의 경우 남북한 사이 전승 양상의 차이로 인해 현존하는 방식에서 차이가 있을 수 있다. 봉산탈춤을 예로 들면 남한에서는 과거의 원형을 보존하여 전승하고 있는 반면, 북한에서는 〈골탕 먹은 두 양반〉(국립민족예술단)이나 〈자루 속에 든 양반〉(황해북도예술단)과 같이 '창작 탈춤'을 전승하고 있는 것이 단적인 예이다. 감홍로술이나 문배술의 경우 '상표권' 분쟁 같은 갈등이 일어날 수도 있다. 남북에서 모두 무형문화유산으로 등록, 보호하고 있는 종목의 경우 교류와 협력에서 갈등 요인이 될 수도 있으므로 사전에 연구를 통해 충분한 준비가 필요하다. 공통성을 확대하여 교류와 협력의 발판으로 삼도록 해야 할 것이다.

셋째, 유네스코 등 국제기구를 활용한 협력을 지속하는 것이 중요하다. 남북한이 모두 유네스코 인류무형문화유산 등재에 적극적이어서 교류협력에서 동기 부여가 되어 있을 뿐만 아니라 유네스코의 국제 규범을 활용하면 남북한이 공동의 기준을 마련하는 데도 도움이 될 수 있기 때문이다. 2018년 〈씨름〉의 공동등재 사례를 발전시켜 여러 종목들에서 공동등재를 확대해 나가는 방향으로 추진하면 좋을 것이다. 남한에 유네스코 무형문화유산 관련 기관이

상주하고 있는 것도 좋은 방향으로 활용할 수 있을 것이다.

이러한 방향성 속에서 2020년대에 시행해 볼 수 있는 몇 가지 사업을 제안하면 다음과 같다.[8]

첫째, 무형문화유산 법제 발전을 위한 교류와 협력이 필요하다. 무형문화유산 정책의 출발점이 법제의 정비에 있다. 유네스코 「무형문화유산 보호협약」을 비롯, 남한과 북한, 중국과 일본 등 동아시아 주요 국가의 무형문화유산 법제의 공통점과 차이점을 확인하기 위한 국제 세미나 개최를 우선 사업으로 생각해 볼 수 있다. 무형문화유산의 개념, 용어, 범주 등을 주제로 한 양국 또는 동아시아 국가 간 세미나를 개최할 수 있을 것이다. 전주에 소재한 유네스코 아태무형유산센터의 사업으로 추진하고 남북한이 참여하는 방식도 좋을 것이다.

둘째, 남북한의 무형문화유산 목록 교환이 시급히 이루어져야 한다. 대북제재로 인한 교류 협력 사업이 당장 이루어지지 않는다 하더라도 유네스코를 통한 간접 교환의 방식으로라도 목록 교환 추진이 필요하다. 특히 북한의 국가 및 지방 비물질문화유산 목록의 확보가 필요하다. 등록된 종목에 대한 상세한 기록의 교환 이전에 종목명칭, 등록번호, 등록시기, 종류 등 간편 목록의 교환이라도 우선 추진해야 할 것이다. 그 다음 단계로 등록된 종목에 대해 소개하거나 등록 제도와 절차를 공유하는 학술 행사나 공동 워크숍을

---

8 이 부분은 박영정, 앞의 글, 24-25쪽의 내용을 보완한 것임.

개최할 수 있을 것이다.

셋째, 무형문화유산 기관 간 교류와 협력이 추진되어야 한다. 북한 민족유산보호국 비물질유산처와 사회과학원 민속학연구소, 조선민속박물관 등과 남한의 국립무형유산원 등 관련 기관이나 단체 사이의 교류 협력을 생각해 볼 수 있다. 초기에는 유네스코아태무형유산센터를 통해 교류를 먼저 진행하고, 상황 진전에 따라 남북한 관련 기관 간 직접 교류로 전환하는 것도 방법이 될 것이다.

넷째, 유네스코 인류무형문화유산 남북 공동등재를 위한 노력을 지속해야 한다. 2018년 공동등재된 〈씨름〉과 같이 지역적으로 남북한에 걸쳐 분포된 무형문화유산을 중심으로 추진하면 될 것이다. 마침 문화재청에서는 2020년 '한국의 탈춤'을, 2022년에 '한국의 장문화'를 유네스코 인류무형문화유산 대표 목록에 등재하려고 준비 중이다. 그런데 '한국의 탈춤' 가운데는 북한 지역에 기원을 두고 있는 종목들이 포함되어 있다. 그 가운데서도 〈봉산탈춤〉, 〈강령탈춤〉, 〈은률탈춤〉, 〈북청사자탈춤〉은 북한 '국가비물질문화유산'에도 등록되어 있다. '장문화' 역시 북한의 '장 담그기'와 거의 동일한 내용이어서 이미 남북한이 무형문화유산으로 공유하고 있는 종목들이라 할 수 있다. 한편 북한의 '조선민족유산보존사'에서도 '조선옷차림풍습', '개성인삼재배와 이용풍습'(북한 '국가비물질문화유산')을 유네스코 '인류 무형문화유산 대표 목록'에 등록하기 위한 준비를 하고 있다고 한다. 이 또한 남한에도 전승되고 있는 전통문화에 해당한다. 무형문화유산 분야에서 유네스코를 매개로 한 교류와 협력이 진전될 수 있는 토대와 조건이 마련되고 있다고 보아야 할 것이다. 준비 과정에서는 각기 다른 종목들로 단독 등재를 향하고 있지만, 유네스코 등재를 신청하는 과정에서부터 남북 협력이 가능할 것이다.

다섯째, 등록된 무형문화유산을 주제로 한 남북공동행사의 개최를 추진해 볼 수 있다. 씨름대회, 요리축전, 공예전시회, 탈춤축전의 공동 개최, 순회 개최 등 다양한 형식의 교류 행사를 추진할 수 있을 것이다. 예를 들어 안동에서 개최되고 있는 탈춤 축제에 북한 공연팀을 초청하는 것과 같은 데서 출발하여 남북한이 공동으로 주최하는 행사로 발전시켜 나갈 수도 있을 것이다.

참고문헌

공종원 외, 『북한의 공연예술-평양예술단의 서울공연평가』, 한국문화예술진흥원, 1985.

박영정 외, 『남북 문화교류협력 사업 분석 및 발전 방안 연구』, 문화체육관광부, 2013.

박영정, 「북한의 무형문화유산 정책 동향 연구」, 『무형유산』, 국립무형유산원, 2019.

김혜정 외, 『남북문화유산 교류사』, 국립문화재연구소, 2018.

애니메이션 속의
일본 근대문화

7강_김계자

일본의 대중문화는 애니메이션이 이끌고 있다고 해도 과언이 아니다. 특히, 한국에서 일본의 애니메이션은 인기가 높다. 그런데 일본에서 혹은 전 세계적으로 한국의 대중문화가 인기를 끌고 있는 주요 장르는 드라마나 영화, 그리고 K-POP이다. 2000년대 초반에 일본에서 일었던 '한류(韓流)'도 드라마 〈겨울연가〉의 인기에서 시작된 현상이었다. 최근에 전 세계를 매료시킨 BTS나 봉준호 감독의 영화 열풍은 일본에서도 흥행몰이를 하고 있다. 이와 같이 한국과 일본이 서로의 대중문화를 조금 다르게 즐기고 있는 것을 보면, 양국의 대중문화가 비슷하면서도 서로 다른 느낌을 주는 부분이 있음을 알 수 있다.

한국과 일본은 개화기 이래 정치, 사회, 경제, 문화의 여러 방면에서 서로 관련되며 역사적 발전과정을 지나왔다. 양국이 지리적으로도 인접해 있고 서로 관련된 근현대사를 지나오면서 대중문화 또한 공통된 부분이 많이 있다. 대표적인 예가 한국의 트로트와 일본의 엔카(演歌)일 것이다. 이 둘은 서정적인 가사나 리듬이 서로 비슷한 부분이 많은데, 트로트가 먼저인지 엔카가 먼저인지 따지는 것은 의미가 없다. 두 장르가 발전한 시대는 일제 강점기였고, 이 시대는 한반도와 일본 사이를 사람들이 이동하면서 서로의 문화가 섞이기 때문이다. 대중문화는 제국과 식민지라는 정치적 논리에 따라 움직이는 것이 아니기 때문에 일방적인 영향관계는 있을 수 없다.

이와 같이 한국과 일본의 대중문화는 비슷한 성격의 장르가 서로 관련되며 발전해 온 측면이 있다. 그런데 따지고 보면 공통된 부분보다 서로 다른 분위기의 대중문화를 만들어 온 부분이 더 크다고 할 수 있다. 이는 두 나라가 지나온 역사, 정신세계, 그리고 앞으로 나아갈 방향이 다른 것을 보여준다.

일본의 대중문화가 한국과 다른 점을 가장 잘 드러내는 장르가 바로 애니메이션이라고 할 수 있다. 애니메이션에 표현된 일본의 근대문화를 통해 일본사회가 지나온 날에 대하여 살펴보고, 앞으로 한국과 일본이 대중문화를 통해 서로 교류할 수 있는 가능성을 모색해 보자.

〈철완 아톰〉과 전후 고도경제성장기의 일본문화

재패니메이션 신화를 만든 데즈카 오사무

애니메이션(Animation)이 처음으로 시작된 것은 1910년대 영국으로, 정치풍자 만화를 그려 상영한 것이 최초의 애니메이션으로 알려져 있다. 이후 애니메이션이 본격적인 영상분야로 인정받게 된 것은 1937년에 월트 디즈니(Walt Disney)가 제작한 장편 컬러 애니메이션 〈백설공주와 일곱 난쟁이〉부터라고 할 수 있다.

일본의 애니메이션 역시 1910년대에 시작되었지만, 1921년에 애니메이션 전문 스튜디오 기타야마 영화제작소(北山映画製作所)가 설립되었고, 1930년대에 토키 애니메이션을 시작으로 애니메이션이 본격적으로 출발하였다. 그러나 1940년대 전시기를 거치면서 어린이 교육용 애니메이션이 주로 제작되었고, 내용도 주로 군국주의를 배경으로 하는 전쟁 애니메이션이 많았다. 전시기는 모든 분야에서 검열이나 물자절약 같은 문화통제를 받아야 했기 때문에 본격적인 대중문화는 전후가 되어야 가능해진다. 일본 애니메이션이 활발히 개화(開花)한 것도 마찬가지로 전후 고도경제성장기를 거치면서 풍족한 생활 속에서 이루어졌다.

1945년에 패전한 일본은 연합국총사령부(GHQ)의 점령 통치를 받는 식민지 상태였기 때문에, 정치는 말할 것도 없고 경제나 문화적으로 힘든 시기였다. 그러나 한국전쟁을 계기로 일본의 운명은 달라진다. 극동아시아에 교두보를 마련하여 동북아의 거점을 확보하려는 미국의 계산하에 1952년에 샌프란시스코 강화조약이 체결되었고, 이 조약을 기해 일본은 점령에서 풀려났다. 정치적으로 자유로워진 일본은 전쟁특수(戰爭特需)를 타고 경제적으로 급부상하게 된다. 실로 역사의 아이러니가 아닐 수 없다. 한국은 해방이 되었음에도 불구하고 한국전쟁을 겪으면서 경제적으로 힘든 시기가 시작되는 반면에, 일본은 패망했음에도 불구하고 한국전쟁을 계기로 경제적으로 급부상하는 시기가 도래한 것이다.

일본은 1950년대 중반을 넘어서면서 경제적인 성장이 눈에 띄기 시작하여, 1958년에 도쿄타워가 완성되는 등, 대도시의 기반이 정비되고 사회경제적으로 발전하기 시작했다. 1956년 『경제백서』에 등장하여 이 시기 유행어가 된 '이제 더 이상 전후가 아니다'는 선언은 이러한 경제적인 급성장을 단적으로 보여준다. 이후 1964년 도쿄올림픽, 1970년 세계만국박람회와 같은 세계적인 빅 이벤트를 치르면서 일본의 경제성장이 계속되었다. 이러한 경제 상승세는 1973년에 석유파동으로 경제성장이 멈출 때까지 계속되었다. 이와 같이 1950년대 후반부터 1970년대 초반에 이르기까지 경제가 급속도로 성장한 시기를 일컬어 '고도경제성장기'라고 한다. 현대 일본 사회와 문화를 이해하기 위해서는 이 시기에 대한 이해가 선행되어야 한다. 이 시기에 일본사회는 비약적으로 발전하였고, 대중문화도 활발히 전개되었다.

고도경제성장기에 일본 대중문화의 발달을 앞에서 선도한 것은 텔레비전 방송이었다. 텔레비전 방송은 1953년부터 시작되었는데, 방송에 힘입어 영화와 애니메이션도 동반 성장하였다. 이때 나온 것이 일본 애니메이션의 신화를 만들어낸 〈철완 아톰(鉄腕アトム)〉이다. 한국에서는 〈우주소년 아톰〉으로 알려져 있다. 감독은 데즈카 오사무(手塚治虫, 1928~1989)이다.

데즈카 오사무는 먼저 만화『철완 아톰』을 1952년부터 1968년까지 아동잡지『소년(少年)』에 연재하였는데, 이것을 애니메이션으로 제작하여 1963년부터 1966년까지 TV에 방영하여 평균 시청률이 30%를 넘을 정도로 히트를 쳤다. 이후에도 1980년대(2기), 2000년대(3기) 등의 몇 시기에 걸쳐 내용이 조금씩 변화하며 계속 이어졌다.

〈철완 아톰〉은 일본 국내에서의 인기에 이어, 1970년대에 〈Astro Boy〉로 미국에 수출되어 세계 사람들을 깜짝 놀라게 해주었다. 여기에서 재팬(Japan)과 애니메이션(Animation)을 합성한 '재패니메이션(Japanimation)'이라는 말이 나온다. 즉, '재패니메이션'은 일본제 만화영화를 가리키는 조어(造語)이다. 이러한 말이 새롭게 만들어질 정도로 〈철완 아톰〉은 일본 애니메이션의 힘을 국제적으로 알린 계기가 되었다.

그러나 한편으로는 일본의 애니메이션을 보통 일반의 '애니메이션'과 다르게 차별적으로 취급하려는 의도에서 '재패니메이션'이라는 용어를 별도로 붙였다는 지적도 있다. '재패니메이션'에 함의된 내용이 평가이든 차별이든, 새로운 말이 만들어질 정도로 일본의 애니메이션이 세계적으로 급성장한 사실을 보여준 것임에는 틀림없다.

패전국 일본에서 강한 일본으로

〈철완 아톰〉은 '아톰'이라는 로봇이 어떻게 탄생해서 무슨 활동을 하는지 그린 애니메이션이다. 불의의 사고로 아들을 잃은 덴마 박사가 자신의 죽은 아이를 되살리기 위하여 로봇 아톰을 만들어내면서 사건이 시작된다. 덴마 박사는 죽은 아들 대신해서 아톰을 만들고 기뻐하며 아톰을 아들처럼 키운다. 그런데 아톰이 키도 자라지 않고 자신이 생각한 아들의 모습이 아닌 데 실망한 덴마 박사는 아톰을 로봇서커스단에 팔아버린다. 서커스단에서 고생하고 있는 아톰을 오차노미즈 박사가 다시 데려오는데, 이후의 이야기는 애니메이션이 방영된 시기별로 조금씩 다르다.

〈철완 아톰〉의 이야기는 사실 다소 충격적인 설정이다. 아들을 대신할 수 있는 로봇을 만든다는 발상도 놀랍지만, 자신의 맘에 안 든다고 아톰을 서커스단에 팔아버리는 스토리도 충격적이다. 비록 로봇이지만 자신의 아들로 삼은 아톰을 서커스단에 팔아버리는 무정한 아버지의 모습은 아이들이 보는 애니메이션 내용으로는 비판이 나올 수 있다.

〈철완 아톰〉이 처음 나왔을 때, 이야기가 2001년의 시대설정으로 되어 있었다. 덴마 박사가 아들을 잃고 로봇을 아들로 삼는다든가, 아톰을 서커스단에 팔아버리는 등의 이야기는 혈연 중심의 가족이 해체되고 개별적으로 자신의 정체성을 찾아가는 스토리 전개로 흡사 현재 우리의 삶을 방불케 하는 점이 있다. 데즈카 오사무 감독은 2000년대의 우리의 삶을 미리 내다보고 이러한 가족 스토리를 만들어냈는지도 모른다.

그런데 〈철완 아톰〉에서 가장 특징적인 것은 '아톰'이라는 이름일 것이다. 왜 '아톰'일까? 주지하듯이 '아톰(atom)'은 원자를 뜻하는 말로, 자연스럽게 원자폭탄을 연상시킨다. 1945년 8월 6일 히로시마(広島)에, 그리고 8월 9일 나가사키(長崎)에 투하된 두 번의 원자폭탄으로 일본 제국주의의 폭주가 멈추고 일본은 패망하였다. 그리고 GHQ의 점령에서 풀려나자마자 곧바로 나온 것이 만화로 시작되어 애니메이션으로 이어진 아톰 시리즈였다. 〈철완 아톰〉에서 전쟁을 직접적으로 언급하고 있지는 않지만, '아톰'이라는 말 자체가 전쟁과 전후 일본을 상징적으로 드러내고 있음을 짐작할 수 있다.

엄청난 힘을 갖고 있는 아톰은 전쟁에는 졌지만 결코 패배하지 않는 일본을 이미지화하는 효과가 있다. 이는 〈철완 아톰〉이 인기리에 방영된 고도경제성장기의 일본의 모습을 잘 보여주고 있다. 고도경제성장기에 일본은 정치적으로 자유로워진 데다 경제적인 급성장에 힘입어 일본 긍정의 여론이 사회 전체적으로 퍼져나갔다. 도쿄올림픽까지 치르면서 일본 천황은 패전국의 전쟁 범죄자라는 오명을 벗어던지고 전 세계인에게 당당히 올림픽 개회 선언을 했고, 이 모습을 지켜본 일본 국민들은 패전국의 이미지에서 벗어난 강한 일본을 마음속에 그렸을 것이다. 이러한 강한 일본의 이미지를 바라던 사람들에게 강력한 힘을 갖춘 아톰은 그 꿈을 실현시켜주는 존재였을 것이다. 더욱이 아톰은 서커스단의 불쌍한 로봇들을 구제하고 지구 곳곳의 문제들을 해결하면서 인류 구원의 이미지로 등극하기에 이른다. 이와 같이 〈철완 아톰〉은 전후 일본이 고도경제성장기를 거치면서 패전국의 이미지에서 벗어나 강한 일본의 긍정적인 인식이 커져가는 모습을 보여주는 애니메이션이라고 할 수 있다.

근대 일본이 추구해온 과학의 세계

〈철완 아톰〉의 성공으로 이후의 애니메이션에 다양한 로봇물이 등장하였고, 이러한 로봇들은 다시 캐릭터 상품으로 제작되어 문화산업의 흥행을 만들어냈다. '로봇'은 근대과학이 진보한 미래세계를 보여주는 상징물이었고, 미래 세대를 짊어지고 갈 아이들에게 꿈을 안겨주었다. 〈철완 아톰〉에 이어 〈마징가Z〉, 〈짱가〉, 〈그레이트 마징가〉, 〈그랜다이저〉, 〈기동전사 건담〉 등의 로봇물이 계속 이어졌다. 〈철완 아톰〉은 인간을 대체한 로봇이 주인공이지만, 이후의 작품들은 로봇을 인간이 조종하는 형식으로 바뀌었다. 최근에 로봇이 홀로 사는 고령자의 말상대도 되어주고, 장애인의 생활을 보조하는 서비스를 제공하는 등, 이제 로봇은 우리 일상에 매우 친숙한 존재가 되었다. 그러고 보면, 1960년대에 2001년으로 미래시대를 설정하여 우주소년으로 기획된 〈철완 아톰〉이 반세기 만에 일상의 친숙한 존재로 자리매김된 과학발달의 빠른 속도에 놀라지 않을 수 없다.

〈철완 아톰〉 이후 로봇물이 계속 흥행한 데에는 1970년에 오사카에서 개최된 만국박람회의 영향도 크다. 일본은 이 박람회를 통해 과학기술의 진보를 다양한 이미지로 선보여 일본이 미래 과학의 선두에 서 있다는 환상을 보여주려고 하였다. 이러한 분위기가 1970년대 일본 애니메이션의 로봇 시리즈 흥행으로 이어진 것이다. 이러한 로봇 시리즈에는 일본이 메이지유신(明治維新, 1868) 이후 추구해온 서구화된 근대의 이미지가 담겨 있다. 이와 같이 〈철완 아톰〉으로 시작된 로봇 시리즈는 단순히 아동의 오락물로 즐기는 수준을 넘어 일본이 끊임없이 추종해온 근대 서구라는 지향점을 보여준다.

〈추억은 방울방울〉에 표현된 현대일본의 다양한 문제

일본인의 세대 간 갈등

애니메이션 〈추억은 방울방울(おもひでぽろぽろ)〉(1991)을 감독한 다카하타 이사오(高畑勲, 1935~2018)는 미야자키 하야오(宮崎駿)와 함께 스튜디오 지브리를 이끈 사람이다. TV애니메이션 〈빨강머리 앤〉이나 〈엄마 찾아 삼만리〉를 연출하였고, 〈반딧불이의 묘〉와 〈가구야공주 이야기〉 등의 감독을 맡았다. 그런데 이러한 대표작을 통해 알 수 있듯이, 다카하타 이사오의 작풍은 미야자키 하야오와 상당히 다르다. 이야기의 소재나 전개 방식이 매우 현실적이고, 무엇보다도 작화(作畵) 자체가 현실의 모습을 그대로 재현한 터치가 많은 점이 특징이다. 〈추억은 방울방울〉은 이러한 다카하타 이사오 감독의 특징이 잘 표현된 작품이다.

〈추억은 방울방울〉은 도쿄에서 직장을 다니는 27세의 다에코가 평소에 농촌생활을 동경하여 야마가타(山形) 현으로 휴가를 떠나 자신의 초등학교 5학년 때를 돌아보며 과거의 자기 자신과 만나면서 현재를 생각해가는 이야기이다. 현재의 다에코가 자신의 초등학교 시절을 회상하는 내용이 몇 번 나오는데, 초등학교 시절 회상 이야기는 고도경제성장기를 배경으로 하고 있다.

다에코의 가족은 할머니, 부모님, 다에코 자매의 3세대로 구성된 대가족이다. 다에코의 회상 이야기에 초등학교 시절 이야기가 많이 나오는데, 학교 급식으로 나온 음식에서 양파와 당근을 남겨 야단을 맞는 에피소드, 초등학교의 학급회의에서 흔히 볼 수 있는 토론 장면, 여름방학 때 친구들은 시골에 가고 다에코가 혼자 학교에 나와 아침체조를 하는 장면, 수학 문제에서 분수 나누기를 잘 못해서 점수를 엉망으로 받아와 작은 언니에게 놀림을 받아가며 배우는 장면, 그리고 풋풋한 첫사랑의 추억까지 흐뭇한 장면들이 이어져 다에코의 기억을 따라 추억 속으로 시간여행을 하게 해주는 애니메이션이다.

그중에서 매우 인상적인 장면이 있다. 3세대가 모여 밥을 먹는데, 가족이 함께 밥을 먹는 밥상머리에서 아버지가 태연하게 담배를 피우며 신문을 보고 있다. 물론 가족 간의 대화에 아버지는 거의 끼지 않는다. 요즘 상황이라면 있을 수 없는 전형적인 가부장제 아버지의 모습이라고 할 수 있다. 예전에 한국에서 오랜 기간 동안 방영했던 국민 드라마 〈전원일기〉에 나오는 아버지(최불암) 같은 이미지이다. 〈전원일기〉에 아버지가 자식을 때리거나 남편이 아내를 때리는 모습이 가끔 나오는데, 아마 이 드라마가 방영되었을 당시에는 사람들이 그다지 이상하게 생각하지 않았을 수도 있다. 그러나 지금 젊은 세대들이 〈전원일기〉를 본다면 분명 위화감을 느낄 것이다. 그만큼 시대가 변했고, 세대도 달라졌다. 〈추억은 방울방울〉의 재미있는 점은 이러한 다른 두 세대의 기억을 현재의 다에코가 회상하고 있는 형식이다.

〈추억은 방울방울〉에서 다에코가 자신의 어린 시절을 회상하면서 아버지 세대에 대한 불평과 비판을 쏟아내고 있는 것은 아니다. 자신의 어린 시절을 돌아보며 현재와 과거를 왕복하는 가운데 자신의 모습을 찾아가는 이야기이다. 그런데 이 애니메이션을 감상하는 우리의 눈에는 세대 간의 다른 풍경이 현재의 시각에서 보여 재미있게 느껴지는 것이다.

최근에 일본에서 세대 간의 갈등이 사회문제로 불거진 사건들이 많이 일어나고 있다. 특히 초고령화 사회로 접어들면서 이러한 세대 간의 갈등이 더욱 심각해지고 있는데, 이는 현재 일본이 전후 고도경제성장기를 지나고 또 거품경기(Bubble Economy, 1986~1991)를 거쳐 오면서 경제가 요동친 두 시기가 한 가족 안의 구성원 속에서 일어나고 있는 것도 원인으로 지적할 수 있다.

〈추억은 방울방울〉에서 주인공 다에코는 고도경제성장기에 태어나 풍족한 경제성장의 과실을 맛보고 자란 세대이다. 다에코가 학교 급식시간이나 집에서 음식물을 남겨 야단을 맞는 풍경도 이러한 풍족한 세대의 음식을 아끼지 않는 모습에 대하여 조부모나 부모 세대가 자신들이 살아온 경험에 비추어 비난하는 것이다. 왜냐하면, 다에코의 부모는 전쟁 말기에 태어났거나, 혹은 이른바 '단카이(團塊) 세대'라고 불리는 전후 직후에 태어난 세대이기 때문에 다에코와는 살아온 시대의 감각이 다를 수밖에 없다.

단카이 세대는 전쟁기나 패전 직후의 힘든 생활 속에서 성실하고 근면하게 일해서 고도경제성장의 일본을 만들어놓은 자부심이 큰 세대이다. 이러한 부모의 세대에게 풍족하고 여유로운 교육을 받고 자란 자식들의 한가한 모습이 마음에 들 리 없다. 〈추억은 방울방울〉이 1991년도에 제작되었기 망정이지, 만약 2020년에 제작되었다면 거품경기 이후 '잃어버린 20년'을 살아온 그야말로 풍요의 과실조차 맛보지 못한 세대들까지 섞여 가족 내의 세대 갈등은 더욱 복잡한 양상을 띠었을지도 모른다.

한 가족 내의 세대 간 갈등은 최근에 한국에서도 일어나고 있는 문제이다. 동아시아는 근대화의 시기는 조금 차이가 있지만, 근대화의 속도가 빨라지면서 비슷한 문제가 여러 나라에서 보이는 형국이다. 더욱이 고령화의 속도는 한국이 일본보다 빠르기 때문에 이러한 세대 간 갈등은 우리의 문제이기도 하다. 〈추억은 방울방울〉을 통해 현대사회를 살아가는 우리의 일상과 가족문제에 대하여 생각해보는 것도 좋을 것이다.

일본에서 '쇼와'라는 시대가 갖는 의미

〈추억은 방울방울〉은 1989년에 '쇼와(昭和, 1926~1989)'라는 시대가 끝나고 '헤이세이(平成, 1989~2019)'가 시작된 직후에 나온 애니메이션이다. 그래서인지 '쇼와'에 대한 향수를 불러일으키는 소재와 내용, 소품이 많이 등장한다. 쇼와는 이전의 메이지(明治, 1968~1912)나 다이쇼(大正, 1912~1926) 시대에 비하여 천황의 재위

기간이 길었던 만큼, 일본의 근현대사가 지나온 중요한 시기에 걸쳐 있다.

즉, 쇼와의 전반기는 전쟁으로 점철되었고, 후반의 1945년 이후는 패전과 피점령기, 고도경제성장기, 그리고 거품경기가 이어졌다. 그 영향으로 '헤이세이'는 거품경기가 무너진 이후의 '잃어버린 20년'이 이어졌다. 2010년대 이후에 경기는 점차 회복되고 있지만, 초고령화 사회가 도래하는 등, 현대 일본사회는 시기별로 다양한 변화와 문제를 겪어왔다. 〈 추억은 방울방울 〉은 쇼와시대 후반기의 모습을 보여주는 내용과 소품으로 가득하다.

일본은 왕의 연호로 시간을 기록하는 21세기의 유일한 국가이다. 재일코리안으로 일본에서 활동하고 있는 서경식은 일본에서 천황의 연호를 사용하는 것에 대하여 다음과 같이 비판하였다.

연호는 인민의 시간을 지배자(군주)의 척도로 재단하는 것이다. 즉 인민의 시간 감각에 대한 지배다. 권력층에게 불리한 일은 달력을 넘기듯이 '과거의 것'으로 넘겨진다. 그럼에도 과거의 은폐나 망각에 저항하는 사람들은 '시대착오적'인 존재가 되고 배제되어 간다. 예를 들어 보자. '위안부 문제'나 '징용공(徵用工) 문제'를 비롯한 식민 지배의 책임 문제는 해결되지 않았으며 전혀 과거의 것이 아니다. 그러나 그런 것들은 이미 일본에서는 '헤이세이' 이전 '쇼와(昭和)'의 일로, 사람들 의식 속에서 '과거화'되어 있다. 이제부터는 한 시대 더 이전의 일로서

'과거화'될 것이다. "그것은 이미 옛날의 일이다. 물에 흘려보내자"라는 말은 언제나 강자, 가해자, 기득권자가 좋아하는 틀에 박힌 대사다.(서경식 · 다카하시 데쓰야, 한승동 옮김, 『책임에 대하여』, 돌베개, 2019, 10-11쪽)

위의 서경식의 글은 일본에서 연호를 사용하는 것의 문제점을 예리하게 지적하고 있다. 현 천황이 죽고 새로운 천황의 연호가 시작되면, 과거의 천황 때 있었던 일을 잊고 새로운 것에 대한 이야기를 하기 때문에 식민 지배의 책임을 비롯한 역사적인 문제가 지속적으로 은폐되고 망각되어 간다. 위의 인용은 이러한 일본의 고질적인 문제를 정확하게 짚고 있다.

천황의 연호가 바뀌면서 일본사회에서 시대적인 문제가 급속히 잊혀가는 현상이 최근에도 일어났다. 2019년에 헤이세이 천황이 황태자에게 황위를 계승시키면서 '레이와(令和)'로 천황의 연호가 바뀌었다. 이때 일본 매스컴은 새로운 시대에 대한 희망과 꿈으로 연일 떠들어댔다. 일본군 '위안부' 문제나 강제징용 문제 등, 한일 간에 산적해 있는 역사적 문제는 일본사람들의 인식 속에서 급속히 망각되었고, 일본의 매스컴은 새로운 시대가 시작된 것을 축하하는 축제를 보도하기에 바빴다. 새로운 시대의 분위기를 타고 그동안 저조했던 결혼과 출산 비율도 높아졌다고 하니, 새로운 연호를 반기는 일본사람들을 보면서 서경식이 탄식한 심경이 이해가 되고도 남는다.

근대 일본이 걸어온 길을 생각할 때, 이러한 문제의 한가운데에 놓여 있는 연호가 바로 '쇼와'라고 할 수 있다. 〈추억은 방울방울〉에 그려진 고도경제성장기와 그 이후의 시간은 전쟁기가 빠져 있기 때문에 쇼와라는 시대의 후반부라고 생각할 수 있는데, 지나온 시대를 어떻게 기억할 것인가, 혹은 앞 시대가 어떻게 망각되고 있는가, 이러한 점을 생각해보면 문제가 간단하지 않다.

　　〈추억은 방울방울〉에 그려진 것처럼, 고도경제성장기의 좋았던 시절에 대한 향수는 현대 일본인이 '쇼와'를 추억하고 기억하는 전형적인 방식이다. 한국 드라마 〈겨울연가〉가 일본에서 한류를 일으켰을 때, 일본 사람들이 방송 인터뷰에서 자주 하던 이야기가 "오래되고 좋았던 시절의 이야기(古き良き時代の話)"가 한국에도 있는 것이 좋았다는 감상평이었다. 전후의 일본을 부유하고 강한 나라로 만들어낸 경제성장의 주역들이 이러한 감상을 쏟아내며 〈겨울연가〉의 배경이 마치 1970년대 새마을운동 시기라도 되는 양 바라보고 있었던 것이다. 청순한 이미지의 여주인공(최지우)과 순박한 이미지의 남주인공(배용준)이 지고지순한 사랑을 이어가는 모습이 흡사 1970년대 한국의 모습으로 비쳤을지도 모르겠다. 아무튼 "오래되고 좋았던 시절"로 회상되는 일본 고도경제성장기에 대한 향수를 타고 2000년대 중반에 일본에서 〈겨울연가〉는 인기를 얻었으나, 이러한 일본 사람들의 인식은 경계해서 생각할 필요가 있다. 왜냐하면 이 시기에 일어난 쇼와 향수 분위기 속에 극우적인 사상

도 같이 퍼져나갔기 때문이다. 일본사회에서 쇼와를 추억하고 향수하는 분위기와 극우적인 성향이 유행하는 현상은 별개가 아니다.

〈추억은 방울방울〉이 만들어진 1991년은 쇼와가 막 끝난 시점에서 쇼와를 추억하고 회상하는 시점이다. 중장년에 접어든 베이비붐 세대가 자신이 젊은 시절에 열심히 일해서 일본의 경제성장을 이끌었다는 자부심 속에서 지나간 시대의 추억을 떠올리는 시점인 것이다. 일본의 고도경제성장기, 또는 쇼와시대의 아이콘과 같은 국민가수 미소라 히바리(美空ひばり, 1937~1989)가 쇼와 천황 서거 직후에 발매된 〈강물의 흐름처럼(川の流れのように)〉이라는 노래에서 마치 쇼와라는 시대에 작별을 고하듯이 여러 굴곡진 시대를 몇 번이나 지나면서도 끊이지 않고 잔잔한 강물처럼 흘러간다는 노랫말을 불러 큰 인기를 모은 것도 같은 문맥에서 생각해볼 수 있다. 미소라 히바리의 죽음이야말로 쇼와 천황의 죽음과 함께 일본인에게 쇼와라는 시대에 대하여 생각해보게 했을 것이다. 제국주의 열강에 합류하려고 시작한 전쟁과 패전 이후의 힘든 시기, 그러나 고도경제성장을 이끌어내 일본을 경제대국으로 만들었다고 자부하는 사람들에게 이 노래가 쇼와라는 시대를 회상하며 그리워하는 향수를 불러일으킨 것이다.

〈추억은 방울방울〉에 그려진 쇼와의 추억을 떠올리면서 자신들이 지나온 시절의 향수에 빠진 베이비붐 세대가 바로 2020년 현재 실버층을 이루고 있다. 바야흐로 초고령화 사회로 접어든 일본 사

일본의 도호쿠 지방

회에서 베이비붐 세대와 이후의 세대는 살아온 시절이 다른 만큼 쇼와를 기억하는 분위기는 다르다. 〈추억은 방울방울〉은 서로 다른 세대가 한 가족을 구성하며 생길 수 있는 감각의 차이나 소통 (혹은 불통)을 정겹게 보여주고 있는데, 현대 일본 사회가 안고 있는 문제를 생각하며 각 장면을 감상하고 있으면 추억과 향수에 버무려진 쇼와라는 시대에 일본 사람들이 어떤 이미지를 갖고 있는지 알 수 있을 것이다.

도호쿠 지방을 문화물에서 그리는 관점

애니메이션이나 영화 같은 일본의 문화물에서 도호쿠(東北) 지방을 배경으로 이야기가 전개되는 경우가 많다 .

그림에서 보듯이, 도호쿠 지방은 혼슈(本州)의 북동부에 위치한 지역으로, 예로부터 농업이 발달된 곳이다. 도호쿠 지방은 6개의 현(県)으로 구성되어 있는데, 지도의 위에서부터 시계방향으로 아오모리(青森), 이와테(岩手), 미야기(宮城), 후쿠시마(福島), 야마가타(山形), 아키타(秋田)현이 위치해 있다. 〈추억은 방울방울〉에서 다에코가 도쿄에서 여름휴가를 떠나는 곳은 야마가타현이다.

한국에서 도호쿠 지방은 지진으로 유명하다. 2011년 3월 11일에 도호쿠 지방의 태평양 앞바다에서 진도 9.0이라는 일본 관측 사상 최대 규모의 대지진이 발생했다. 이와테현에서 간토(関東) 지방의 이바라키(茨城)현까지 광범위하게 지진이 발생하였고, 쓰나미에 이어 후쿠시마 원자력발전소 방사능 유출사태까지 일어나 천재와 인재가 섞인 거대 복합재해였다. 특히 거대 쓰나미가 일어 사상자가 15,000명을 넘었다. 미증유의 동일본대지진 피해는 9년이 지난 2020년 현재도 복구가 진행 중이며, 원전 사고에 의한 방사능 유출 등의 문제로 근린 국가에까지 영향을 미치고 있다. 일본은 2020년 도쿄올림픽 개최를 계기로 도호쿠 지방의 재생과 부흥을 도모하려는 계획을 세우고 있다.

〈추억은 방울방울〉에서 다에코가 야마가타현에서 염색을 위한 홍화(紅花, 잇꽃) 따기 일을 돕거나 논에서 농사일을 돕는 장면을 볼 수 있는데, 도호쿠 지방에 대하여 '자연'이 아니라 '농촌'이라는 점을 강조하며 사람들이 열심히 땀 흘려 삶의 터전을 일구고 사는 모습을 강조해 보여주고 있다. 이것이 바로 일본 문화에서 도호쿠 지방이 갖고 있는 대표적인 이미지일 것이다.

도호쿠 지방은 삼림이 울창하고 농업이 발달되어 있어서 대도시에 비하여 경제성장이 낮은 편이지만, 자연에 대한 적응력이나 근면 성실한 인간미는 매우 강하다. 특히, 겨울철에는 적설량이 많고 추운 날이 많아 사람들의 생활력이 강한 이미지가 있다. 도호쿠 지방을 배경으로 하는 문화물에 자연 친화성이나 강인한 생활력을 보여주는 내용이 많은 이유이다.

최근에 일본영화 〈리틀 포레스트〉가 한국에서도 동명의 영화로 리메이크되어 소확행(小確幸, 작지만 확실한 행복)이라는 유행어가 퍼졌는데, 일본영화가 배경으로 하고 있는 곳도 도호쿠 지방이다. 도시에서 지친 젊은 사람이 힐링하면서 자신의 삶을 새롭게 만들어 가는 공간으로 도호쿠 지방이 설정된 것도 이러한 도호쿠의 지방색(local color)이 작용했을 것이다. 여기에 후쿠시마 원전 사고 이후 사람들이 많이 사라진 도호쿠 지방의 재생과 부흥의 의미가 더해져, 도호쿠 지방을 배경으로 강한 생활력의 이미지가 강조되고 있는 문화물을 많이 볼 수 있다. 동일본대지진이 일어난 다음 해에 나온 배구라는 뜻의 만화 〈하이큐!!(ハイキュ__!!)〉가 애니메이션으로도 제작되어 한국에서도 인기가 있는데, 이 작품의 배경도 도호쿠 지방이다. 이와 같이 일본의 애니메이션에 그려진 도호쿠 지방

은 자연과 삶, 재생과 부흥의 이미지를 담아 일본인의 정신적인 힘이 되고 있다.

〈언어의 정원〉과 근대 일본에서 고전을 즐기는 문화

고전시가를 활용한 스토리텔링

최근에 일본의 애니메이션 업계에 거장으로 떠오른 신카이 마코토(新海誠, 1973~) 감독은 한국에서도 인기가 높다. 특히, 2011년에 동일본대지진으로 희생된 사람들에 대한 제의적(祭儀的) 성격을 갖는 〈너의 이름은.(君の名は.)〉(2016)이 개봉되었을 때, 내용과 표현 모두 일본과 한국에서 높은 평가를 받았다. 사실 〈너의 이름은.〉은 대지진과 추모, 치유, 재생이라는 일본 사회의 시의적(時宜的)인 바람에서 높은 평가를 받은 측면이 있다. 그런데 신카이 마코토 감독의 재능을 잘 보여주는 작품은 오히려 그보다 앞서 나온 〈언어의 정원(言の葉の庭)〉(2013)이라고 할 수 있다. 특히, 근대 일본에서 고전을 즐겨온 방식에 대한 매우 재미있는 발상과 활용을 볼 수 있는 점은 높이 평가할 만하다.

〈언어의 정원〉은 46분 길이의 중편 애니메이션으로, 구두 장인을 목표로 하는 고등학생 아키즈키 다카오(秋月孝雄)와 연상의 여성 유키노 유카리(雪野百香里)의 서로에 대한 감정을 그리고 있다. 줄거리를 소개하면 다음과 같다. 아키즈키는 비가 오는 날 오전에는 학교에 가지 않고 일본 정원의 정자에서 구두 스케치를 하며 시간을 보내는데, 이곳에서 혼자 캔맥주를 마시고 있는 유키노를 만난다. 그녀는 단카(短歌) 한 수를 읊으며 정자를 떠나는데, 이 단카가 『만요슈(万葉集)』에 나오는 노래라는 사실을 아키즈키는 나중에 알게 된다. '단카'는 5·7·5·7·7의 31음으로 이루어진 일본의 전통 시가로, 한시에 대하여 일본 고유의 시라는 점을 강조하여 '와카(和歌)'라고 부르기도 한다.

아키즈키는 그 후로도 비 오는 날이면 학교를 가는 대신에 일본 정원으로 향했고, 그곳에서 유키노와 만남을 이어간다. 이렇게 두 사람은 몇 번의 만남을 쌓아가면서 서로에게 마음이 끌리게 된다. 그러던 어느 날 아키즈키는 학교에서 유키노와 마주치고 그녀가 자신이 다니는 학교의 고전 담당 교사였음을 알게 된다. 아키즈키는 유키노의 학교생활을 힘들게 하는 학생들 사이에 개입해 싸움이 벌어지고, 다시 정자에서 만난 그녀를 향해 앞서 그녀가 읊은 단카에 대해 답가를 건넨다. 세차게 내리는 비를 피해 두 사람은 유키노의 집으로 가서 옷을 말리고 식사를 하며 즐거운 한때를 보낸다. 그러나 아키즈키가 유키노에게 좋아한다고 고백한 순간, 유키노는 학교를 그만두고 시코쿠의 고향으로 떠난다는 말을 하고, 두 사람의 감정은 격앙된다. 여름이 끝나고 계절이 바뀌어 눈 내리는 겨울 어느 날, 공원을 다시 찾은 아키즈키는 그녀를 위해 만든 구두를 꺼내 놓으며 언제가 그녀를 찾아가겠다고 생각하면서 이야기는 끝이

난다. 일시적인 만남과 아직 끝나지 않은 사랑에 대한 기대, 그리고 기다림으로 이어지는 감정이 여운으로 남는 작품이다.

〈언어의 정원〉은 각본을 비롯해 콘티, 색채 설계, 촬영 감독, 편집에 이르기까지 신카이 마코토가 제작 과정에 전체적으로 개입하여 완성한 작품이다. 6월부터 9월에 걸쳐 주로 장마철에 비오는 날의 모습을 담아내고 있는데, 영화의 배경이 된 신주쿠 교엔(新宿御苑)은 실사(實寫)에 가까울 정도로 묘사가 매우 세밀하게 이루어져 있고, 비 오는 날의 정경은 마치 화소가 높은 카메라로 찍은 것처럼 육안으로 보는 것보다 더 정교하게 풍경을 담아내고 있다.

이와 같이 〈언어의 정원〉은 세밀한 풍경 묘사도 특징적이지만, 전체적인 색채감이 우기(雨期)의 정경을 잘 나타내 주고 있는 점도 특기할 만하다. 전체적으로 초록색 배경의 색채가 주를 이루고, 여기에 빗소리의 세기가 작중 인물의 심경변화에 따라 달라지는 청각적 효과가 더해져, '비'는 작품의 배경이면서 동시에 작중인물의 심경 변화를 보여주는 주요한 요소로 기능하고 있다.

그중에서도 이야기를 진행시키는 데 가장 중심적인 역할을 하는 것은 바로 고전시가 '단카'이다. 작중에서 아키즈키와 유키노가 한 수씩 주고받는 『만요슈』의 '우가(雨歌)'는 단카에 가탁해 자신의 심경을 상대에게 전달하는 수단으로, '비'의 소재가 잘 활용된 모습을 보여준다. 일본 상대(上代, ~794) 시대의 서정 시가집인 『만요슈』(759년 이후 성립)는 총 20권으로 구성되어 있고, 약 4,500여 수의 시가가 수록되어 있는데, 그중에서도 '비'를 소재로 한 '우가'가 140여 수 정도 수록되어 있다.

이 작품에서 '비'는 이야기의 배경이나 작중인물의 내면을 드러내는 소재적인 기능뿐만 아니라, 두 사람의 대화를 구성하여 사건의 전개를 효과적으로 진행시키는 역할을 하고 있다. 〈언어의 정원〉에 삽입된 『만요슈』의 단카 두 수가 남녀가 문답으로 주고받는 '소몬카(相聞歌)'의 형식을 취하고 있는 사실에 주목해보자. 먼저 두 사람이 정자에서 처음 만난 날, 유키노가 정자를 떠나면서 아키즈키에게 읊어준 노래는 다음과 같다.

우렛소리가 조금 울리고 구름 갑자기 일어 비라도 내린다면 그대 붙잡으련만 [鳴る神の・しましとよもし・さし曇り・雨も降らぬか・君を留めむ](『만요슈』11권-2513)

떠나버릴 것 같은 남자를 붙잡고 싶은 마음에 남자가 떠날 길을 방해해줄 비가 내리기를 빌고 있는 여자의 마음을 노래한 시이다. 떠나지 말라고 붙잡고 싶지만 그렇게 하지 못하는 안타까움을 비를 핑계 삼아서라도 붙잡고 싶은 마음이 담겨 있다. 떠나는 사람은 여자인 유키노이고 머물러 있는 사람이 남자인 아키즈키이기 때문에, 남녀의 역할이 『만요슈』의 상황과는 반대로 각색되었음을 알 수 있다. 후일 이에 대한 답가로 아키즈키는 다음과 같은 노래를 읊는다.

우렛소리가 조금 울리고 비가 오지 않아도 나 여기 머무르오 그대 붙

잡아주면[鳴る神の・しましとよもし・降らずとも・我は留まらむ・妹し

留めば](『만요슈』11권-2514)

비가 내리지 않아도 당신이 붙잡아준다면 기꺼이 머무르겠다며,
여자가 자신을 붙잡아주기를 바라는 남자의 마음을 노래하고 있
다. 그런데 이 노래를 읊은 날은 공교롭게도 아키즈키와 유키노가
마지막으로 만나는 날이 되고 만다. 만남과 헤어짐의 순간에 두 사
람이 주고받은 문답의 노래는 붙잡고 싶지만 드러내서 붙잡지 못
하고, 또 붙잡아주기를 바라면서도 떠나가고 마는 남녀의 엇갈리
는 심경을 표현하고 있다. 남녀가 서로에 대한 그리움을 주고받는
소몬카의 문답 형식이 유키노와 아키즈키의 교차하는 감정을 잘
드러내주고 있다.

이와 같이 〈언어의 정원〉은 5・7・5・7・7의 31음으로 구성된 단카
라는 단형시 두 수를 가지고 서로 그리워하는 남녀의 마음을 서사
화한 애니메이션이다. 그것도 일본의 최고(最古)의 문학서인 『만요
슈』의 시를 현대의 애니메이션 장르로 활용해낸 점은 특기할 만하
다. 이와 같이 〈언어의 정원〉의 서사 방식은 시대와 장르의 경계를
횡단하는 스토리텔링으로 시사하는 바가 크다.

고전 시어의 회화적 이미지와 애니메이션의 표현

〈언어의 정원〉에서 아키즈키와 유키노의 만남은 비 오는 날 오전에 한해 비가 긋기를 기다리며 잠시 머무르는 정자라는 공간에서 이루어지고 있는 만큼, 만남이 지속되지 못하리라는 것은 처음부터 예상되어 있었다. 그리운 사람을 현실적으로 만나지 못하고 안타까워하는 마음을 신카이 마코토 감독은 사랑이라고 표현하고 싶었는지도 모른다. 〈언어의 정원〉을 제작하는 중에 신카이는 자신의 홈페이지에 "처음으로 '사랑(恋)' 이야기를 만들고 있다. 적어도 자신의 과거 작품에서는 그리지 않은 감정을 본 작품에서 애니메이션 영화 속에 담아내고자 한다"고 하면서 다음과 같은 글을 실었다(http://shinkaimakoto.jp/kotonoha).

이 세계에는 문자보다 먼저 — 당연한 것이지만 보통 쓰는 말(話し言葉)이 있었다. 문자를 갖지 못한 시대의 일본어는 '야마토고토바(大和言葉)'라고 불리기도 했는데, 만요의 시대에 일본인은 대륙에서 들여온 한자를 자신들의 말인 야마토고토바의 발음에 차례차례 맞추었다. (중략) 문자에 고정되기 전의 생생한 회화성(文字に固定される前の、活き活きとした絵画性)이라고도 할 수 있는 정경이 표기에 담겨있다.

그리고 '사랑(恋)'은 '孤悲'로 적었다. 외롭고 슬프다. 칠백 년대의 만요인들 — 먼 우리의 조상 — 이 사랑이라는 현상에 무엇을 보고 있었는지 잘 알 수 있다. 덧붙이자면, '연애(恋愛)'가 근대에 서양에서 들어

온 개념이라는 사실은 유명한 이야기이다. 일찍이 일본에는 연애는 없고, 다만 사랑(恋)이 있었을 뿐이다.

본 작품 〈언어의 정원〉의 무대는 현대이지만 그리고 있는 것은 이와 같은 사랑(恋) ─ 애정(愛)에 이르기 이전의 외롭게 누군가를 그리워할 수밖에 없는 감정의 이야기이다. (감독 신카이 마코토 2012년 12월 24일)

『만요슈』가 나온 상대에는 일본 고유의 문자가 없었다. 즉, 일본의 말을 표기할 수 있는 문자가 없었던 것이다. 따라서 이 시대에 나온 문헌은 모두 한자로 표기되어 있다. 일본의 말을 한자의 음(音)과 훈(訓)을 차용하여 표기한 것이다. 이를 '만요가나(万葉仮名)'라고 한다. 우리나라에 있었던 '이두(吏讀)'와 같은 표기법이라고 할 수 있다.

『만요슈』에는 '사랑(恋, こひ[koi])'을 나타내는 이른바 '만요가나' 표기로 '古非[koi]'나 '古比[koi]', '孤悲' 등이 있었다. '古非'나 '古比'는 한자의 음을 가져와 표현하는 방식인데 비하여, '孤悲'는 '恋'와 동음(同音)의 한자를 차용하면서도 외롭고(孤) 슬픈(悲) 정경을 떠올리는 조어라고 할 수 있다. 이와 같이 문자가 갖는 의미를 이미지로 나타내는 표기법에 대하여 신카이는 "문자에 고정되기 전의 생생한 회화성"이 나타나 있다고 언급했다. 즉, '孤悲'는 애틋해하면서도 만나지 못하고 그리워하는 감정을 이미지를 통해 나타낸 표기로, 고대인의 회화적 감성이 잘 나타나 있다는 것이다.

이러한 이미지를 통해 뜻을 전달하는 표기는 '만요가나'의 시대이기 때문에 가능했다는 것이고, 여기에서 신카이 감독은 애니메이션의 회화적 이미지를 만들어낸 것이다. 이것이 바로 고전을 활용한 〈언어의 정원〉의 서사 방식이다. 위의 인용에서 보이는 말의 '회화성'은 말과 그 표현이 은유적으로 나타내는 이미지로 이해할 수 있다. 애니메이션에서 이미지의 연속이 내러티브 구성에 중요한 점을 생각하면 말의 '회화성'에 주목하고 있는 신카이 마코토 감독의 생각은 매우 독창적이라고 할 수 있다.

이러한 신카이 감독의 기획 의도를 반영하듯 〈언어의 정원〉은 말의 은유로 가득 찬 세계를 보여주고 있다. 무엇보다도 '언어의 정원(言の葉の庭)'이라는 제명 자체가 은유적이다. '고토노하(言の葉)'를 한국어로 번역하는 과정에서 '고토바(言葉)'로 등치시켜 '말' 혹은 '언어'로 해석하여 현재의 '언어의 정원'이 되었지만, 원래 '고토노하(言の葉)'는 '고토바(言葉)'와 의미가 다르다. '고토노하'는 『고킨와카슈(古今和歌集)』의 서문에 '와카는 사람의 마음이 소재가 되어 갖가지 노래로 된 것이다(やまとうたは ひとのこころを たねとして よろずの言の葉 とぞなりにける)'라고 하고 있듯이, '고토노하'는 '야마토우타(やまとうた)' 즉, '와카(和歌=단카)'를 가리키는 말이다.

따라서 애니메이션의 원제 '言の葉の庭'는 '와카(=단카)를 읊고 있는 정원'이라는 의미가 된다. 아키즈키와 유키노가 일본정원의 정자에서 단카를 한 수씩 주고받는 모습을 이미지화한 제명이라고

할 수 있다. 또는 『만요슈(万葉集)』의 제명 '갖가지(万) 노래(葉=단카)를 모은 것(集)'을 '노래의 뜰'이라는 은유로 표현한 것일 수도 있다. 어느 쪽이든 〈언어의 정원〉은 노래가 은유화된 세계이고, 이 노래에는 아키즈키와 유키노가 비에 기탁해 그리워하는 마음이 표현되어 있는 것이다.

이상에서 보듯이, 고대인의 말에서 느껴지는 '회화성'과 소몬카의 형식이 갖는 '서사성'이 잠시 비를 피하는 동안에 이루어진 만남 속에서 서로에 대하여 심경의 변화를 느끼는 남녀의 교차하는 내레이션으로 만들어진 것을 알 수 있다. 이것이 바로 5·7·5·7·7의 단 31글자의 고전시가 두 수가 중편 길이의 내러티브를 가진 현대의 애니메이션으로 재구성된 원리라고 할 수 있다.

일본 대중문화산업과 고전 모티브

일본 문화에서 고전이 주목을 받은 것은 오히려 근대 이후이다. 특히, 전시기에 상대시대의 문헌(『고지키(古事記)』, 『니혼쇼키(日本書紀)』, 『만요슈(万葉集)』)을 비롯하여 일본의 고전이 주목을 받았다. 왜 그럴까?

일본인에게 '근대'는 곧 '서구'와 같은 의미였고, 메이지유신 이후 급속히 추진해 온 '근대화'는 곧 '서구화'였다고 할 수 있다. 1853년에 페리 제독의 내항으로 불평등 조약을 맺어 문호를 열 수밖에 없었던 일본은 이후 신속히 부국강병을 이룩하는 길이 일본을 지키는 길이라고 생각하여 급속히 근대화를 단행하였다. 그래서 근대 초기에는 서구 사람들처럼 옷을 입자는 의복 개량, 머리도 짧은 단발로 하자는 두발 개량, 건장한 육체를 갖기 위하여 육식을 권장하는 음식 개량 등, 모든 방면에서 서구화된 생활양식이 유행하였다. 심지어 학교에서 서구화를 위하여 일본어를 쓰지 말고 영어를 쓰자는 '일본어 무용론'이 나올 정도였다. 이러한 서구화는 일본 사회의 모든 분야에서 이루어졌다.

이와 같이 근대 초기부터 서구화를 급속히 추진했기 때문에 예로부터 내려온 일본의 전통적인 부분과 서구의 근대적인 문화가 자연스럽게 어우러질 시간이나 여유 없이 모든 것이 서구화 일색이었다고 해도 과언이 아니었다. 그런데 1930년대로 접어들면서 중국 침략을 시작으로 전시체제로 돌입하게 되는데, 이때부터 일본은 영미를 적으로 돌려 전쟁을 해야 하는 상황이 되면서 그때까지 서구를 추종하고 모방해온 분위기는 돌변한다. 지금까지 모델로 받들고 모방해온 서구가 1930년대 이후에 타도해야 할 적으로 바뀐 것이다. 서구와의 전쟁을 위해 대의명분이 될 일본 고유의 이슈가 필요해진 것이다. 그래서 전시기에 널리 유행한 말에 '근대(서구)의 초극', '일본주의', '고전으로의 회귀' 등이 있다. 일본적인 것을 강조하는 사상이 유행하였고, 따라서 일본 고전의 세계가 높이 평가된 것이다. 특히 『만요슈』는 중국이라는 외래문화가 섞이기 전의 고유한 일본문화가 담겨있다는 생각에서 전시기에 가장 일본적인 내용을 보여주는 문헌으로 추앙을 받게 된 것이다.

이와 같이 일본 전시기에 고전의 힘이 강조된 것은 사실이지만, 그렇다고 해서 근대에 고전이 강조되는 것이 반드시 전쟁 때문만은 아니다. 고대로부터 근대에 이르기까지 여러 시대를 거치면서 사라지지 않고 면면히 이어져온 고전이 갖는 생명력도 무시할 수 없다. 신카이 마코토는 이러한 고전이 갖고 있는 본연의 생명력을 간취해내고 현대식으로 해석하여 다양한 방식으로 새롭게 창조했다고 할 수 있다.

신카이 마코토가 고전시가의 모티브를 활용하여 현대 대중문화 장르의 경계를 넘나들며 애니메이션이나 소설 등에서 괄목할 만한 성공을 거두고 있는 것은 주목할 만하다. 현대 대중문화콘텐츠 산업에서 스토리텔링 소재로 고전에 주목하는 가장 큰 이유는 현대까지 전해오는 고전의 생명력이 대중성을 확보하고 있다는 것을 방증해주기 때문일 것이다. 여러 시대를 거치면서 살아남아 현재까지 활용되고 있는 고전은 우리의 삶에 적합한 보편적인 삶의 방식이 들어있다는 것을 보여준다. 굴곡진 여러 시대를 뚫고 이어져 내려오고 있는 고전은 그만큼 생명력이 강하기 때문에 살아남을 수 있었던 것이다.

그런데 한국의 고전에 대한 인식은 어떠한가? 한국의 가장 대중적인 고전 〈춘향전〉을 생각해보자. 우리의 대중문화에서 〈춘향전〉은 판소리나 소설, 영화 같은 여러 장르로 조금씩 각색되어 대중문화물로 자리 잡았지만, 새롭게 재창조된 경우는 찾아보기 힘들다. 영화로 나온 〈춘향뎐〉(2000)이 〈춘향전〉을 조금 현대식으로 바꾼 정도이지, 고전의 새로운 스토리텔링이라고 할 수 없다. 고전을 이 정도로 활용하는 수준에 머물러 있어서는 강하게 현대까지 살아남은 고전의 힘과 가능성을 제대로 활용하고 있지 못하는 꼴이다. 이러한 의미에서 신카이 마코토의 고전에 대한 이해, 해석, 그리고 창조적 재생산 과정은 시사하는 바가 크다. 특히 고전의 언어나 세계관을 시각적 이미지화를 거쳐 서사화하는 방식은 현대 대중문화 콘텐츠의 새로운 상상을 자극하고 있다.

그러나 경계할 점도 있다. 신카이 마코토 애니메이션의 트레이드마크라고 할 수 있는 모놀로그의 일인칭 내레이션은 자의식에 가득 찬 공간을 만들어내 사회적 메시지가 없는 자아도취로 소비될 우려가 있다. 한국에서 다소 과열되어있는 신카이 마코토의 평가에 대하여 비판적으로 성찰하고, 또 가능성에 대해서는 새롭게 활용할 수 있는 논의의 장이 필요한 때이다.

전쟁을 그린 애니메이션 〈바람이 분다〉

미야자키 하야오의 애니메이션과 전쟁

한국과 일본은 근현대사가 얽혀 있는 만큼 관련되어 풀어야 할 과제도 산적해 있다. 그런데 이러한 협의가 쉽지 않은 이유는 식민 지배나 전쟁을 둘러싸고 양국의 인식 차이가 좁혀지고 있지 않기 때문이다. 그리고 이러한 온도 차이는 국제정치나 경제문제뿐만 아니라, 사회문화적으로도 중요한 이슈이며 대중문화물에도 이러한 문제는 나타난다.

2015년을 지나며 한국과 일본은 각각 '해방 70년'과 '전후 70년'을 맞이했다. 그런데 70년이라는 시간차가 무색할 정도로 최근 일본에서는 패전 직후에 대한 연구가 활발하고, 전시기를 배경으로 하는 문화물도 많이 만들어지고 있다. 한국도 3.1운동과 대한민국 임시정부 수립 100년을 기념하는 다양한 행사가 열렸다.

한국과 일본 양국에서 이러한 역사 관련 연구와 행사가 늘어나고 있는 것은 70년이 경과하면서 식민과 전쟁을 직접 체험한 세대가 점차 사라지고 이제는 '기억'으로 역사를 말해가야 하는 시점에 들어섰다는 사실을 보여준다. 제국과 식민지는 해체되었지만, 아직 분단과 냉전의 시대가 계속되고 있는 현재, 역사적 '기억'을 둘러싼 또 다른 전쟁이 시작되고 있는 것이다. 일본의 문화물에서 전쟁을 그리는 방식, 그리고 이러한 문화물을 대하는 우리의 인식을 통해 근대 일본문화 속 전쟁문제에 대하여 생각해보자.

미야자키 하야오(宮崎駿, 1941~) 감독은 일본 애니메이션을 이야기할 때 빼놓을 수 없을 정도로 국내외에 큰 영향력을 갖고 있는 거장이다. 그는 TV애니메이션으로 시작하여 〈미래소년 코난(未来少年コナン)〉(1978)으로 유명해졌고, 1984년에 '스튜디오 지브리'를 설립하여 애니메이션 제작에 본격적으로 뛰어들었다. 〈바람계곡의 나우시카(風の谷のナウシカ)〉(1984), 〈이웃집 토토로(となりのトトロ)〉(1988), 〈원령공주(もののけ姫)〉(1997), 〈센과 치히로의 행방불명(千と千尋の神隠し)〉(2001) 등 다수의 히트작을 만들어내며 굴지의 감독으로 자리를 굳혔다.

그런데 최근에 미야자키 하야오의 전쟁 인식을 둘러싸고 논쟁이 일고 있다. 그의 애니메이션에 비행기를 소재로 하는 이야기가 많이 나오는데, 태평양 전쟁이 시작된 1941년에 태어나서 전시에 백부가 비행기회사를 운영한 환경 속에서 자란 영향도 크다. 그런데 그의 애니메이션은 자연과 평화, 공동체의 공생을 메시지로 담는 내용이 기존에 많았기 때문에 전쟁을 배경으로 하는 애니메이션에 대한 평가가 달라지거나 논쟁이 되고 있는 것이다.

미야자키 하야오가 자신의 마지막 작품이라고 언급한 〈바람이 분다〉도 전쟁 비판이냐, 아니면 전쟁 미화냐를 둘러싸고 논쟁이 되고 있다. 그리고 2020년 개봉을 예정으로 제작 중인 애니메이션 〈그대들 어떻게 살 것인가(君たちはどう生きるのか)〉도 중일전쟁 시기에 나온 아동서를 원작으로 하고 있어서 미야자키 하야오의 전쟁을 둘러싼 논쟁은 앞으로도 계속 이어질 것으로 보인다. 〈바람이 분다〉의 내용을 통해 이 문제에 대하여 생각해보자.

〈바람이 분다〉에서 전쟁을 그리는 방식

〈바람이 분다(風立ちぬ)〉(The Wind Rises, 2013)는 전시기에 '제로 센'이라는 전투기를 설계한 실존인물 호리코시 지로(堀越二郎, 1903~1982)가 비행기를 설계하는 꿈을 좇는 이야기를 그린 애니메 이션이다. 이 애니메이션은 소설가 호리 다쓰오(堀辰雄, 1904~1953) 의 소설『바람이 분다』(1938)를 원작으로 하고 있는데, 원래 소설 속에서 주인공으로 나오는 소설가 자리에 실존인물 호리코시 지로 를 대신 넣어서 이야기를 구성한 것이다. 즉, 소설 속 내용과 실존 인물의 이야기가 섞여 있는 형태이다. 원작 소설을 쓴 작가 호리 다 쓰오의 '호리'라는 성과 '호리코시 지로'라는 이름이 묘하게 얽혀 있는 점에 주의해야 한다. 이러한 구성은 미야자키 하야오 자신이 애니메이션 기획서「비행기는 아름다운 꿈」이라는 글에서 밝힌 내 용이다. 그는 왜 이렇게 구성한 것일까?

먼저 원작 소설『바람이 분다』의 작품세계에 대하여 살펴보고, 여기에 어떻게 실존인물 호리코시 지로가 들어가 있는지 살펴보는 것이 애니메이션을 이해하는 데 도움이 될 것이다. 소설『바람이 분다』의 주인공 '나'는 소설가인데, 결핵을 앓고 있는 약혼자 나오 코가 죽어가는 것을 지켜보고 기록하면서 사랑과 인간의 삶에 대 하여 생각한다. 그리고 '나'는 '살아야겠다'고 다짐한다. 나오코는 순수한 모습으로 '나'를 따르는 여성으로, 연약하고 이슬처럼 청순 하고 깨끗한 이미지로 그려진다.

이러한 소설을 미야자키 하야오는 애니메이션 〈바람이 분다〉에서 '나'의 자리에 실존인물 호리코시 지로를 넣어서 마치 호리코시 지로의 실제 이야기인 것처럼 만들었다. 애니메이션 속에서 비행기 설계가 아름다운 꿈이라는 이야기가 몇 번 나온다. 이러한 아름다운 꿈을 좇는 청년 지로의 순수함은 나오코와의 순수한 사랑이 더해지면서, 그야말로 젊은 청춘 남녀의 순수한 꿈과 사랑 이야기로 그려진다.

애니메이션 〈바람이 분다〉를 둘러싸고 전쟁 미화 혹은 전쟁 비판이라고 논쟁이 벌어지고 있는 논리는 단순하다. 전쟁을 미화한 것이라고 미야자키 하야오를 비판하는 사람들의 주장에 의하면, 호리코시 지로는 전쟁에 사용된 전투기 '제로센'을 만든 실존 인물인데 이러한 사람을 순수한 사랑과 꿈을 좇는 이미지로 그린 것은 전쟁을 미화한 것이라는 비판이다. 반대로, 이 애니메이션이 전쟁을 비판하고 있다고 미야자키 하야오를 평가하는 사람들에 따르면, 애니메이션 속에서 "비행기는 아름답지만 저주받은 꿈"이라고 하는 대사나 전쟁의 참상을 그림으로써 이를 비판하고 있는 것이라고 내용을 해석하고 있는 것이다. 여기에 미야자키 하야오 자신이 미디어를 통해 "어리석은 전쟁"이라는 발언을 하거나 헌법개정 문제에 대하여 반대의견을 갖고 있는 점을 들어, 〈바람이 분다〉는 전쟁을 비판하는 애니메이션이라고 주장하고 있는 것이다. 독자 여러분의 생각은 어떠한가?

사실 생각해보면, 위의 두 가지 입장 모두 나름의 설득력을 갖고 있기 때문에 어느 하나가 옳고 다른 하나는 틀렸다고 단정하기는 어렵다. 그러나 굳이 어느 쪽이 맞는지 말해야 한다면, 양쪽의 논리가 모두 문제가 있다는 전제하에, 두 의견과는 다른 관점에서 이 애니메이션은 전쟁을 미화하는 측면이 있다는 점을 비판적으로 설명하고자 한다.

먼저, 왜 양쪽의 논리가 모두 문제가 있는지부터 생각해보자. 문화물에 대한 평가는 감상하는 자의 몫이고, 어느 시대에 어떠한 문맥에서 보고 있는지에 따라 판단은 달라질 수 있다. 그런데 위의 두 가지 입장은 논리가 너무 단순하다. 제로센을 만든 사람의 이야기이므로 전쟁을 미화하고 있다는 주장이나, 순수한 사랑과 꿈을 그린 이야기이지 전쟁을 미화하고 있는 것이 아니라는 주장 모두 단순한 사고에서 나온 결론이라고 할 수 있다.

문화물은 이러한 단순한 논리로 작동하지 않는다. 구성과 내용, 표현, 콘텍스트까지 같이 살펴보는 복안(複眼)이 필요하다. 다시 말해서 결론적으로 무엇이 정답인가를 찾는 것이 중요한 것이 아니라, 결론에 이르게 된 과정에서 도출된 텍스트의 작동 기제나 표현 방식을 통해 문화물을 다층적으로 볼 수 있어야 한다.

이러한 관점에서 봤을 때, 〈바람이 분다〉의 구성이 우선 문제적이다. 순수한 사랑과 인간의 삶에 대하여 고민하는 소설 속 주인공의 자리에 현실의 실존 인물 호리코시 지로를 넣어, 그가 만든 '제로센'이 마치 순수한 꿈처럼 보이게 하는 메커니즘이 작동하고 있는 것이다.

둘째, 원작 소설과 미야자키의 애니메이션에서 '순수'에 대한 해석을 다르게 하고 있는 점을 들 수 있다. 소설 속에서 '나'는 나오코의 순수함을 완전무결한 순수함으로 만들기 위하여 나오코의 '죽음'을 그리려고 한다. 그런데 '나'는 어느 순간 자신의 이러한 생각에 공포와 수치심을 느끼면서 생각을 멈추는 지점이 있다. 반면에 애니메이션 속 호리코시 지로에게는 이러한 멈춤의 순간이 찾아오지 않는다. 순수를 완전무결한 것으로 생각하여 죽음을 만들어내려고 하는 자신에 대하여 어느 순간 멈춰 서서 회의(懷疑)하는 지점이 있기 때문에 소설 속 '나'는 구제받을 수 있었다. 반면에, 애니메이션의 주인공 호리코시 지로에게는 자신의 생각과 일에 대하여 멈춰 서서 회의하고 되돌아보는 순간이 찾아오지 않는다. 결국 시종일관 순수함을 그리고 있지만, 순수 따로 전쟁 따로 그려지는 형태가 되어버린 것이다.

덧붙여, 애니메이션 〈바람이 분다〉에는 역사적 왜곡도 있다. 호리코시 지로가 특고(特高) 경찰에게 쫓기는 장면이 있는데, 이는 호리코시 지로를 왜곡해서 미화한 것이다. '특고'는 '특별고등경찰'의 줄임말로, 일본 제국주의 시절에 일본정부나 천황제 등을 비판하며 계급투쟁을 벌였던 공산주의자나 프롤레타리아운동가와 같은 사상범을 감시하고 탄압하기 위한 특수 고등경찰이었다. 특히 식민지 조선인의 생활을 관리하고 통제하는 기관이었으며, 1930년대 말부터는 '협화회(協和會)'라는 명칭으로 통제를 강화해간 악명 높은 기관이다. 이러한 특고에 호리코시 지로가 쫓기고 있다고 그림으로써 호리코시 지로가 제국주의에 반대하는 사상을 갖고 있었다는 것을 나타내고 있는데, 사실은 그렇지 않기 때문에 이는 역사 왜곡이라고 할 수 있다.

이상과 같이 애니메이션 〈바람이 분다〉는 실존 인물 호리코시 지로를 그리고 있으면서도 작품세계는 소설의 구성을 가져와서 호리코시 지로를 순수함의 상징으로 만들었고, 여기에 역사적 사실을 왜곡하면서 제국주의에 반대하는 인물로 조형하였다. 이러한 점을 종합적으로 생각해보면, 미야자키 하야오가 이 작품에서 전쟁을 비판하고 있다고 보기는 어렵다. 물론 그렇다고 전쟁을 미화했다고 한마디로 단정 지을 수는 없다. 그러나 최소한 전쟁을 비판하고 있다고 보기 어려운 사실은 명백하다.

〈바람이 분다〉 외에도 전쟁을 소재로 한 일본의 애니메이션은 많이 있다. 〈우주전함 야마토〉(1974)처럼 전쟁을 기념비적인 기억으로 미화하는 내용이 비교적 명확히 드러나는 것부터, 〈반딧불이의 묘〉(1988)처럼 전쟁의 참상을 잘 그렸다는 평가와 피해자의 입장에서 전쟁을 그렸다는 비판이 같이 있는 작품에 이르기까지 다양하다.

혹자는 대중문화에 너무 정치적인 관점으로 접근하는 것은 옳지 않다고 할지 모른다. 그러나 세상만사가 다 그럴 테지만, 문화 역시 정치적인 것으로부터 자유로울 수 없고, 정치적인 현장에는 대중문화가 늘 있어 왔다. 전 세계적으로 학생운동이 일었던 1960년대 정치의 계절에 포크송이 대유행한 사실을 떠올려 봐도 알 수 있다.

특히, 전쟁을 소재로 하는 일본의 대중문화물을 감상할 때는 조금 더 신중히 접근할 필요가 있다. 근대 일본의 문화물에는 한국의 근대사가 얽혀 있는 내용이 많고, 이를 현재 우리가 동시대적으로 살고 있기 때문에 더욱 신중을 기해야 할 것이다. 주체와 대상 사이에 상대적인 거리가 견지되기 어려울수록 혼미한 가운데에서도 자신의 생각과 관점을 세워나가는 것이 더욱 중요하기 때문이다.

참고문헌

김계자, 「장르를 횡단하는 상상력: 신카이 마코토의 〈언어의 정원〉」, 『횡단인문학』, 2018. 8.

박진수 외, 『일본대중문화의 이해』, 역락, 2015.

서경식·다카하시 데쓰야, 한승동 옮김, 『책임에 대하여』, 돌베개, 2019.

홍윤표, 「『철완 아톰(腕アトム)』에 나타난 1960년대 일본의 가족주의」, 『일본학보』97, 2013.

3부

지식과 언어,

문화 그리고 권력화

제8강 속담으로 보는 한국, 그리고 한국사회 / 김용경

제9강 다문화 이주 여성을 위한 한국 사회의 이해 / 정대현

제10강 한국어의 차별 표현 어떻게 할 것인가 / 박동근

속담으로 보는 한국, 그리고 한국 사회

8강_ 김용경

속담이란?

속담은 오랜 세월동안 사람들의 생활 속에서 생겨나고 입으로 전해오면서 그 말을 쓰는 사람들의 정신과 특성이 담겨 있다. 따라서 한국인들이 즐겨 쓰는 속담은 우리 민족의 오랜 역사와 함께해 오면서 우리 민족의 인생관, 가치관, 민족 고유의 정신세계가 담겨있는 소중한 언어 유산이다.

이러한 속담을 정의하고 있는 예를 몇 가지 들면 아래와 같다.

- 예로부터 민간에 전하여 오는 쉬운 격언이나 잠언(표준국어대사전)
- 민간에 전해 오는 쉬운 격언, 속된 이야기(우리말큰사전)
- 언어 현장에서 발생하게 되는 특정 사실을 수사적인 기법인 비유

를 통하여 나타내는 표현 양식(심재기, 국어어휘론)

   • 언중의 경험과 지혜와 교훈에서 우러난 진리를 지닌 간결하고 평범하며 은유적인 표현의 관용어(최창렬, 우리 속담 연구)

이러한 정의들을 종합해 보면, 속담은 서민들의 생활 속에서 생산되고 전해지며, 교훈이나 풍자적 성격을 지니면서, 직접적인 표현이 아닌 비유적인 표현으로 이루어진 관용어라는 것을 알 수 있다.

속담 명칭의 기원

속담은 사회적 소산이다. 속담은 어떤 사람이 겪은 일을 표현한 것이 사회 구성원들에게 점차 공감을 얻어 모든 사람에게 보편적으로 수용되는 과정을 거친다. 시대가 바뀌고 사회제도나 생활 방식이 달라지면 인간의 사고방식도 달라지며, 속담도 이러한 과정에서 기존의 내용을 버리거나 수정하면서 새로운 변화를 겪게 된다. 속담은 문자 발명 이전부터 시작되었고 구비 전승되면서 오늘에 이르렀다고 할 수 있다. 따라서 한국인의 속담은 우리 민족의 태동기부터 비롯되었다고 할 수 있다.

문헌에 나타난 최초의 속담은 『삼국유사』 권5에 "내 일 바빠 한댁 방아를 서두른다[己事之忙大家之春促]."로 보인다. 여기서는 '속담'이라 하지 않고 '기사지망(己事之忙)' 위에 '이언(俚言)'이라는 용어를 사용하였다. 조선시대에 중국어 교과서인 『박통사언해 朴通事諺解』에 '상언(常言)'이라는 용어를 속담 대신 사용하였다(한국민족문화대백과사전 속담편).

우리나라에서 속담이라는 용어는 17세기 초에 발견되며, 18세기에 들어서면서 다른 명칭들과 함께 널리 쓰이게 되었다. 영조 때에 나온 청나라 어휘집인 『동문유해(同文類解)』에 '속담'이라는 어휘가 보이는데, 이것이 우리말로서는 처음 쓰인 것으로 보이며, 정조 때의 '명의록언해'에도 '속담'이라는 말이 보인다. 이런 점으로 미루어 볼 때, 속담이라는 용어는 18세기 무렵부터 국어에서 널리 사용되었던 것으로 보인다(최창렬, 1999:12).

속담자료집이 출현한 것은 17세기 홍만종의 『순오지』인데, 권하에 당시 유행하던 속담 124수를 한역하여 실었다. 이덕무는 『청장관전서(靑莊館全書)』 권62 열상방언(洌上方言)조에 100수를 한역해 놓았다. 조재삼은 『송남잡지(松南雜識)』 권5 · 6 방언류에, 정약용은 『이담속찬(耳談續纂)』에 속담을 한역하여 실었다. 편자 미상인 『동언해(東言解)』에도 422수의 속담이 한역되어 실려 있다.

최초의 국문속담사전은 1913년 신문관(新文館)에서 간행된 최원식의 『조선이언(朝鮮俚諺)』으로, 이 책에는 900여 수의 속담이 수록되어 있다. 1940년 조광사(朝光社)에서 간행한 방종현 · 김사엽의 『속담대사전』은 본격적인 속담집으로 총 4,000여 수를 실었다.

1959년 제일프린트사에서 인쇄한 진성기의 『제주도속담』은 우리나라 최초의 지방속담집으로 400여 수가 수록되어 있다. 1962년 민중서관에서 발간한 이기문의 『속담사전』은 당시로는 한국 속담집 중 가장 방대한 것으로 7,000여 수가 수록되어 있다. 특히 속담의 출전을 밝히는 한편 그 용례까지 들고 있다. 1990년대 이후에는 소재나 분야별 속담집도 많이 간행되었다.

속담의 특성

관용어는 둘 이상의 어휘소가 형식적으로 구성방식이 고정되어 있는 결합관계에 있으며, 내용적으로 의미가 특수화되어 있다. 속담은 관용어에 해당한다. 여기서는 속담의 구조적 특성과 의미적 특성을 구분하여 살펴보기로 한다.

구조적 특성

김종택(1967)에서는 속담의 구조적 유형을 '의미재(意味材)'와 '재료재(材料材)'의 결합 방식에 따라 다섯 가지로 구분하여 설명하고 있다. 여기서 '의미재'는 '그것만으로 독립된 주제의미를 형성할 수 있는 단위, 즉 그 자체 속에 그 속담의 주제의미를 포함하고 있는 의미 단위'를 말하며, '재료재'는 '그것만으로 독립된 주제의미를 형성할 수 없는 단위, 즉 그 속에 주제의미를 포함하고 있지 않으면

서 속담의 주제의미를 형성하는 재료의 구실을 하는 의미 단위'를
말한다.

- <u>가루는 칠수록 고와지고 말은 할수록 거칠어진다.</u>
  재료재   의미재

- <u>낮말은 새가 듣고 밤말은 쥐가 듣는다.</u>
  재료재   재료재

- <u>초록은 동색이요 가재는 게 편이다.</u>
  의미재   의미재

첫째 유형은 '의미재 a' + '의미재 a′' 구조이다.

'의미재 a'와 '의미재 a′'가 단순결합을 한 경우이다. 'a'와 'a′'는
각각 주제의미를 포함하고 있는 의미재로서 언어재료만 다르고 지
향하는 주제의미는 같다. 이와 같은 형식은 둘 이상의 형식으로 얼
마든지 연결될 수 있다.

- 불 없는 화로, 딸 없는 사위
- 꿀 먹은 벙어리요 침 맞은 지네
- 술에 술 탄 이 물에 물 탄 이
- 가루 팔러 가니 바람이 불고 소금 팔러 가니 이슬비 온다.
- 족제비도 낯짝이 있고, 미꾸라지도 백통이 있고, 빈대도 콧등이 있다.

둘째 유형은 '의미재 a' x '의미재 b' 구조이다.

'의미재 a'와 '의미재 b'는 성질이 다르며 각각 다른 의미장을 형성하고 있다. 이 '의미재 a, b'가 복합결합을 하면서 제3의 의미장 'c'를 형성하고 있다. 이 때 새로 생긴 의미단위 'c'는 'a, b'보다 높은 의미역을 가지게 된다.

- 고운 사람 미운 데 없고 미운 사람 고운 데 없다.
- 복은 쌍으로 안 오고 화는 홑으로 안 온다.
- 잘되면 제 탓, 못되면 조상 탓
- 사람에 버릴 사람 없고 물건에 버릴 물건 없다.

셋째 유형은 '재료재 a' + '의미재 b' 구조이다.

'재료재 a'는 속담의 주제의미를 전혀 표시하지 않는다. 다만 '의미재 b'에 대한 보조역할을 하면서 '의미재 b'의 의미를 고조시키고 있다. 그럼에도 '재료재 a'는 이 말이 단순 서술이 아닌 속담의 기능을 갖게 하는 역할을 한다. 이 경우, 'a, b'의 위치가 바뀌면 강조하는 의미가 달라질 수 있다.

- 가루는 칠수록 고와지고 말은 할수록 거칠어진다.
- 범은 죽으면 가죽을 남기고 사람은 죽으면 이름을 남긴다.
- 열 길 물속은 알아도 한 길 사람 속은 모른다.

- 귀신은 속여도 팔자는 못 속인다.
- 호랑이에게 물려 가도 정신만 차리면 산다.

넷째 유형은 '재료재 a' x '재료재 b' 구조이다.

'재료재 a'나 '재료재 b' 어느 하나로는 주제의미가 표시되지 않는다. 그러나 이 두 재료재가 복합결합을 하면 비로소 하나의 의미 단위 'c'를 형성하게 된다. 이 경우, 'a, b'의 위치는 바뀔 수 있다.

- 낮말은 새가 듣고, 밤말은 쥐가 듣는다.
- 가는 말이 고와야, 오는 말이 곱다.
- 죄는 막동이가 짓고, 벼락은 샌님이 맞는다.
- 비단 올이 춤을 추니 베 올도 춤을 춘다.
- 황소같이 벌어서 다람쥐같이 먹어라.

다섯째 유형은 '의미재 a' 구조이다.

이는 속담 전체가 하나의 단문으로 이루어진 경우이다. 이는 한 개의 단어 형태로 나타나는 경우와 주어와 술어 관계를 갖춘 문장 형태로 나타나는 경우로 나눌 수 있다.

- 갈모 형제
- 천 리 길도 한 걸음부터

- 공든 탑이 무너지랴.
- 쇠귀에 경 읽기
- 갑갑한 놈이 우물 판다.

속담은 구, 절, 문장 형식으로 나타난다. 문장 형식으로 이루어진 속담은 주로 서술문으로 이루어지지만 때로는 의문문, 명령문으로 나타나기도 한다.

- 빛 좋은 개살구
- 옷이 날개
- 닭 쫓던 개 지붕 쳐다보듯
- 밑 빠진 독에 물 붓기
- 손바닥으로 하늘을 가리는 격

- 윗물이 맑아야 아랫물이 맑다.
- 열 사람이 지켜도 한 도둑놈은 못 막는다.
- 말 많은 집은 장맛도 쓰다.
- 한 치 벌레에도 오 푼 결기는 있다.
- 세 살 버릇 여든까지 간다.

- 아니 땐 굴뚝에 연기 나랴.

- 늙은 말이 콩 마다할까.
- 공든 탑이 무너지랴.
- 각관 기생 열녀되랴.
- 산에 들어가 호랑이 피하랴.

- 아는 길도 물어가라.
- 우물을 파도 한 우물을 파라.
- 길을 알면 앞서가라.
- 삼정승 사귀지 말고 내 한 몸 튼튼히 가져라.
- 적게 먹고 가는 똥 누어라.

이 외에도 속담의 외형적 특징으로 간결성, 운율성과 대구적 구성을 들 수 있다.

일반적으로 속담을 포함한 관용어는 일상어보다 더 적절하고 새로운 표현을 좋아하는 언중의 심리적 요구를 반영하고자 한다. 새로운 개념과 사물을 표현하기 위하여 그때마다 새로운 단어나 많은 기존 단어를 사용하기보다는 이미 쓰이고 있는 단어들을 적절히 변화, 조화시켜 사용한다.

- 금강산도 식후경
- 수박 겉핥기

속담의 운율은 압운과 율격의 두 가지 방법에 의해서 생겨난다. 압운에는 두운, 각운 또는 단어반복의 방식으로 생겨난다. 율격은 우리나라 전통 시가의 기본 율격과 마찬가지로 4음절 길이를 1음보가 두 번(2음보) 이어지게 하거나 네 번(4음보) 이어지게 배열하면서 생겨난다.

- 소는 소 힘, 새는 새 힘
- 가는 날이 장날
- 꿩 먹고, 알 먹고
- 네 것도 내 것, 내 것도 내 것

- 가물에 콩 나듯
- 고양이 세수하듯
- 콩 심은 데 콩 나고 팥 심은 데 팥 난다.
- 보기 좋은 떡이 먹기도 좋다.

속담은 단문으로 이루어진 것도 있으나 복합문으로 이루어진 것도 많이 있다.

- 달면 삼키고 쓰면 뱉는다.
- 앉아 주고 서서 받는다.

이러한 유형의 속담은 전반부와 후반부가 서로 대구를 이루고 있는데 속담 전체가 구조적으로 안정감을 갖게 해준다.

- 고기는 씹어야 맛이요 말은 해야 맛이다.
- 여름에 하루 놀면 겨울에 열흘 굶는다.
- 미련은 먼저 나고 슬기는 나중 난다.
- 벼슬은 높이고 뜻은 낮추랬다.

속담은 일반 관용표현과 마찬가지로 그 형식이 고정되어 형태·통사적으로 고정되어 있다고 본다. 그러나 속담은 기존의 형식을 유지하지 않고 계속해서 변형하는 과정을 거치기도 한다. 최창렬 (1999:51)에서는 이를 세 가지 유형으로 정리하였다. 첫째, 의미는 크게 바뀌지 않고 어형만 바뀐 유의적인 변이형이다. 둘째, 어형도, 의미도 아울러 달라진 이의적인 변이형이다. 셋째, 그 의미가 원형에서 달라지고 멀어져서 반의적으로까지 전환된 어형이다.

설사 어휘가 교체되더라도 구조가 유지된다면 의미 해석에 큰 문제가 되지 않는 경우가 많다. 이기문(1975)에서는 속담의 관용성에서 구조도 중요하다는 사실을 지적하면서 '읍에서 뺨 맞고 장거리에서 눈 흘긴다'와 '서울에서 뺨 맞고 장거리에서 눈 흘긴다'라는 두 속담처럼 하나의 틀에 적당한 명사를 넣어서 만들어진 예를 제시하였다. 특정 속담에서 구성 어휘가 교체된다 해도 구조가 동일하면 속담이 의미하는 바도 동일한 속담이 존재하게 된다. 속담은 굳어진 표현으로 어휘 교체가 불가능한 것이 일반적이어서 '읍'과 '서울'이라는 유사한 의미를 지닌 어휘가 교체되었다 하더라도 속담 의미를 유지하는 것은 구조가 유지되기 때문이라는 것이다. 속담의 전체 의미를 유지하는 데는 개별 어휘의 교체가 영향을 미치기보다는 전체 속담의 구조가 더 영향을 미친다.

- 오뉴월 똥파리/쉬파리 끓듯, 아주까리 대에 개똥참외/쥐참외 달라붙듯
- 조자룡이 헌 창/칼 쓰듯, 닭 쫓던 개 지붕/먼산 쳐다보듯

최창렬(1999:62)에서는 둘째 유형으로 다음과 같은 예를 들고 있다.

- 정신 빼어서 꽁무니에 차고 있나.
- 짚신 벗어 꽁무니에 찼다.

전자는 '무슨 일을 당하든지 민첩하지 못하고 늘 정신이 흐리멍덩해서 일의 앞뒤를 가려 처리할 줄을 모르고 두 손을 놓은 채 멍해 있는 사람을 비꼬아 하는 말'을 가리킨다. 그러나 '정신'이 '짚신'으로 바뀌면서 그 의미도 변했다. 즉, '바쁘다는 핑계로 꽁무니 빼어 도망가려는 사람을 비웃는 말'로 그 의미가 바뀌었다.

셋째 유형으로 그 의미가 원형에서 달라지고 멀어져서 반의적으로까지 전환된 어형의 예도 있다.

- 세 살에 도리질한다.
- 세 살에 도리깨질한다.

여기서 전자는 어린아이의 신체 발육이 더딤을 의미하는 데 반해서 후자는 어린 아이의 신체 발육이 또래 아이보다 빠름을 의미하는 것으로 바뀌고 있다.

의미적 특성

속담이 주로 갖는 언어의 기능은 표현적 기능과 지시적 기능이다. 이러한 기능을 담당하기 위하여 속담은 풍자와 교훈이라는 의미적 특성을 갖고 있다.

먼저 풍자성을 보기로 한다.

우리가 살아가는 사회에는 여러 가지 모순되거나 부조리한 일들이 많이 일어난다. 그런데 부정적으로 인식될 수 있는 세계를 직설적인 언어로 표현하게 되면 상대방과 극단적인 대립이나 갈등을 가져온다. 이러한 때에 '풍자'가 필요하다. '풍자'는 현실의 부정적 현상이나 모순 따위를 비판하면서도 직설적이지 않고 비유적인 방법을 사용한다.

- 발 없는 말이 천 리 간다.

- 혀 아래 도끼 있다.

- 말 많은 집은 장맛도 쓰다.

- 빈 수레가 요란하다.

위의 예들은 모두 말을 조심해야 한다는 것을 경계하는 속담이다. 특정한 대상을 직접 거론하지 않으나 상대방의 행동을 충분히 비판하고 잘못을 드러내고 있다.

- 가랑잎이 솔잎더러 바스락거린다고 한다.

- 똥 묻은 개가 겨 묻은 개보고 나무란다.

- 떡 주고 뺨 맞는다.

- 간에 가 붙고 염통에 가 붙는다.

위에서 '가랑잎'과 '솔잎'은 비교의 대상이며, '솔잎'보다도 못한 '가랑잎'이 '솔잎'을 나무라는 태도를 경계하고 있다. 마찬가지로 '똥 묻은 개'는 '겨 묻은 개'보다 행실이 훨씬 좋지 않음에도 상대방을 나무라는 태도를 경계하고 있다. 이 역시 비판하려는 대상을 직접 거론하지 않고 빗대어 말함으로써 극단적인 갈등을 피하고 자신의 말을 상대방에게 받아들이게 한다. 나머지 속담 역시 비유나 상징적으로 표현하여 자신의 표현을 완화시켜 전달하고 있다.

다음은 교화이다.

풍자는 청자의 모순된 행위를 드러내는 것이 목표이나 교화는 그가 해야 할 행동을 제시해 주는 것이 목표이다. 비록 상대방이 잘 되기를 바라는 마음으로 말을 표현한다 할지라도 상대방이 불쾌감을 느낀다면 그 효과를 발휘할 수 없다. 따라서 속담은 화자가 의도하는 내용을 잘 알 수 있는 비유나 상징 표현을 사용하여 상대방을 교화하고자 한다.

- 바늘 도둑이 소도둑 된다.
- 호랑이에게 물려가도 정신만 차리면 산다.
- 뱁새가 황새를 따라가면 다리가 찢어진다.

위의 속담에서 앞의 내용은 상대방이 이미 행하거나 행할 수 있는 행위를 상징하고 뒤는 이러한 행위가 가져올 결과를 말한다. 첫째 속담은 '아무리 작은 도둑질이라도 행하면 나중에 큰 도둑질을 일삼게 될 것이니 이를 조심하라'는 교화의 내용이 담겨 있다. 둘째 속담은 '아무리 위급한 상황에서도 당황하지 말고 정신을 집중하라'는 교화의 내용을 담고 있다. 셋째 속담은 '자신의 처지나 상황을 알고 이에 맞는 행동이나 처신을 하라'는 교화의 내용을 담고 있다.

속담의 주제

속담은 그 시대를 살았던 일반 대중들의 생활과 밀접한 관련이 있다. 따라서 속담을 구성하고 있는 어휘나 속담의 기본의미를 자세히 관찰해 보면 우리 조상들의 의식구조나 생활상을 발견할 수 있다.

속담들이 가지는 의미를 크게 분류하면 '가축'·'자연'·'주거'·'인륜'·'음식'·'언어'·'신체' 등 일곱 가지로 요약할 수 있으며, 이 일곱 가지 분야가 우리 조상들의 일상의 관심거리이다(한국민족문화대백과 속담편).

가축

- 바늘 도둑이 소도둑 된다.
- 소 가는 데 말도 간다.
- 소더러 한 말은 안 나도 처더러 한 말은 난다.
- 소도 언덕이 있어야 비빈다.
- 소 잃고 외양간 고친다.
- 쇠귀에 경 읽기
- 소 닭 보듯
- 똥 묻은 개가 겨 묻은 개 나무란다.
- 개 새끼는 도둑 지키고 닭 새끼는 홰를 친다.
- 개 발에 땀나다.

- 개같이 벌어서 정승같이 산다.

- 개 꼬리 삼 년 묵어도 황모 되지 않는다.

- 개도 닷새가 되면 주인을 안다.

- 닭의 대가리가 소꼬리보다 낫다.

- 닭 쫓던 개 지붕 쳐다보는 격

- 닭의 새끼 봉 되랴.

- 닭의 대가리가 소꼬리보다 낫다.

- 닭 잡아먹고 오리발 내민다.

- 꿩 대신 닭

- 소경 제 닭 잡아먹기

- 말은 나면 제주도로 보내고 사람은 나면 서울로 보내라.

- 말 꼬리에 파리가 천 리 간다.

- 말에 실었던 짐을 벼룩 등에 실을까.

- 말 타면 종 두고 싶다.

가축 외에도 서민 생활과 밀접하게 관련된 동물 관련 속담도 많이 있다.

- 낮말은 새가 듣고 밤말은 쥐가 듣는다.

- 개구리 올챙이 적 생각 못한다.

- 까마귀도 제 자식은 예쁘다고 한다.

- 고양이 세수하듯
- 범의 굴에 들어가야 범을 잡는다.
- 구렁이 담 넘어가듯
- 다람쥐 쳇바퀴 돌듯

자연

- 가을볕에는 딸을 세우고 봄볕에는 며느리를 세운다.
- 정성이 지극하면 동지섣달에도 꽃이 핀다.
- 서리 맞은 호박잎 같다.
- 가지 많은 나무 바람 잘 날 없다.
- 오뉴월에 얼어 죽는다.
- 대추나무에 연 걸리듯
- 열 길 물속은 알아도 한 길 사람의 속은 모른다.

주거

- 자다가 봉창 뜯는다.
- 초저녁 구들이 따뜻해야 새벽 구들이 따뜻하다.
- 소 잃고 외양간 고친다.
- 빈대 잡으려다 초가삼간 다 태운다.
- 불 난 집에 부채질한다.

인륜

- 덕은 닦은 데로 가고, 죄는 지은 데로 간다.
- 윗물이 맑아야 아랫물도 맑다.
- 효성이 지극하면 돌 위에 풀이 난다.
- 매 끝에 효자난다.
- 열 자식이 한 아내만 못하다.

음식

- 보기 좋은 떡이 먹기도 좋다.
- 우물에 가서 숭늉 찾는다.
- 두부 먹다 이 빠진다.
- 주인집 장 떨어지자 나그네 국 마단다.
- 국수 잘하는 솜씨가 수제비 못하랴.

언어

- 혀 아래 도끼 있다.
- '아' 다르고 '어' 다르다.
- 낮말은 새가 듣고 밤말은 쥐가 듣는다.
- 빈 수레가 더 요란하다.
- 가는 말이 고와야 오는 말도 곱다.

신체

- 간에 가 붙고 염통에 가 붙는다.

- 이마를 찔러도 피 한 방울 안 나겠다.

- 똥구멍으로 호박씨 깐다.

- 벙어리 냉가슴 앓듯 한다.

- 웃는 낯에 침 뱉으랴.

속담에 나타난 서민 의식

한국민족문화대백과사전에서는 속담을 구성하고 있는 어휘나 속담의 기본 의미를 민속적 차원에서 분석하여 우리 선조들의 의식구조나 생활상의 특성을 '비속성과 일상성', '수의성과 편의성', '서민성과 냉소성' 등으로 압축하여 제시하였다.

속담이 지닌 비속성은 바로 속담의 본질이기도 하다. 그것은 서민들이 지닌 의식의 비속성과 밀접한 관계를 가지고 있기 때문이다. 우리 속담에 특별히 자주 등장하는 어휘는 개·똥·물·소·집·사람·밥·말[言語]·발[足]·떡 등이다. 이들 열 개의 낱말에서 가장 빈도수가 높은 것이 '개'와 '똥'이라는 사실은 속담의 비속성을 단적으로 증명하고 있다.

- 뚝비 맞은 개새끼 같다.

- 게으른 년 삼가래 세고 게으른 놈 책장 센다.
- 양반 새끼는 고양이 새끼 상놈 새끼는 돼지 새끼

일반 언어대중은 속담이 표현하는 기본의미가 보편적 진리를 나타내고 있다는 착각에 빠져 있다. 그러나 실제로 속담은 일상의 생활환경 속에서 임기응변으로 자기합리화를 위해 쓰는 일이 많다. 따라서 어떤 두 개의 속담을 나란히 대비해놓고 보면 서로 상반되는 기본의미 또는 함축의미를 나타내는 수가 있다. 이는 그때그때의 처세에 따라 달리 말하기 때문이다.

- 사나이 말은 천 냥보다도 무겁다.
- 말은 해야 맛이고 고기는 씹어야 맛이다.

자신에게 절대적인 영향을 미치는 양반들에게 절대적으로 복종하지만 속담에서는 매우 냉소적인 표현을 일삼는다.

- 잘 되면 충신, 못 되면 역적
- 사모 쓴 도둑놈

한국민족문화대백과사전에서는 속담 속에 나타난 한국인의 성격을 ①언어중시(言語重視), ②체면지향(體面志向), ③목전실리(目前

實利), ④피해의식(被害意識)이라는 네 가지 특성으로 제시하였다. 그리고 민현식(2002)에서는 전통 속담에서 인문학적 사유를 추출하여 제시하고 있는데, 숭문주의(崇文主義), 신언주의(愼言主義), 운명주의(運命主義), 인과응보주의(因果應報主義), 삼강오륜의 도덕주의(道德主義)를 추출하여 제시하였다.

맺음말

한국의 속담은 우리 민족의 오랜 역사와 함께해 오면서 우리 민족의 인생관, 가치관, 민족 고유의 정신세계가 담겨있는 소중한 언어유산이다.

속담의 구조적 특성은 간결성, 운율성, 대구적 구성을 들 수 있는데 절이나 단문 또는 복합문 형식으로 되어있다. 속담은 주로 풍자와 교화의 기능을 담당하는데 교화의 내용을 직설적으로 전달하는 것을 피하기 위하여 비유와 상징을 사용하고 있다. 속담의 주제를 크게 분류하면 '가축'·'자연'·'주거'·'인륜'·'음식'·'언어'·'신체' 등이 있는데, 이 일곱 가지 분야가 우리 조상들의 일상의 관심거리이다. 속담에는 일반 서민들의 의식이 잘 반영되어 있는데, 긍정적인 부분도 있지만, 우리가 극복해야 할 편견 의식이나, 임기응변식 처세술 등도 많이 포함되어 있다.

속담을 포함한 관용어는 일상어보다 더 적절하고 참신한 표현이 될 수 있다. 그러나 이를 사용할 때에는 맥락의 적절성을 잘 고려하여야 한다. 상황에 맞지 않거나 상투적으로 사용하면 참신성을 잃고 진부한 표현이 되기 쉽다.

참고문헌

『한국민족문화대백과』, 한국학중앙연구원, 속담편(인터넷판).

김종택, 「속담의 의미 기능에 관한 연구」, 『국어국문학』34·35, 국어국문학회, 1967.

김혜령, 「속담 기반 표현의 특성」, 『한국어 의미학』54, 한국어의미학회, 2016.

노명희, 「속담의 구성적 특징과 변이 양상」, 『국어학』80, 국어학회, 2016.

노명희, 「속담의 유형과 보문 명사」, 『국어학』75, 국어학회, 2015.

민현식, 「속담에 나타난 전통, 인문학적 사유」, 『한국어 의미학』11, 한국어의미학회, 2002.

심재기, 「한국속담의 의미기능에 대하여」, 『이숭녕선생고희기념 국어국문학논총』, 탑출판사, 1977.

심재기, 『국어어휘론』, 집문당, 1982.

양영희, 「한국속담의 의미론적 연구」, 전남대학교 대학원 석사학위논문, 1990.

이기문, 「한국 속담의 특징」, 『서울평론』90, 서울신문사, 1975.

이기문, 『속담사전』, 민중서관, 1962.

임지룡, 『국어의미론』, 탑출판사, 1992.

최창렬, 『우리 속담 연구』, 일지사, 1999.

문화 이주 여성을 위한
한국 사회의 이해

9강_정대현

서론

한국의 다문화 현상이 빠르게 진행되고 있다는 것은 이미 널리 알려진 사실이다. 2018년 12월 현재 여성가족부 다문화 가족과의 통계에 따르면 다문화가구는 31.9만 가구로 전체 2,017만 가구의 1.6%를 차지했다. 다문화 가구원은 96.4만 명으로 결혼이민자 및 귀화자 32.1만 명, 자녀 22.1만 명(18세 이하), 한국인 배우자 30.1만 명, 기타 동거인 12.1만 명이 한국에 거주하고 있다. 다문화 혼인 건수는 20,835건으로 전체 혼인 건수 26만 4천 건의 7.9%이었고 다문화 가정에서 출생한 아이(2017년)는 18,440명으로 전체 출생 35만 8천 명의 5.2%로 나타났다. 2018년 현재 다문화 학생은 122,212명으로 전체 학생 563.4만 명 가운데 2.2%를 점하였고 결혼인민자 고용률은 2018년 현재 55.3%, 결혼 이민자를 포함한 전체 이민자의 고용률은 68.0%로 나타났다.

다문화 현상은 어떤 특정한 분야에서만 일어나는 것이 아니라 사회의 전 영역에 걸쳐서 벌어지고 있다는 것을 위 통계를 통해 알 수 있다. 정부에서는 사회 전 분야에 걸쳐서 이루어지는 다문화사회 현상에 대해 대처하기 위하여 다문화 정책을 적극적으로 수립하여 시행하고 있다. 이 글은 위와 같은 시대적 배경을 전제로 다문화 이주 여성이 한국 사회를 이해하고 적응하는 데 도움을 주려는 목적으로 작성하였다. 이주 여성이 한국 사회를 이해하는 것은 한국에서 자신의 권리와 의무, 미래의 방향을 설정하는데 유익할 것이다.

이 글은 한국 사회의 다양한 분야를 소개하고 설명하는 데 중점을 두었는데 실용적인 접근을 취하고자 노력하였다. 가족, 주거, 문화, 장소와 관련한 내용은 실제 생존에 필요한 내용을 실용적으로 다루고 있다. 그리고 정치와 경제 분야는 외국인의 입장에서 한국의 과거와 현재를 간략히 소개하는 형태로 제시함으로써 다문화 이주 여성이 정치에 관심을 두는 한국인을 이해하게 하고, 경제적 측면에서는 밝은 미래가 기다리고 있다는 점도 강조하였다.

이주민 여성에게 한국 사회를 이해시킨다는 것이 위에서 제시한 몇 가지 화제만으로는 그 한계가 분명하다. 그러나 이 글에서 제시하는 설명을 통해서 이주민 여성이 한국 사회를 이해하는 데 어느 정도 도움이 될 것이다.

가족

가족의 형태와 변화

한국민족대백과사전에 의하면 가족이란 혈연·인연·입양으로 연결된 일정 범위의 사람들(친족원)로 구성된 집단을 가리키는 가족학 용어 또는 친족집단으로 정의한다. 이 정의에 따르면 가족은 주로 혈연으로 이루어지거나 어떠한 만남으로 생성된다는 것을 알 수 있다. 일반적으로는 여전히 혈연이 가족 구성의 중심이 되었다.

그러나 현대의 한국 가족은 다양한 사회 구조적 요인에 의해 변화하고 있다. 특히 낮은 혼인율(비혼)과 높은 이혼율, 저출산, 고령화 등의 인구학적 요인, 남성 중심의 가족제도의 변화 요인, 여성에게 유리한 정보화 요인 등이 영향을 미치고 있다.

사회 구조적 요인은 가족 형태에 대한 인식에 변화를 주었다. 현대 가족의 형태는 첫째, 대가족 형태(조부모+부모+손자·손녀), 둘째, 핵가족 형태(부모+자녀), 셋째, 한 부모 가족 형태(엄마 또는 아빠+자녀), 넷째, 조손 가정 형태(조부모+손자녀), 다섯째 1인 가족 형태, 여섯째, 어떤 특정한 목적 또는 특질을 공유하는 사람들의 모임으로 이루어진 가족 등이다.

위와 같은 가족 형태는 이주민 여성이 살아가는 현실과 밀접한 관련을 맺는다. 크게는 도시와 농촌이라는 장소가 가족 형태와 관련이 깊고 그다음으로는 생애 주기에 따라서 가족 형태가 변화할 수 있다. 일반적으로 도시에서 살게 되는 이주민 여성은 핵가족 형태의 삶을 살게 될 가능성이 많다. 반면에 농촌의 삶은 남편의 가족에 자신이 편입되는 삶의 형태를 지향하게 된다. 그러나 가족의 형태는 위 두 가지 가족 형태로만 정형화되지 않는다. 왜냐하면 삶이 지속하면서 여러 가지 이유로 가족 형태가 변화하기 때문이다.

이주민 여성이 한국에 와서 조부모와 함께 한 가정을 이루고 아이를 낳고 살다가 보면 남편의 시부모는 세월이 가면 죽게 되고 아이들은 커서 독립하여 도시로 나가게 되고 남편도 세월이 가면 결국 혼자만 남게 되는 패턴을 생각해 볼 수 있다. 이러한 삶의 여정 가운데 이주민 여성은 대가족에서 핵가족으로, 핵가족에서 부부만 남는 가족으로, 나중에는 1인 가족으로 변화한다는 점에 주목해야 한다.

이렇게 볼 때 이주민 여성에게 가족의 형태를 소개하는 것이 혈연을 중심으로 한 가족 형태만을 안내한다면 이는 1차원적인 것에 그치게 될 것이다. 이주민 여성이 자신의 일생 전체를 조망하게 하고 그것에 산재하는 변인에 대한 정보를 제공함으로써 가족의 형태가 정적인 것이 아니며 언제든지 변화할 수 있다는 점을 고려하게 하는 것은 중요하다. 이를 통해 이주민 여성은 자신의 생애 주기

가운데 변화할 수 있는 가족 형태에 대해서 심리적, 정신적, 경제적으로 대비할 수 있는 시간을 가지게 된다.

결혼과 자녀

한국인에게는 일상적으로 아는 지식이기 때문에 위와 같은 지식을 공유하는 것이 중요하지 않게 보일 수 있다. 그러나 모든 것이 생소한 이주민 여성에게 위와 같은 지식을 알려주는 것은 자녀를 낳아서 기르는 데 중요한 참고자료가 될 수 있다. 이에 따라서 이 글에서는 한국 사람들의 일반적인 결혼과 자녀에 관한 생각을 이주민 여성과 공유하고자 한다.

먼저 한국 사람은 보통 30대 전후에 결혼하는데 이는 결혼 연령이 높아진 데 따른 것이다. 결혼 연령이 높아진 것은 다양한 원인이 있지만, 무엇보다도 양질의 일자리 공급이 부족하다는 것과 관련이 깊다. 그리고 신랑의 나이가 신부보다 3-4살 높고 자녀는 보통 1-2명 정도를 낳는다.

예전에는 장남이 시부모를 모시고 살고 나머지 자녀는 따로 사는 경향이 짙었지만, 현재는 장남도 부모와 떨어져서 사는 사람이

| 결혼은 보통 30대 전후 | 결혼 연령이 높아짐 | 신랑의 나이가 신부보다 3~4살 높음 | 자녀는 보통 1~2명 정도를 낳음 |

한국 사회의 결혼과 자녀 요약

많고 이는 서로 간섭받기 싫어하기 때문에 벌어지는 현상이다. 현대에 들어서 개인의 사생활에 대한 존중이라는 가치관이 정립된 원인이 크다.

가족 형태의 변화

아래 그래프에서 보는 것과 같이 한국의 가족 형태는 급격한 변화를 보인다. 2010년을 기준으로 3대가 같이 사는 형태는 6.1%, 부부와 자녀는 37%, 부부는 15.4%로 나타났다. 이에 비하여 2035년에

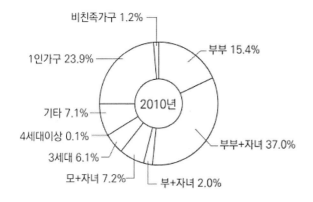

가족 형태의 변화 - 2010년과 2035년 비교(『사회통합 프로그램을 위한 한국사회의 이해』 19쪽 참조)

1인 가구가 전체 인구의 34.3%로 나타나 압도적인 1위가 될 것으로 보이고 부부는 22.7%, 부부와 자녀는 20.3%가 될 것으로 나타났다. 3대가 같이 사는 형태는 3.8%로 나타났다. 이 통계값이 이주민 여성에게 시사하는 것은 한국의 가족 형태가 1인 가구, 부부 가구, 부부와 자녀 가구 등으로 이루어진다는 사실이다. 이 사실은 경우에 따라서 이주민 여성이 1인 가구가 될 수도 있는 확률이 얼마든지 있다는 것이다. 따라서 이와 같은 형태가 보편적인 가족의 형태가 될 것이라는 사실을 공유하여야 한다.

1인 가족 형태가 보편적인 형태가 될 것이기 때문에 그에 따른 사회제도, 사회복지, 먹거리 문화도 변화를 보이게 되고 1인 가구가 살아갈 수 있는 여건이 사회적으로 조성된다.

가족을 부르는 말(호칭)

한국은 호칭 중심의 사회 문화를 가진다. 중국에서는 남편을 남편의 이름으로 부르는 데 비하여 한국에서는 어른들 앞에서 남편의 이름을 부르기가 쉽지 않다. 또한, 회사에서 직장 상사를 부르거나 심지어 동료를 부를 때도 그 사람의 직위에 적합한 호칭을 사용하여야 한다. 이는 한국 사회가 호칭 중심의 사회라는 것을 의미한다. 이러한 사회 현실에 적응할 수 있도록 이주민 여성에게 적절한 호칭을 사용하도록 가르치는 것은 한국 사회 적응을 한결 쉽게 한다.

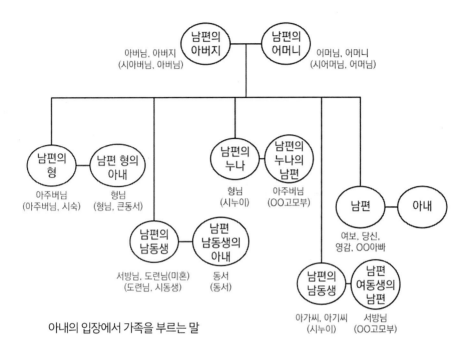

아버님, 아버지
(시아버님, 아버님)

남편의
아버지

남편의
어머니

어머님, 어머니
(시어머님, 어머니)

남편의
형

남편 형의
아내

남편의
누나

남편의
누나의
남편

남편

아내

아주버님
(아주버님, 시숙)

형님
(형님, 큰동서)

형님
(시누이)

아주버님
(○○고모부)

여보, 당신,
영감, ○○아빠

남편의
남동생

남편
남동생의
아내

남편의
남동생

남편
여동생의
남편

서방님, 도련님(미혼)
(도련님, 시동생)

동서
(동서)

아가씨, 아기씨
(시누이)

서방님
(○○고모부)

아내의 입장에서 가족을 부르는 말

문제는 한국 사회에서 호칭이 간단하지 않다는 데 있다.[1] 예를 들어서 남편의 어머니의 정식 호칭은 시어머님, 어머님이라고 부르는 것이 맞지만 현실에 해당하는 호칭은 어머니이다. 이렇게 같은 대상에 대해서 비슷한 호칭이 존재하기 때문에 호칭에 대해 연습을 하는 것은 친족 사회 적응에 중요하다.

'한국의 가족' 정리하기
한국의 가족 형태는 결혼 후 독립하여 사는 경우가 많지만, 시부모

---

1   www.pinterest.co.kr/pin/506303183078465070/

와 사는 경우도 있다. 물론 결혼을 하지 않고 혼자 사는 사람도 많아지고 있다. 자녀는 1-2명 정도 낳는 것이 보통이지만 자녀를 낳지 않고 부부만 살거나 1인 가족으로 사는 경우도 있다. 한국의 가족과 친족은 가족 관계를 촌수로 따지고 부부와 자녀는 1촌, 형제 또는 자매간의 관계는 2촌, 부부간의 관계는 촌수를 따지지 않는다.

한국인의 장소

일터의 유형과 한국 사람의 일터 선호도

한국에서는 15세 이상부터 일하는 것이 가능하지만 그렇다고 15세부터 일자리를 잡아서 일하는 사람은 많지 않다. 대부분 고등학교까지 졸업하고, 대학으로 진학하는 사람들이 많은 편이어서 보통 20세 이상이 되어야 일을 하기 시작한다. 그리고 평균적으로 55세에서 60세 전후에 직장에서 은퇴하는 것으로 되어 있다. 그러나 현실적으로 볼 때 그 나이에 은퇴하는 것은 연금을 받는 시기와 차이가 나기 때문에 은퇴를 하더라도 연금을 받는 시기까지는 지속적으로 일자리를 찾아서 일해야 하는 것이 현실이다.

현재 한국인이 가장 많이 원하는 일자리는 '공무원'이고, 선발하는 수가 적어서 경쟁률도 높다. 2019 국가직 공무원 경쟁률이 114.1대 1로 나타났다. 그 다음으로는 대기업체에서 일하기를 원한다. 2013년도 통계에 의하면 100명이 대기업 시험을 보면 3.2명이 합격하는 수준으로 대기업 입사가 바늘구멍만큼 작다. 예전에는 대학 졸업을 앞둔 시기에 맞추어 입사시험을 치르는 경우가 많았으나, 최근에는 수시로 채용을 하는 방식으로 바뀌고 있다. 그 외에도 작은 중소회사에 취직하거나, 가게를 열어서 장사하거나 개인적으로 회사를 차리는 사람들의 비율도 높아지고 있다.

몇십 년 전까지만 해도 한국에서 일을 하는 사람들은 대부분 남성이었다. 그런데 최근 들어 남녀의 대학 진학률이 비슷해지고 취업을 하는 남녀의 비율도 그 격차가 많이 줄어들고 있다. 성별 취업률을 살펴보면 남성 졸업자 69.0%, 여성 졸업자 66.4%로 나타나 남녀 취업률 격차는 전년도와 같은 2.6%p로 전체적으로 감소추세에 있는 것으로 나타났다. 남녀 취업률 격차 변화 추이를 살펴보면 다음과 같다. 6.2%p('11년)→4.9%p('12년)→4.8%p('13년)→3.8%p('14년)→2.9%('15년)→2.6%p('16년)[2]로 남성과 여성의 취업률 격차는 점점 좁아지고 있다.

직장 생활의 모습

한국에서 직장인은 보통 오전 9시까지 출근하고 오후 6시에 퇴근한다. 수도권에서 9시까지 직장에 도착하려면 보통 6-7시 사이에는 잠자리에서 일어나야 하는데 이때 아침밥을 먹고 출근하기가

2 monthly.chosun.com/client/mdaily/daily_view.asp?idx=2651&Newsnumb
   =2018012651

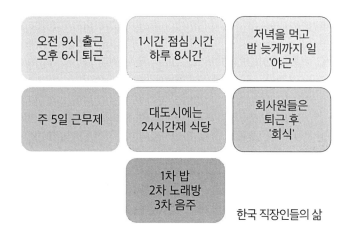

오전 9시 출근 오후 6시 퇴근	1시간 점심 시간 하루 8시간	저녁을 먹고 밤 늦게까지 일 '야근'
주 5일 근무제	대도시에는 24시간제 식당	회사원들은 퇴근 후 '회식'
	1차 밥 2차 노래방 3차 음주	

한국 직장인들의 삶

바쁘므로 아침을 간단하게 먹거나 회사에 일찍 가서 먹는 경우가 일반적인 현상이 되고 있다. 최근에는 새벽 배송 문화가 발달하여 새벽에 배송을 주문하면 새벽 시간에 맞게 음식이 배달되어 오는 경우도 있다.

그리고 퇴근 시간은 6시로 정해져 있지만, 저녁을 먹고 밤늦게까지 일을 하는 하기도 하는데 이를 '야근'이라고 한다. 직장인은 1주일 월-금요일까지 주 5일 일을 하는데 회사가 바쁘면 2주에 한 번씩 토요일에도 출근한다. 대도시에는 24시간제 식당을 운영하는데 바쁜 도시 직장인들이 끼니를 거르지 않고 일할 수 있는 환경을 만들어 준다.

또한, 직장인들에게는 회사가 끝난 후에 같이 밥을 먹고 노는 문화가 있는데 이를 '회식'이라고 한다. 이 회식은 반드시 정해져 있는 것은 아니지만 1차에는 밥을 먹고, 2차에는 노래방, 3차는 음주를 하는 식으로 순서를 따른다. 그러나 요즘에는 회식 문화도 많이 바뀌고 있는데 1차에서 간단하게 밥을 먹고 집으로 가거나 회식에 가지 않아도 되는 문화가 확산하고 있다.

도시의 특징과 변화 알기

한국에서는 1969년대 이후 빠른 속도로 산업화가 이뤄졌다. 그래서 많은 사람이 농촌에서 도시로 이동하는 도시화 현상이 나타났다. 현재는 대다수의 한국인이 도시에 살고 있고 서울을 중심으로 하는 수도권에 특히 많은 인구가 집중되어 있다.

오늘날 정치, 경제, 행정을 담당하는 주요 기관이나 기업들은 주로 도시에 있고 병원, 교육, 문화 등의 공공시설들도 농촌보다는 도시에서 훨씬 많이 접할 수 있다. 특히 도시에는 많은 사람이 살기 때문에 도로나 지하철 등의 대중교통 수단도 더 잘 갖춰져 있다. 그

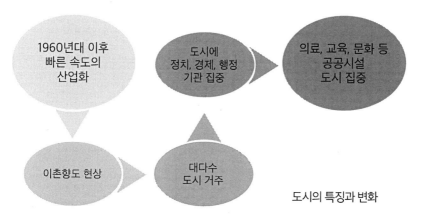

도시의 특징과 변화

래서 일반적으로는 도시의 생활이 농촌의 생활보다 편리하다고 생각한다.

그러나 다수의 사람이 도시에 살게 되면서 여러 가지 문제가 발생했다. 주택 가격이 폭등하고 교통이 복잡해졌고 환경오염과 같은 문제도 심각해졌다. 이를 해결하기 위해서 정부에서는 신도시를 개발하고 대중교통을 확충하고 하수 정비 시설을 늘리고, 공원을 정비하는 등의 노력을 하고 있다.

농촌의 특징과 변화

한국은 과거에는 농업 기반 사회였지만 산업화 이후 농촌에 사는 사람들의 수가 도시화로 인해 줄어들었다. 농촌 지역 사람들은 대부분 농업에 종사하는 경우가 많으며, 생활 범위가 좁기 때문에 지역 주민들의 유대감이 강하다. 또한 도시와 비교해 변화나 발전 속도가 느리기 때문에 전통적인 삶의 모습도 많이 발견하게 된다.

농촌에서 도시로 많은 사람이 이동하면서 농촌에서도 역시 여러 가지 문제가 발생하였다. 먼저 농사를 지을 인력이 부족하다. 그리고 젊은 사람들이 농촌을 떠나면서 노인만 남게 된 가정들이 많아 노인을 돌보는 문제가 나타나게 된다. 더 심각한 문제는 의료서비스 및 각종 편의시설이 부족하여 주민들의 생활이 도시와 비교해서 불편하다.

이에 따라서 정부와 지방자치단체에서는 농업 현대화를 통해 낙후한 시설을 발전시키고 농가의 소득을 높이기 위해 지역에 적절한 프로그램을 개발하고 있다. 또한 농촌에 사는 사람들도 수준 높은 삶을 누릴 수 있도록 농촌의 주택을 현대화하거나 문화시설을 만드는 등에 다양한 노력을 기울이고 있다.

인구 변화

한국의 인구는 현재 약 5,000만 명을 넘어섰는데, 2030년에 5,216만 명으로 고점을 찍고 2015년에 5000만 명, 2018년에 4,999만 명,

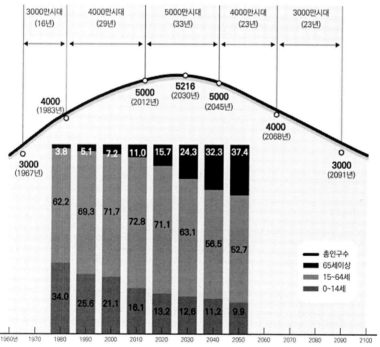

한국의 인구 추이와 인구 구조 변화(자료: 통계청, 단위: 만명, %)

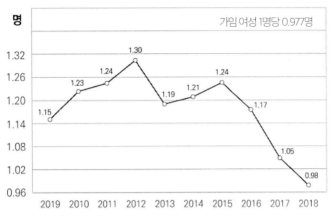

합계 출산율 (2018년 KOSIS, 통계청, 인구 동향 조사)

2091년에 3,000만 명으로 줄어든다. 이렇게 된 원인 가운데 하나는 1960년대에 시작한 산아 제한 정책의 영향으로 볼 수 있다. '둘만 낳아 잘 기르자'라는 표어가 등장하는 등 폭증하는 인구를 통제했기 때문이다.

최근에는 직장 생활을 하는 여성들이 많아지면서 전체적으로 결혼을 늦게 하게 되었고, 또 아이 낳기를 원하지 않는 경우도 늘어났다. 최근 한국의 출산율은 2019년 기준 합계 출산율이 0.977명으로,[3] 세계적으로도 매우 낮은 수치에 해당한다. 정부에서는 출산율을 높이기 위해 출산을 장려하고 있으며, 임신이나 출산, 보육과 관련된 여러 가지 지원 정책을 늘려가고 있다.

3   search.naver.com/search.naver?sm=top_sug.pre&fbm=1&acr=1&acq=합계출&
     qdt=0&ie=utf8&query=합계출산율

한국 사회에서 노인 인구가 꾸준히 늘어나는 것도 주목할 만한 현상이다. 2019년 만 65세 이상 인구가 800만 명을 넘어섰는데 그 비율이 전체 인구의 약 15.5%에 이르고 있다. 특히 일자리를 구하지 못해서 기본적인 생활을 할 수 없는 노인들의 숫자도 늘어나고 있다. 노인 빈곤율은 43.8%로 OECD 회원국 평균보다 3배가량 높다. 정부에서는 노인 빈곤율을 낮추기 위해서 기초연금을 확대하고 주거 복지 정책을 적극적으로 실시하고 있지만, 여전히 확대되어야 할 필요성이 제기되고 있다.

한국 사회의 다문화 현상

국내에 체류하는 외국인은 2016년에 이미 200만 명을 넘어섰다. 이는 전체 인구의 4%를 차지하는 것으로 나타났는데 베트남은 미국을 제치고 중국에 이어 두 번째로 체류 외국인이 많은 국가가 됐다. 14년 전인 2006년에 외국인이 91만 명이었는데 두 배 이상 인구가 급격하게 증가하였다는 것을 알 수 있다.

이러한 현상은 자연스럽게 다문화 가구원의 증가로 이어졌는데 2018년 인구주택 총조사에 의하면 우리나라 다문화 가구는 33만 5천 가구에 가구원은 100만 9천 명으로 총인구의 2%를 차지하게 되었다.

한국에 체류하는 외국인이 증가하는 주요 이유 중 하나는 직업을 구하기 위해 중국, 베트남, 인도네시아, 우즈베키스탄, 필리핀

등으로부터 한국으로 들어온 외국인 근로자의 증가이다. 즉, 외국인 노동자의 증가이다. 국내 노동자들의 인건비가 상승하고, 3D 업종에 대한 기피 등으로 인해 실질적인 노동력이 부족해지면서 정부에서는 부족한 노동력을 보충하고자 하였다.

다른 원인 중의 하나는 국제결혼이다. 1970년대 이후 산업화가 진행되면서 우리나라의 농촌 인구는 급격히 줄어들었고 농촌의 남성들은 여성이 부족하여 중국, 베트남, 일본, 필리핀, 캄보디아, 태국 등에서 온 결혼이민자의 증가도 주요 이유 중 하나이다. 또한, 2000년대 이후 공부나 사업을 위해 우리나라로 오는 외국인들이 늘어나면서 이들이 한국에서 다문화 가정을 이루는 사례도 증가하고 있다.

이렇게 한국 사회가 다민족, 다문화 사회로 진행하면서 한국 정부에서는 외국인 정책 기본계획을 수립하고 다양한 외국인이 한국 사회에 적응하여 어울려 살아갈 수 있도록 정책을 지원하고 있다.

한국의 복지 체계

옆의 그림은 한국에서 생활하면서 경험할 수 있는 다양한 상황을 가정한 것이다. 구체적인 예로는 회사에 오랫동안 다니다가 정년이 되어서 퇴임을 한 경우, 갑자기 회사에 다니다가 직장을 그만두거나 질병에 걸려서 생활이 어려울 경우가 생길 수 있다. 이 같은 경우가 발생하게 되면 가정은 경제적인 어려움에 직면하게 되고

회사에서 정년퇴임을 했어요   갑자기 회사에서 해고되었어요

회사에서 일을 하다가 다쳤어요   몸이 아파서 병원에 갔어요

정년, 해고, 상해, 질병(『사회통합프로그램을 위한 한국사회의 이해』, 34쪽 참조)

이는 곧바로 가정의 생존을 위협하게 된다.

정부는 이러한 상황에 놓이게 될 때 이를 극복할 수 있는 최소한의 복지 체계를 갖추어 나가고 있다. 대표적으로는 4대 보험이 이에 해당하는데 구체적으로는 건강보험, 고용보험, 국민연금, 산업재해보상이 그것에 해당한다. 이를 공공부조라고 부른다. 건강보험은 질병에 걸릴 때를 대비한다. 고용보험은 회사에서 해고되었을 경우 일정 기간 급여를 지원한다. 국민연금은 정년 후에 생활을 지원한다. 산업 재해보상은 산업 현장에서 사고가 나면 이를 보상하기 위한 공적 부조이다.

한국의 교육

한국의 교육열

저는 우주를 보고 싶지만 하지만 전 못 갑니다.

왜냐하면 영어도 가야 되고 피아노도 가야 되고

미술도 가야 되요.

그리고 우주선도 없고 그래서 못 갑니다.

(『사회통합프로그램을 위한 한국사회의 이해』 54쪽)

위 글은 초등학교 학생이 학원에 가야 하므로 자신이 하고 싶은 일을 하지 못하는 상황을 쓴 일기로 보인다. 우주를 보고 싶지만 여러 학원에 가야 하므로 우주를 볼 수 없는 심경이 고스란히 드러난다. 대학을 서열화하고 서열 순위가 높은 대학을 졸업이 사회적 성공과 안정으로 이어지는 사회적 인식이 이 안에서 볼 수 있다.

이러한 인식은 지나친 교육열로 이어지게 되고 자연스럽게 '고3병', '입시지옥'이라는 세태를 반영한 용어를 낳게 되었다. 그리고 대학 진학과 취업에 영어가 중요하기 때문에 국어 교육보다 영어 교육에 더 열중하는 모습이 나타나는데 그중에 하나가 영어유치원을 보내는 것이다. 이보다 더한 경우도 있는데 아이가 영어권 국가에 유학을 하러 가고 이 아이를 지원하기 위해서 엄마가 아이를 따라가는 경우도 있는데 이때 남편은 한국에서 재정적 지원을 감당한다. 이를 '기러기 가족'이라고 하는데 가족 관계에 부정적 영향을 미칠 수 있다.

높은 대학 진학률

한국에서는 모든 국민이 중등학교까지 의무 교육을 받아야 하고 조만간 고등학교 교육까지도 의무 교육이 이루어질 수 있도록 예산과 재정을 확충할 것이다. 그래서 거의 모든 학생은 고등학교까지 교육을 받고 있을 뿐만 아니라 대학 진학률도 80%에 이르고 있다. 한국에서 대학 진학률이 높은 이유는 교육이 사회적 지위를 바꿀 수 있다는 인식이 크다. 이는 대학 졸업이 임금과 밀접한 상관관계를 보기기 때문이다.

2016년 기준 한국 성인(25~64세)의 학력별 임금을 살펴보면 고교 졸업자의 임금을 100으로 봤을 때 전문대 졸업자 임금은 116, 대학 졸업자는 149, 대학원 졸업자는 198이었다. 지난해 발표된 조사 결과(2015년 기준)보다 각 1, 4, 9만큼 상승했다. 전문대졸자 임금은 OECD 평균(123)보다 낮았지만, 대졸자와 대학원 졸업자는 OECD 평균(각 144, 191)보다 높아 고졸자와의 임금 격차 역시 OECD 평균보다 큰 것으로 조사됐다.[4]

---

4 www.yna.co.kr/view/AKR20180911131800004

지역사회와 평생 교육

학교 교육만으로는 필요한 지식과 기술을 얻을 수 없는 사회가 되었다는 것을 인정하고, 본인이 필요할 때 원하는 분야를 계속해서 배울 기회를 제공하는 데 의의가 있다. 이는 한국 인구의 수명이 늘어나고 사회의 수요가 변화하기 때문이다. 정부에서는 구민회관, 주민센터, 평생학습센터 등과 같은 사회 시설을 활용하여 평생교육을 실시하고 있다. 구체적으로는 음악, 미술, 외국어, 컴퓨터, 운동, 문화체험 등이 이에 해당한다. 백화점이나 대형 할인점, 문화센터 등에서는 요리교실, 노래교실, 스포츠 댄스교실, 사진교실 등을 운영하고 있다. 또한, 사이버대학이나 원격 평생교육원을 통해서 온라인 강의를 시행함으로써 수요자가 장소에 크게 구애 받지 않고 자신을 개발할 수 있는 역량을 키워갈 수 있도록 돕는다.

특히 이민자를 위한 교육에는 사회통합프로그램을 실시하고 있다. 사회통합프로그램에는 한국어, 한국사회의 이해와 같은 교과목을 통해서 이주민 여성이 빨리 한국 사회에 적응할 수 있는 지식과 정보를 전달한다. 그리고 국적을 취득하거나 체류자격을 바꾸는 데 필요한 각종 절차에 대해서 안내한다. 또한 다문화가족지원센터에서는 한국사회 적응 교육, 취업지원 교육, 자녀교육지원 서비스를 운영하고 있고 EBS 교육방송에서는 이민자를 위한 한국어와 한국문화 강좌를 실시하고 있다. 그 외에도 컴퓨터, 요리, 운전면허 필기, 한국문화 체험, 이중 언어 교육, 제과, 제빵, 바리스타,

풍선예술, 손톱다듬기, 원어민 강사 등과 같은 평생교육을 하여서 이주민 여성의 적응을 돕는다.

한국의 문화

주거 문화

현대 시대에 있어서 한국 사람들이 사는 집의 형태를 살펴보면 우선 단독 주택과 공동 주택으로 나눌 수 있다. 단독 주택은 한 가구가 살기 위해 집을 한 채씩 따로 지은 것을 말한다. 반면에 다가구 주택은 단독 주택 안에 여러 가구가 같이 사는 것을 의미한다. 그리고 공동 주택은 아파트가 대표적으로, 현재 다수의 한국 사람들이 아파트에 사는 것을 선호한다.

한국 정부에서는 국민의 주거 생활의 안정을 돕기 위해서 공공 임대주택 사업과 장기전세주택 사업을 실시하고 있다. 그 외에도 국민임대주택, 공공임대주택, 보금자리주택, 장기전세주택, 행복주택과 같은 사업을 실시하고 있다. 이와 같은 사업은 저소득층이나 집이 없는 보통 사람들을 대상으로 하는데 주변 시세보다 싼 가격으로 집을 빌리거나 살 수 있다는 장점이 있다.

한국에서 집을 구하는 방법

한국에서 집을 구하는 방법에는 자가, 전세, 월세 세 가지 방법이 있다. 이 글에서는 한국 사람이 집을 구하는 대표적인 방법인 전세를 중심으로 설명하고자 한다. 전세는 집주인에게 일정한 돈인 보증금을 맡기고 계약 기간 동안 집을 빌려 사는 것이다. 이때 집주인과 계약이 끝나면 전세 보증금은 이사를 나갈 때 돌려받는다. 전세는 전세 보증금 사기가 발생할 수 있는 개연성이 있기 때문에 매우 주의할 필요가 있다.

먼저 집주인과 계약을 할 때 주의할 사항은 집주인이 전세로 들어가는 집의 실제 집주인인지를 확인하여야 한다. 이는 집주인의 주민등록증과 등기부등본 상의 정보가 일치하는지를 확인하고 등

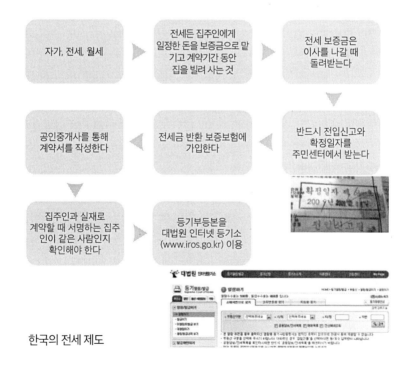

한국의 전세 제도

기부등본상의 갑구와 을구를 이해할 수 있는 능력이 필요하다.

다음으로 공인중개사를 통해 계약서를 작성한 후 반드시 전입신고와 확정일자를 주민센터에서 받는다. 이는 향후 있을 전세금과 관련한 분쟁에서 자신이 우선 변제 받을 수 있는 전세금을 보호할 수 있는 최소한의 조건이 된다. 전세금을 가장 확실하게 지킬 방법은 전세금 반환 보증 보험에 가입하는 것이다. 일정 정도의 수수료만 내면 한국 정부가 보증하는 공사에서 문제가 생겼을 때 세입자의 전세금을 먼저 보호하는 방식이다.

평생교육

정부에서는 학교 교육만으로는 필요한 지식과 기술을 얻을 수 없다고 보고 본인이 필요할 때 원하는 분야를 계속해서 배울 수 있는 교육 환경을 마련하였다. 예를 들어서 구민회관, 주민센터, 평생학습센터를 통해서 교육을 지원하고 있다. 이런 시설을 통해서 교육을 받는 것의 장점은 수업료가 싸다는 데 있다. 그 외에도 음악, 미술, 외국어, 컴퓨터, 운동, 문화체험을 할 수 있고 이뿐만 아니라 백화점이나 대형 마트, 문화 센터 등에서 요리교실, 노래교실, 스포츠댄스교실, 사진교실 등을 운영하거나, 사이버대학이나 원격평생교육원 등을 통해서 평생교육을 지원하고 있다.

정부의 평생교육 체제는 자연스럽게 이민자를 위한 교육 프로그램의 수립과 시행을 용이하게 하였다. 특히 법무부에서 실시하는 사회통합프로그램은 국적을 취득하거나 체류자격을 바꾸고자 하는 이민자들을 위한 프로그램을 제공한다. 또한 다문화가족지원센터에서는 한국사회 적응교육, 취업지원교육, 자녀교육지원 서비스, EBS 교육방송을 통해서 이민자를 위한 한국어와 한국문화 강좌를 운영한다. 그 외에도 컴퓨터 실기 교육, 한국 요리 실습, 운전면허필기 시험, 한국문화 체험, 이중 언어 교육, 제과, 제빵, 바리스타, 풍선예술, 손톱다듬기, 원어민 강사 등을 지원한다.

이에 더하여 민간에서는 이민자 자녀를 위한 다문화 대안학교를 설립하여 운영하고 있다. 대안학교에서는 한국어 수업, 다중언어 수업, 다문화 수업, 직업교육 등의 프로그램을 실시하고 있다. 다음은 다문화 대안학교를 실제적으로 운영하는 곳으로 지구촌학교, 서울다솜학교, 한국폴리텍다솜학교, 아시아 공동체 학교, 새날학교 등이 있다. 이주민 여성은 자신의 자녀를 정규 학교에 보낼지 아니면 대안학교에 보낼지를 선택할 수 있다.

전통 가치와 연고

한국 사람은 처음 만나는 사람으로부터 나이, 사는 곳, 직장, 자녀 수 등과 같은 질문을 받는 경우가 있다. 자신과 공통점은 없는지, 비슷한 점은 무엇인지 등을 알고 싶어 하는데 이는 상대방에게 갖는 관심이다. 한국인은 서로의 공통점을 연결고리로 생각하는데 이는 공동체를 중시하는 한국 사람들이 연고를 중요하게 생각하는 것과 관련이 있다. 한국 사람이 중요하게 생각하는 연결고리는 대표적으로 혈연, 학연, 지연이다.

혈연은 가족이나 친족 관계 등과 같은 핏줄로 이어진 인연을 의미한다. 이는 한국인이 가문을 중요하게 생각하는 것과 관련이 있다. 특히 한국은 족보를 만들어 기록할 정도로 가문을 중요하게 여긴다. 처음 보는 사람이라도 같은 성씨에 같은 가문의 사람이라면 중요한 인연이라고 생각한다. 1970년대 발전을 거치면서 직장, 공부, 결혼 등을 이유로 원래 살던 곳을 떠나 새로운 곳으로 옮기는 사람들이 많았다. 새로 정착한 곳에서 사람들은 향우회와 같은 조직을 만들어 같은 지역 출신 사람들끼리 친목을 다지기도 한다.

또한 고향이나 출신 지역이 같으면 지연이라고 하고 같은 학교 출신에 따라 이어진 인연을 학연이라고 한다. 특히 출신 고등학교와 대학교를 통해 맺어지는 학연이 중시되고 있다. 졸업 후에도 동문회를 조직하여 만남을 이어가는 경우가 많다. 대학에서는 고등학교 동문회, 직장에서는 대학교 동문회를 쉽게 찾아볼 수 있다. 같은 고등학교나 대학교를 졸업한 사람들끼리 사회생활 중에도 서로 돕고 의지하는 경우가 많다.

한국의 정치

한국 정치의 특징

정치란 나라를 다스리는 일이다. 대한민국 헌법 제1조는 대한민국의 주권이 국민에게 있고, 민주주의 제도에 바탕으로 한 공화국임을 밝히고 있다. 민주주의란 국민을 위해 국민의 뜻에 따라 정치가 이루어지는 제도를 말한다. 공화국은 권리가 왕이 아닌 국민에게 있다는 의미이다.

민주공화국인 한국에서는 국민이 주인이고, 인간존중의 정신과 자유, 그리고 평등을 중요하게 생각한다. 또한, 모든 국민이 평등하고 자유롭게 정치에 참여하며, 국민의 뜻에 따라 나라를 다스리는 민주정치가 이루어진다.

정치제도

한국은 민주주의 국가로 국민이 선거를 통해서 자신의 의사를 대표할 사람을 직접 뽑는다. 한국에서 투표를 할 수 있는 권리인 선거권은 만 18세 이상의 대한민국 국민에게 주어진다. 선거는 보통 · 평등 · 직접 · 비밀 선거라는 4대 선거원칙에 따라 치러진다.

보통선거는 국민으로서 만 18세가 되면 성별 · 재산 · 학력 · 권력 · 종교 등에 관계없이 누구나 선거에 참여할 수 있다는 것이다. 평등선거는 성별 · 재산 · 학력 · 권력 · 종교 등의 조건과 관계없이 공평하게 한 표씩 투표한다는 것이다. 직접선거는 선거권을 가진 국민이 직접 자신들의 대표를 뽑는다는 것이다. 비밀선거는 투표한 사람이 어느 사람을 선택했는지 다른 사람이 알지 못하게 한다는 것이다.

외국인은 국민이 아니기 때문에 국민과 동등한 선거권을 가질 수 없다. 대통령 선거나 국회의원 선거와 같이 국민의 대표를 뽑는 선거에서는 후보로 나갈 수 없고 투표도 할 수 없다. 그러나 한국에서는 일정한 자격을 갖춘 외국인에게 지역 주민의 대표를 뽑는 선거에 참여할 수 있는 권리를 주고 있다. 투표일을 기준으로 영주권을 얻은 뒤 3년이 지난 만 18세 이상의 외국인 중 지방자치단체의 외국인등록 대장에 등록된 사람은 누구나 선거권을 갖는다. 다만 이들은 지방자치단체의 지역 안에서 세금을 내는 등 주민의 의무를 다 한 사람에 한한다.

정부 형태

한국의 정부 형태는 크게 입법부, 행정부, 사법부로 나눌 수 있다. 행정부는 국가와 국민에게 필요한 일을 직접 수행하는 곳이다. 예를 들면 행정부는 군대를 통해 나라를 지키고, 경찰을 동원해 사회 질서를 유지하고 경제, 문화, 환경 등의 영역에서 국민의 삶과 생존을 위해 일한다.

한국에서는 5년마다 실시되는 국민의 직접선거로 대통령을 선출하고 대통령 아래에는 국무총리를 두어 국방, 외교, 문화, 경제

등 여러 부처의 장관들이 민생을 챙기고 있다.

정치 과정

현대 한국 사회는 빠르게 변화하고 있다. 빠른 변화는 사람들이 직업이나 관심, 가치관 등이 무척 다양해지고 복잡해졌음을 의미한다. 특히 민주주의가 발전하면서 자신의 이익이나 주장을 적극적으로 나타내는 사람도 많아졌다. 서로 다른 생각을 하는 사람들이 만나게 되면 자신들의 이익과 주장이 충돌하게 되고 자연스럽게 사회적인 갈등이 생기기 마련이다. 그러나 이러한 갈등은 매우 자연스러운 것이다. 그렇다고 해도 갈등이 해결되지 않으면 여러 가지 혼란이 발생하기 때문에 다양한 국민들의 의견을 잘 받아들이면서 민주적으로 갈등을 해결하는 정치 과정이 중요하다.

정부를 상대로 자신의 주장을 실현하기 위해 적극적인 행동에 나서는 경우도 많아지고 있다. 국민들의 공통된 의견을 여론이라고 하는데 정부는 여론에 귀를 기울여 국민을 위한 정책이 실현되도록 노력해야 한다.

정치에 참여하는 방법에는 세 가지가 있다. 첫째, 선거를 통해서 자신의 의사를 나타낸다. 둘째, 다른 사람들에게 집회 · 시위를 통해서 공공장소에서 자신의 의견이나 주장을 알리는 방법이다. 특히 요즘에는 거리행진, 촛불시위, 1인 시위 등과 같이 대체로 온건한 방식으로 정치적 주장을 표현하는 경우가 많다. 셋째, 언론을 통

"저는 우리 지역에 원자력발전소가 들어오는 것에 반대합니다. 그래서 원자력발전소를 짓지 않겠다고 약속하는 후보에게 투표했습니다." — 선거로

"장애인들이 이동하기에 얼마나 힘든지 아세요? 장애인들을 위한 버스를 많이 만들어달라고 1인 시위를 했습니다." — 집회와 시위로

"아이를 낳고 보니 출산휴가가 너무 짧습니다. 인터넷 게시판을 통해 출산 휴가를 늘리자는 주장에 찬성하는 사람들을 모으고 있어요." — 언론을 이용

정치 참여의 방법 (「사회통합프로그램을 위한 한국사회의 이해」 102쪽 참조)

해 자신의 의견을 많은 사람들에게 알리는 것도 중요한 정치참여 방법이다. 신문이나 TV 등의 대중매체는 많은 사람들에게 자신의 의견을 알릴 수 있는 중요한 수단이다. 또한, 최근에는 인터넷 등을 통해 개개인이 수많은 사람들에게 직접 자신의 견해를 전달하고 국민들의 관심을 불러일으키는 경우도 늘고 있다.

한국의 경제

한강의 기적

1960년 1인당 79달러에 불과했던 국민총소득은 2017년도에 이르러 3만 달러를 달성했다. 이는 50년 만에 약 300배가 증가한 수치로 사람들은 이를 '한강의 기적'이라고 부른다.

천연자원, 기술, 자본이 많지 않았던 한국은 풍부한 노동력을 활

1인당 국민 총소득 추이 (단위: 달러, 자료: 한국은행)

용하여 수출을 통해 외국에서 돈을 벌어오는 방식으로 경제를 성장시켰다. 1960년대에는 옷, 신발, 가발 등 주로 경공업 제품을 수출하였고 1970년대와 1980년대를 거치면서 철강, 자동차, 선박 등 중화학 공업 제품을 주로 수출하였다. 2000년대에 한국이 가장 많이 수출하는 상품은 반도체, 선박, 자동차, 휴대폰, 석유 제품 등이다.

1964년 겨우 1억 달러를 수출했던 한국은 2019년 12월 현재 5424억 달러를 기록했다. 이로써 세계에서 9번째로 큰 무역 대국이 되었다. 한국과 무역을 많이 하는 나라에는 중국, 미국, 일본 등이며, 이들 3개국이 한국 수출에 차지하는 비중은 40%에 달한다. 우리나라의 주요 수출 대상국인 미국 · 일본 · 중국 3강 체제가 올해 들어 완전히 재편됐다. 중국, 미국에 이어 홍콩과 베트남이 올라오고 일본은 5위로 떨어졌다. 특히 베트남의 성장세가 가팔랐다[5]. 20

5 www.hankookilbo.com/News/Read/201511060899054807

년만의 지각변동이다.

　자원, 기술, 자본 등이 많지 않았지만 한국이 수출을 늘리고 경제
성장을 할 수 있었던 것은 가난을 극복하겠다는 의지와 높은 교육
열이라고 할 수 있다. 우수한 노동력을 활용하여 괄목할 만한 성장
을 이룬 것이다. 한국 경제는 5G 시대를 맞아 다음 시대로 도약할
준비를 하고 있다. 지금보다 미래를 기대할 수 있기 때문에 한국 경
제에 대한 기대는 크다.

세계의 주역이 되고 있는 한국 경제

현재 한국의 경제 규모는 2018년 기준 국내총생산 규모가 세계 12
위를 위치했다. 그리고 1인당 국민 총소득은 순위는 세계 30위권
으로 나타났다. 세계은행에 따르면 2018년 한국의 명목 국내총생
산은 1조 6천 194억 달러로 전 세계 250개국 중 12위를 차지했다[6].
이 순위는 2009년 14위를 차지한 이후로 한 걸음씩 앞으로 나아가
고 있다.

　한국의 제품 중 전 세계에서 압도적 1위를 차지하는 품목은 여
러 가지가 있다. 스마트폰 디스플레이는 2018년 현재 세계시장 점
유율이 42.5%를 차지했고, 조선업은 2018년 현재 1090만 CGT를
수주하면서 시장점율 42%를 차지했고, D램은 74.7%를 차지했다.
그동안 한국 경제가 첨단 제품과 기술 개발을 위해 투자했던 노력

6　www.yna.co.kr/view/AKR20190706050300002

이 성과를 보인 것으로 볼 수 있다.

위와 같은 경제 성장에 힘입어 한국은 도움을 받던 나라에서 주는 나라가 되었다. 1996년 경제협력개발기구(OECD)에 가입하였는데 이는 한국이 경제적, 정치적, 사회적으로 선진국의 자격이 있다는 것을 국제적으로 인정받은 것이다. OECD 가입을 계기로 한국은 자유무역을 지속적으로 확대하고 있으며, 오늘날 환경과 녹색 성장을 통한 지속 가능한 성장을 최우선 과제로 삼고 있다.

한국은 과거 해외에서 도움을 받았던 나라이기 때문에 이에 보답하기 위하여 경제가 어려운 다른 나라를 능동적으로 돕고 있다. 2009년 OECD 산하 개발원조위원회(DAC) 회원국으로 인정받은 한국은 다른 나라로부터 도움을 받아 온 나라에서 도움을 주는 나라로 바뀐 첫 번째 사례로 꼽힌다.

취업하기

한국에는 많은 일자리가 있는데 일자리를 갖기 위해서는 국가나 사회의 제도적 노력을 적절하게 이용할 수 있는 개인적 노력이 필요하다. 직업을 갖고자 하는 사람은 적극적으로 자신이 원하는 직업을 탐색하고, 그 직업에 필요한 능력을 갖추기 위해 준비해야 한다.

먼저 인력을 채용하려는 정보에 관심을 갖는 것이 필요하다. 일자리가 있어도 자신이 일자리를 찾는 노력을 하지 않으면 일자리를 찾을 수 없다. 따라서 일자리를 찾을 때는 신문이나 인터넷 등에 올라온 구인공고를 자세히 관찰하면서 그 직업이 자신에게 맞는지를 확인하는 것이 중요하다.

일자리를 구할 때 무엇보다도 중요한 것은 그 일자리가 원하는 직무 능력이라고 할 수 있다. 직무능력이 뛰어난 사람은 해당 일자리에서 인정을 받고 좋은 급여를 보장받을 수 있다. 직업학교나 평생교육기관, 한국산업인력공단 등에서는 전문적인 직업 교육 프로그램을 운영하고 있다. 이런 기관을 통해서 일정 기간 특정한 일자리에 대한 능숙도를 키우면 취직이 한결 쉬워진다. 또한 전문성을 증명해주는 자격증을 따거나 관련 분야에서 현장 실무 경험을 쌓게 되면 보다 좋은 대우를 받을 수 있다. 취업을 하기 위해서는 자격증이나 경력 등을 이력서에 꼼꼼히 써서 회사가 이 사람의 능력을 쉽게 파악하도록 하는 것이 중요하다.

취직할 때 주의해야 할 점도 있다. 자신이 취업하려고 하는 업체가 정식으로 정부에 등록된 곳인지, 하는 일은 무엇이며 그 일이 불법적이지 않은지 확인해야 한다. 그리고 취업 이후에도 임금이나 근로조건 등에서 부당한 대우를 받지 않도록 노동자가 누릴 수 있는 기본적인 권리를 알아야 한다. 특히 이민자나 외국인의 경우 일자리 관련된 문제는 고용노동부나 한국산업인력공단 등에 문의하여 정보를 얻는 것이 필요하다.

참고문헌

법무부 출입국 외국인정책본부, 『사회통합프로그램을 위한 한국사회의
이해』, 2013. 12.

https://www.pinterest.co.kr/pin/506303183078465070/

http://monthly.chosun.com/client/mdaily/daily_view.asp?idx=26
51&Newsnumb=2018012651

https://search.naver.com/search.naver?sm=top_sug.
pre&fbm=1&acr=1&acq=합계출&qdt=0&ie=utf8&query=합계
출산율

https://www.yna.co.kr/view/AKR20180911131800004

https://www.hankookilbo.com/News/Read/201511060899054807

https://www.yna.co.kr/view/AKR20190706050300002

한국어의 차별 표현 어떻게 할 것인가

10강_박동근

들어가기

2018년 11월 23일 국가인권위원회는 인권위 설립 17주년을 맞아 '세상을 바꾼 17년'이라는 주제로 기념식을 열고 그동안 인권위가 내린 좋은 결정 30개를 선정하여 발표했다. 그 가운데 하나가 크레파스 등의 색이름으로 '살색'을 사용해 온 것을 피부색에 따른 인권 차별로 규정하고 시정토록 한 일(2002년)이다.

2001년 11월 김해성 목사와 외국인 노동자들은 "크레파스의 특정 색을 '살색'이라고 부르는 것은 인종 차별이라며, 산업자원부 산하 기술표준원과 세 곳의 크레파스 제조업체를 상대로 국가인권위원회에 진정을 하였다. 이에 국가인권위원회는 "기술표준원이 정한 '살색' 색명은 특정 피부색을 가진 인종에게만 해당되고 황인종이 아닌 인종에 대해 합리적 이유 없이 헌법에 보장된 평등권을 침해할 소지가 있으며, 인종과 피부색에 대한 차별적 인식을 확대할 수 있다"고 결정하였다. 이에 기술표준원은 국가인권위원회의 권고를 받아들여 2002년 11월부터 '살색' 대신 '연주황'을 사용하도록 하였다.

그 후 2004년 8월 여섯 명의 어린이가 '연주황'의 색이름에 대해 다시 문제를 제기하였다. 지나치게 어려운 한자어인 '연주황'을 사용하는 것은 어린이에 대한 차별이자 인권 침해이므로 '살구색'이나 '봉숭아색' 같은 쉬운 표현으로 바꾸어 달라며 국가인권위원회에 다시 진정서를 제출하였다. 어른들의 일부만 한자 뜻을 제대로 이해할 수 있는 표현을 색이름으로 채택한 것은 어린이들에 대한 차별 행위가 분명하며 국가 기관이 어린이들의 인권을 침해하는 행위라는 것이다. 이에 2005년 5월 17일 기술표준원은 '연주황'을 다시 '살구색'으로 개정 고시하였다.

이 사건은 우리 사회에서 차별 표현이 공론화된 계기 중 하나가 되었다. 여기서 주목할 점은 2000년대 초까지 우리가 '살색'이라는 말을 사용하면서 누군가를 의도적으로 차별하려고 한 것은 아니라는 점이다. 그냥 푸른 하늘의 색을 이름으로 가져와 '하늘색'이라고

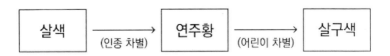

살색 →(인종 차별) 연주황 →(어린이 차별) 살구색

하거나 개나리꽃의 빛깔과 같은 노랑색을 '개나리색'이라고 하는 것처럼 자연스럽게 사물의 색에 빗대어 관용적으로 써온 것이다. 하지만 우리는 이러한 말들이 누군가에게 불편하고 상처가 될 수 있으며 사회 갈등의 요인이 될 수 있다는 것을 잘 인식하지 못했다. '살색' 이름이 문제가 되었을 때 어린이에 대한 배려가 있었다면 연주황이라는 어려운 이름을 살색의 대안으로 마련하지 않았을 것이다.

한 사회에서 사용하는 언어는 그 언어 사용자들의 사고와 의식을 반영한다. 함께 사는 사회에서 차별을 없애고 사회적인 약자를 배려하는 마음이 필요하다. 그리고 이러한 실천은 바른 언어의 사용에서 시작한다. 이제 이 이야기를 시작하려고 한다.

PC운동(Political Correctness)과 언어 차별

서구에서는 일찍이 언어 차별 개선에 대한 관심과 노력이 있었다. 이를 구체적인 실천으로 옮긴 것이 PC운동이다. PC(Political Correctness)는 우리나라에서 주로 '정치적 공정성'이나 '정치적 올바름' 등으로 번역하는데, 주로 미국 중산층들의 언어 사용에 주목하여 차별이나 편견의 요소가 있는 언어 표현이나 사회적 약자나 소수자에게 불쾌감을 주는 표현을 쓰지 말자는 신념, 또는 그러한 신념을 적극적으로 실천하는 사회 운동을 말한다. PC운동은 1980

년대 미국 각지의 대학생들이 주축이 되어 전개되었는데 특히 인종차별이나 성차별적 표현을 개선하는 데 크게 기여하였으며, 현재도 진행 중인 사회 운동이다.

PC운동을 통해 제안된 표현 가운데 특히 장애인에 대한 용어는 굴곡이 많았다. 장애인을 지칭하는 말을 사전에서 찾으면 'disabled person'이라고 나온다. 이는 여전히 공적인 용어이긴 하지만 PC의 관점에서 disabled person(불구자)은 handicapped person(장애인)으로 부르게 되었다. disabled에는 단순히 신체적으로 불편하다는 의미에 더해 무능력자라는 뉘앙스가 있어 장애인에 대한 그릇된 편견을 줄 수 있기 때문이다. 이를 완곡하게 표현한 것이 'handicapped'이다. 그래서 미국에서는 장애인을 handicapped person, 장애인 주차장을 handicapped parking 으로 부르곤 한다. 하지만 handicapped에도 여전히 부정적인 가치 판단이 내재하고 있어 1990년 이후에는 이마저도 점차 쓰지 않는 추세라고 한다. 이후 장애인의 잔존 능력을 강조하여 differently-abled라는 용어가 제안되기도 하였고 장애보다 사람을 먼저 두자는 취지로 person with a disability라는 표현도 있지만 큰 호응을 얻지는 못한 것 같다. 또 무한한 가능성에 도전하는 사람들이라는 점을 강조하여 physically challenged로 부르자고 한다. 하지만 이렇게 장애를 완곡하게 표현하는 것이 오히려 장애인이 원치 않는 온정을 담고 있지 않은지 반성하며 사실 그대로

'disabled person' 또는 'person with a disability'라 부르자는 의견도 여전히 있다. 평창 패럴림픽 조직위원회에서는 장애인 선수들을 지칭할 때 disability 대신 impairment를 쓸 것을 권고했다. disability나 disabled에는 '능력이 부족한, -를 할 수 없는'이라는 '무능력'의 의미가 포함돼 있기 때문이다. 반면에 impair는 '손상되다, 훼손되다'는 사실 중심의 의미로, 장애인 선수들이 무엇을 할 수 없는지가 아니라 무엇을 성취했는지에 주목해야 한다는 것이다.

다민족 국가인 미국은 특히 흑인과 백인 사이에 첨예한 인종 갈등이 있었다. 흑인을 비하하는 용어로 negro(검둥이)가 있다. 한국 사람이 일본인을 비하하는 쪽발이나 중국인을 비하하는 짱깨처럼 인종 차별적 표현이다. 처음부터 negro가 비하의 의미를 갖고 있었던 것은 아니었지만 negro가 비하의 뉘앙스로 정착되면서 1960년대의 흑인 민권 운동에서 negro를 거부하고 black을 사용하였다. 1990년대에는 black 또한 공격적인 용어라 판단하여 아프리카계 미국인이라는 의미의 가치 중립적인 African-American를 사용토록 하였다. 구어에서는 줄여서 Afro-American으로 부른다. black은 지금도 인종 구분이 필요할 때 사용하긴 하지만 현재 공적인 문서에서는 대개 African-American을 사용한다.

PC운동의 결과 장애인이나 흑인을 지칭하는 용어처럼 첨예하진 않더라도 차별이나 편견을 줄 수 있는 용어에 대한 지속적인 제안 및 개선이 이루어졌다. 여성 역할에 고정관점을 심어줄 수 있는 housewife(집사람)는 domestic engineer로, 비행기 객실에서 안전과 기내 서비스를 제공하는 승무원은 남성과 여성을 구분하여 steward(스튜어드), stewardess(스튜어디스)로 달리 불렀던 것을 2000년대 이후에는 성차별과 관련한 정치적 올바름 문제가 대두되어 남녀를 구분하지 않고 중립적 표현인 'flight attendant'라고 한다. 살이 쪄서 뚱뚱한 사람을 놀림조로 말하는 'fat person'(뚱보)은 부정적인 가치를 배제한 'large person' 등으로 대체하고자 하였고, Indian(인디언)은 Native American(아메리카 원주민) 또는 퍼스트 네이션스(First Nations)라는 대체어가 사용된다.

그런데 PC운동이 정치적 올바름이라는 개념에 과도하게 집착해 대중들의 반감과 거부감을 사기도 한다. 지나치게 표현의 자유를 억압한다는 것이다. PC운동가들은 이에 공감하지 않는 사람들을 인종차별주의자나 성차별주의자라고 매도하여 또 다른 사회 갈등의 요인이 되기도 한다. 하지만 PC운동이 다문화주의의 상징이자 사회적 약자와 소수자를 배려하는 건전한 실천방법이라는 것은 부인하기 어렵다.

한국 사회에서 언어 차별의 공론화

영미권에서 80년대 PC운동이 전개된 것에 비해 한국 사회에서 차별 표현에 대한 관심은 많이 늦은 편이다. 언중들의 의식뿐만 아니라 학술적인 관심도 미미하였다. 주로 담화·화용론의 차원에서 남녀의 언어 차이를 연구하면서 성 차별적 표현이 일부 논의된 정도였다. 하지만 우리나라가 급속도로 다문화 사회로 변모하면서 차별의 대상이 되는 새로운 사회 구성원이 형성되었다. 무엇보다 한국 사회가 평등의 가치에 주목하고 사회적 약자에 대해 관심을 가질 만한 여유가 생기면서 점차 언어 차별에 대한 관심이 대두되기 시작하였다.

2000년대 들어 여러 사회단체나 국가 기관에서 장애인 차별, 인종 차별 등 좀 더 다양한 대상의 언어 차별 표현에 대한 실태 조사와 문제 제기가 이루어졌다. 우리나라는 아무래도 오랜 남성 중심의 유교적 사고관이 지배해 온 터라 여성 차별 표현이 적지 않으며 이에 여성 단체 중심으로 이러한 문제 제기가 나오기 시작했다.

2004년 4월 '건강가족시민연대'에서는 개선해야 할 가족 용어를 조사하여 바꾸어 써야 할 말과 쓰지 말아야 할 말로 나누어 발표한 바 있다. 예를 들어 주인양반은 남편으로 집사람은 아내로 부르고, 불우이웃은 나눔이웃으로 혼혈아는 다문화 가정 2세로 쓸 것을 제안하였다. 주인양반이나 집사람은 남성과 여성에 대한 고정된 성역할에 대한 선입견을 줄 수 있어 가치중립적인 남편, 아내로 써야 한다는 것이다. 우리는 연말이면 선의로 불우이웃 돕기 운동을 하는데, 좋은 마음과 달리 불우이웃이라는 표현에는 우리가 도움을 주는 대상을 불우한 사람이라고 사회적으로 낙인을 찍는 셈이다.

불우이웃이 아니라 경제적으로 어려워서 물질적인 도움을 주는 대상이라는 의미에서 나눔이웃이라 부르자는 것이다.

'혼혈아'라는 말은 더욱 좋지 않다. '혼혈아'는 사전적으로 서로 인종이 다른 혈통이 섞인 사람을 말한다. 사전적 의미로만 본다면 차별 표현이라기 보기 어렵다. 하지만 이 말에는 불평등한 선긋기가 있다. 단일민족의 가치를 중시한 순혈주의는 외국인과 결혼하여 낳은 아이들을 '혼혈아'라 하여 색안경을 끼고 봐왔던 것이 사실이다. 2007년 8월 유엔 인종차별철폐위원회는 한국이 다민족 사회라는 것을 인정하고 단일민족이라는 이미지를 극복할 것을 권고하였다. 이에 건강가족시민연대는 혼혈아 대신 다문화 가정 2세를 사용할 것을 제안하였다. 하지만 다문화 가정 2세라는 표현 역시 당사자들이 좋아하지 않는다고 한다. 선을 긋는 것은 매한가지이기 때문이다.

아예 쓰지 말아야 할 말로는 결손가정, 과부, 미망인, 홀애비, 홀애미, 새엄마, 새아빠, 계모 등을 제시하였다. '결손가정'을 국어사전에서 찾으면 부모의 한쪽 또는 양쪽이 죽거나 이혼하거나 따로 살아서 미성년인 자녀를 제대로 돌보지 못하는 가정이라고 풀이하고 있는데 '결손'이라는 말에 부정적인 가치판단이 들어 있어 적절하지 않다. 사전의 뜻대로라면 결손가정에서 자란 자녀는 제대로 돌봄을 받지 못해 미완성된 인간일 가능성이 높다는 의미를 함의한다. 이에 '결손가정'은 '한부모가정'으로 순화하여 부르도록 하였으나 부모가 모두 없는 경우의 의미를 포함하지 못하고 있다.

'미망인'은 얼핏 높은 지위에 있는 남편을 사별한 사람을 높이 부르는 것으로 인식된다. 미망인이라는 말은 중국의 〈춘추좌씨전(春秋左氏傳)〉에 나온다.

초(楚)나라 재상인 자원(子元)은 형수인 문부인을 유혹할 마음으로 부인의 궁전 옆에 관사를 짓고 만(萬)이라는 춤을 추었다. 이를 들은 문부인이 울면서 말하길 "선왕은 이 무악(舞樂)을 군사 훈련을 위해 썼다. 이제 재상이 이것을 원수 갚는 일에 쓰지 않고 이 미망인 옆에서 추고 있으니 이상하지 않은가" (〈춘추좌씨전〉 장공 28년 조)

여기서 미망인(未亡人)의 본래 뜻은 아닐 미(未), 죽을 망(亡), 사람 인(人)으로 남편과 함께 죽지 않은 사람이라는 뜻이다. 본인이 스스로 낮추어 부르는 경우라면 사용이 가능할지라도 타인이 사별한 부인을 지칭할 때 사용할 수 있는 말은 아니다. 물론 현대에 이르러 본래의 여성차별적 의미는 사라지고 대중에게는 오히려 과부보다 더 격식을 차린 말로 인식되므로 그냥 사용해도 좋다는 의견도 있다. 한편 '유가족, 유족'처럼 유부인이라는 말을 사용하자는 의견이 있지만 널리 사용되지 않으며 '돌싱(돌아온 싱글)'으로 대신하자는 의견도 있지만 돌싱은 주로 이혼한 남성이나 여성을 지칭하는 의미로 한정해서 쓰기 때문에 적절한 대안은 못 된다.

2006년 11월 프레스센터에서 열린 '성 평등한 미디어 언어 개발을 위한 토론회'에서 '한국여성개발원' 이수연 연구위원은 2006년 7월 10일부터 30일까지 21일 동안 3개의 일간신문, 4곳의 지상파 텔레비전, 3곳의 인터넷 검색 사이트 등의 매체를 모니터링한 뒤 성차별적 미디어 언어를 다음과 같이 7가지로 분류하였다.

ㄱ. 남성형으로 여성까지 대표 : -맨(man)

ㄴ. 여성 전문가 혹은 여성 인사의 성별화 : 여류

ㄷ. 성별 예외성 강조 : 남자보다 강한 여자, 철의 여인, 열혈 아빠

ㄹ. 고정 관념적 속성 강조 : 청순녀, 내숭녀, 요조숙녀, 흑기사

ㅁ. 성 차별적 이데올로기를 표현하는 언어 : 현모양처

ㅂ. 선정적 표현 : 꽃처녀, 섹시 레이디, 애마 소녀

ㅅ. 성적 신체적 측면을 이용한 표현 : S라인, 쭉쭉빵빵

이에 대해 발표자는 대안으로 다음과 같이 중성적인 표현을 사용하고 언어에 여성 비하나 성적 함축성을 없앨 것을 제안하였다.

ㄱ. 스포츠맨 · 스포츠맨십 → 운동선수 · 운동정신

ㄴ. 내연녀 · 동거녀 → 내연인 · 동거인

ㄷ. 친가 · 외가 → 아버지 본가, 어머니 본가

ㄹ. 레이싱걸 → 경주도우미

ㅁ. 접두사 처녀 → 첫- (예: 처녀작 → 첫 작품)

ㅂ. 창녀 · 매춘 · 윤락녀 → 성매매 여성

이렇게 민간 주도로 이루어진 공론화는 이후 국가 정책 차원에서 관심을 갖게 된다. 국립국어원은 2006년 처음 특정한 사회 집단이나 개인에 대한 차별적인 언어 표현과 사회적 사건이나 사실의 전달 과정에서 나타나는 비객관적인 언어 표현을 조사 분석하여 대안을 제시하는 것을 목적으로 정부 차원에서 수행한 본격적인 언어 차별 실태 보고서를 낸다. 이어 성차별적 언어 표현 사례 조사, 지역 · 민족 · 인종에 대한 차별적 언어 표현 개선 연구를 수행하고 이러한 연구 성과를 바탕으로 대중에게 좀 더 쉽게 전하기 위해 2009년에는 『이런 말에 그런 뜻이? - 차별과 편견을 낳는 말들』을 펴냈다.

2014년 국립국어원에서 낸 『표준국어대사전』의 '사랑' 뜻풀이가 화제가 되었다. 2012년 6월 경희대학교 대학생 5명은 국민권익위원회가 운영하는 국민신문고(www.epeople.go.kr)에 "표준국어대사전에 올라 있는 '사랑' 등의 정의가 남녀 관계에만 한정돼 있어 성적 소수자의 권리가 무시되고 있다"며 사랑의 정의를 바꿀 것을 제안하였다. 국립국어원은 성적 소수자들을 인정하는 사회적 분위기를 반영해 같은 해 11월 『표준국어대사전』에서 사랑과 관련한 5개 단어의 뜻풀이를 바꾸었다. 당시 뜻풀이가 바뀐 단어는 '사랑', '연애', '애정', '연인', '애인' 등 모두 5개였다. '사랑'은 "어떤 상대의 매력에 끌려 열렬히 그리워하거나 좋아하는 마음", '연애'는 "연인 관계인 두 사람이 서로 그리워하고 사랑함", '애정'은 "애인을 간절히 그리워하는 마음", '연인'은 "서로 열렬히 사랑하는 관계에 있는 두 사람. 또는 몹시 그리며 사랑하는 사람", '애인'은 "서로 열렬히 사랑하는 사람"으로 각각 뜻풀이를 바꾸었다. 이들 단어의 행위 주체를 전통적인 성 관념에 따른 '남녀'로 명시하지 않고 동성애자 등 성 소수자까지 포괄할 수 있는 여지를 둔 셈이다. 그러나 한국교회연합은 2012년 10월 국립국어원에 보낸 공문을 통해 '사랑'의 정의로 '남녀' 또는 '이성'이란 표현을 삭제하는 것은 동성애를 조장하는 것으로 판단된다며 수정을 요구했고 기타 보수 단체에서도 동성애를 옹호한다는 문제를 잇따라 제기하자 국어원은 이들 풀이를 다시 검토하여 2014년 1월 '사랑', '연애', '애정' 등 3개 낱말의 행위 주체를 다시 '남녀'로 되돌렸다.

1999년 초판본 : 이성의 상대에게 끌려 열렬히 좋아하는 마음. 또는 그 마음의 상태.

2012년 개정본 : 어떤 상대의 매력에 끌려 열렬히 그리워하거나 좋아하는 마음.

2014년 현재 : 남녀 간에 그리워하거나 좋아하는 마음. 또는 그런 일.

아래 관련 기사에 달린 댓글처럼 '사랑'에 대한 『표준국어대사전』의 뜻풀이가 원래대로 돌아가자 인터넷 매체에는 대체로 성 소수자의 권리를 무시한다는 의견이 나왔다.

> wsy1**** : 하나님이 게이들은 싫어하시디?
>
> ekst**** : 우리나라는 퇴보하는 듯
>
> rimi**** : 뭘 또 바꾼 걸 또 바꾸고 참. 줏대도 없나. 이렇게 자처해서 구시대로 역행한대.
>
> pret**** : 성 소수자들 존중해주는 건 바라지도 않아. 그냥 신경 꺼주기라도 해줬으면 좋겠다. 사랑은 극히 개인적인 영역인데 왜 그리 간섭질이야?
>
> cook**** : 이거야말로 인종차별 아닌가. 인권보다 종교가 더 중요하다는 건가?

이에 국립국어원은 '사랑' 관련 단어를 포괄적인 의미로 풀이하는 것이 오히려 언어학적으로나 사전학적으로 판단했을 때 사전의 뜻풀이 기술에서 전형성을 보여주는 것이 되지 않았다고 보고 '사랑'과 관련된 낱말의 뜻풀이를 언어학적, 사전학적 관점에서 다시 한 번 재점검한 것이라고 해명하였다.

"국립국어원은 국가 기관으로서 사회적으로 민감한 문제에 대하여 어느 한 쪽의 입장을 취하거나 조장, 또는 방조하는 태도를 취하지 않습니다. 사전의 뜻풀이 수정은 전적으로 언어 및 사전학적 기준에서 결정되며 '사랑' 등의 뜻풀이 수정은 현실 언어의 쓰임과 전체 뜻풀이의 체계를 고려하여 최대한 중립적인 입장을 견지하려는 노력의 결과임을 알아주시기 바랍니다." (국립국어원 온라인생활종합상담, 2014-4-1)

『표준국어대사전』의 '사랑' 뜻풀이의 옳고 그름을 떠나 이 사건은 우리 사회에서 성 소수자에 대한 사회적 관심과 인식이 변화하고 있으며 언어 차별에 대한 관심이 높아지고 있음을 보여주었다.

과거 '좋은 부모와 나쁜 부모'의 비교로 유명했던 만화가 온라인에서 다시 화제가 되었다. 길거리를 청소하는 환경미화원을 보고 오른쪽의 부모는 아이에게 "너 공부 안 하면 나중에 커서 저렇게 돼"라고 하고 오른쪽의 부모는 "너 공부해서 저런 분들도 살기 좋은 세상 만들어야 해"라고 말한다. 물론 작가는 사회적으로 낮은 직업에 종사하는 사람들을 배려하고 함께 살아가는 세상을 만들어야 한다는 선한 의도로 그림을 그렸을 것이다. 그리고 우리는 대부분 그렇게 그림을 해석했다.

그런데 이 만화가 뒤늦게 다시 화제가 되었다. 미국의 소셜 뉴스 웹사이트 레딧(Reddit)에 '이것은 더 나은 관점에 관한 모든 것입니다(Its all about a better point of view)'라는 제목으로 이 만화가 수록되었는데 해외 네티즌의 반응은 우리와 달랐다. 해외에서는 이 만화를 두고 두 어머니 다 옳지 못하다는 지적이 나왔다. 가장 많은

좋은 부모와 나쁜 부모를 비교하는 만화

공감을 얻은 댓글은 "노동직은 모든 사회에 필수적이며 그들을 동정 가득한 눈으로 보는 것을 멈춰야만 한다"는 것이다. 그 다음으로 "사회가 가치가 있는 이 같은 일에 낮은 가치를 부여한 것은 어리석다"는 것이다.(미주중앙일보, 2019. 7. 26). 이는 여전히 우리 사회에서 직업 차별, 사회적 약자에 대한 인식이 부족하다는 것을 보여준다.

"닥꼬티 하나 얼마에요?"

"삼천원이요~"

"비싸네……. 하나마 머거야디……" [생각]

"마이 뿌더야디. 딘따 먹고 딥었는데……" [생각]

(기안84의 웹툰《복학왕》248화 대사 중에서. 지금은 내용이 수정됨)

얼마 전 유명 만화작가인 기안84의 웹툰이 언어장애인을 비하하는 표현이 담겼다며 전국장애인철폐연대가 공개 사과를 요구했다. 위의 대화는 웹툰에서 언어장애인인 주시은이 포장마차에서 닭꼬치를 사면서 하는 말과 머릿 속 생각이다. 문제는 만화에서 주시은이라는 캐릭터가 말이 어눌하고 발음도 제대로 못하는 것은 물론, 생각하는 부분에서도 제대로 발음을 못하는 것처럼 희화되고 있다는 것이다. 이는 언어장애인에 대한 편견을 고취하며 언어장애인을 별개의 사람처럼 차별한다고 꼬집었다. 결국 기안84는 249회의 마지막 부분에 "이번 원고에 많은 분들이 불쾌하실 수 있는 표현이 있었던 점에 사과드린다"며 사과문을 게재하고 그림을 수정하여 올렸다. 물론 기안84가 언어장애인을 비하할 의도로 그림을 그렸다고 보지 않는다. 언어장애인에 대한 이해 부족과 미처 생각하지 못한 부분일 것이다. 아마 대부분의 독자들 역시 이 만화의 문제점을 인식하지 못했을 것이다. 하지만 이런 문제점이 지적된 이후에도 적지 않은 네티즌들은 다음 댓글처럼 전국장애인차별철폐연대의 공개사과 요구를 비판하였다.

웹툰을 안 봐서 잘 모르겠는데 기사 내용만 봐서는 뭐가 차별인지 잘 모르겠네. 장애인인 캐릭터를 장애인이라고 쉽게 인식할 수 있게 묘사한 게 문제인 것인가? 아니면 그냥 헐뜯고 싶은 PC인가 뭔가 하는 사람들이 주장하는 것인가? (ORPI***, 2019. 5. 10)

진짜 꼬투리 잡으려고 사는 사람들 같다. 얼마나 많은 창작물들 영화, 드라마, 공연, 만화, 개그 등등등 이런 캐릭터가 나올터인데~ 자격지심 같은 건가??? 내가 보기엔 차별 없이 여러 가지 캐릭터 표현하는 게 맞는 거 아닌가...(jo50***, 2019. 5. 10.)

2018년 11월 발표된 국민권익위원회와 국립국어원의 설문조사에서 '남편의 동생을 부르는 호칭(도련님, 서방님, 아가씨)을 계속 사용해야 하는가'에 대해 여성 93.6%, 남성 56.8%가 바꾸어야 한다고 응답하였다. 해당 호칭을 어떻게 바꾸는 것이 좋겠느냐는 질문에는 여성은 '부남, 부제'를, 남성은 'ㅇㅇ씨'를 꼽았다. 우리 사회에서 성별 비대칭적 호칭이 적지 않다. 예를 들어 아버지의 부모는 할아버지, 할머니로 부르는데 어머니의 부모에 대해서는 '외할아버지, 외할머니'로 부르는 것은 남성 중심적이라고 할 수 있다.

민간에서 시작한 언어차별에 대한 관심은 최근 정부 주도로 이루어지는 경향이 있다. 이에 대해 가족 호칭은 개인 차원에서 해결할 수 있는 문제가 아니므로 정부 차원에서 개선하여 널리 알려야 한다는 입장이 있는 반면, 호칭은 오랜 전통의 산물로 갑자기 바꾸는 것이 적절하지 않다는 의견이 맞섰다.

그렇다면 무엇이 차별 표현인가

'차별 표현'은 한 단어로 고정된 말이 아니다. 그러므로 아직 국어 사전에 기대어 정의를 내릴 수는 없다. 다만 국내에서 차별 표현에 대한 공론화가 일어나고 이에 학자들이 관심을 가지면서 차별 표현을 학술적으로 정의하려는 시도가 이루어졌다.

ㄱ. 차별적 언어 표현이란 한 사회의 개인 또는 특정 집단과 그에 관련한 사물 및 현상에 대한 차별적 인식을 드러내는 말, 즉 편견과 고정 관념을 드러내는 특정 단어·구·문장으로 이루어진 언어 표현을 말한다(박혜경, 2009).

ㄴ. 언어 차별이란 의사 전달 과정에서 비객관적인 사실로 누군가에게 불평등을 초래할 수 있는 표현을 의미한다(박동근, 2010).

ㄷ. 차별 언어란 사람들의 다양한 차이를 바탕으로 명시적 또는 암묵적으로 편을 나누고, 다른 편에게 부정적이고 공격적인 태도를 드러내거나 다른 편을 불평등하게 대우하는 과정에서 쓰는 언어 표현을 가리킨다(이정복, 2014, 36쪽).

통상 차별적 표현은 한 사회의 소수자 및 약자들에 대해 갖는 화자의 차별 의식에 의해 실현된다. 박혜경(2009)에서 '차별적 인식을 드러내는 말'이라 정의한 것은 단순히 말하는 이의 차별 의도가 중요한 것이 아니라 해당 표현을 대상자가 어떻게 받아들이는가 하는 사회·문화적 맥락에 초점을 둔 것이다. 즉 차별성을 판단하는 주체가 화자가 아니라 청자임을 강조하였다. 박동근(2010)은 차별적 언어 표현이 갖는 부정적 기능 즉 '불공정성'에 주목하였다. 이는 언어 차별의 범위를 청자 판단 중심에서 한 걸음 더 나아간 것이다. 발신자와 수신자 모두 언어 차별성을 즉각적으로 인지하느냐 못하느냐를 떠나 사회 맥락적으로 불공정성을 내포하는 표현은 모두 차별 언어로 본 것이다. '여선생', '여대생', '여승무원'과 같이 불필요하게 여성성을 앞세우는 '여-X' 어형은 대표적인 여성 차별적 표현인데 조사에 따르면 차별의 당사자인 여성들이 이 말이 차별적이라고 인지하는 응답률이 과반을 조금 넘는 수준이다. 이에 박동근(2010)에서는 수신자가 언어적 차별 표현을 비판적으로 인식 (awareness)하지 못하더라도 언어 내용이 비객관적이서 불평등한 사회적 통념을 고착시킬 여지가 있다고 판단되는 것은 모두 차별 언어로 보았다. '마녀사냥'이나 '권력의 시녀' 등은 가치 판단의 측면에서 여성에 부정적인 인식을 심어줄 수 있는 여성 차별 표현이지만 당사자인 여성들도 이 말이 차별 표현임을 잘 인식하지 못한다. 이정복(2014)에서는 앞선 차별 표현 정의의 비명료성을 비판하고 차별 행위에 대한 이해를 바탕으로 차별 언어가 '사람들의 다양한 차이' 및 '편 가르기' 행위에 관련되며, 나와 '다른 편'에게 '부정적이고 공격적인 태도'를 드러내고, 다른 편을 '불평등하게 대우'하는 과정에서 쓰는 말로 정의를 내렸다.

대개 차별적 표현은 '사람'에 한정하는 문제로 보았다. 그런데 이는 존중할 가치가 있는 동물에게도 확대할 수 있다. 우리는 집에서 가족처럼 가까이 기르는 가축을 오랫동안 '애완동물'이라 불러 왔는데 요즘은 '반려동물'이라고 부른다. '애완동물'의 사전적 정의는 "좋아하여 가까이 두고 귀여워하며 기르는 동물"로 인간이 즐거움을 누리기 위한 대상으로 사용하는 동물이라는 일방적 관계를 내포한다. 반면에 '반려동물'은 인간이 동물에 의해 정신적 · 육체적인 마음의 안정을 취하고 동물과 상호 동등한 관계라는 점을 중시한다. 반려동물이 정식 명칭이 된 것은 1983년 10월 27일-28일 오스트리아 빈에서 인간과 애완동물의 관계(The Human-pet Relationship)를 주제로 하는 국제 심포지엄이 계기가 되었다. 동물 행동학자로 노벨상을 수상한 K.로렌츠는 80세 생일을 기념하기 위해 오스트리아 과학아카데미가 마련한 자리에서 개, 고양이, 새 등의 애완동물의 가치를 재인식하여 반려동물로 부르자고 제안하였다. 동물이 인간에게 베푸는 다양한 혜택을 존중하여 애완동물을 사람의 장난감이 아닌 더불어 살아가는 동물로 인식한 것이다. 그런 점에서 지금까지 별 의식 없이 사용한 '애완동물'은 동물에 대한 인간 중심의 차별 표현이라 할 만하다. 이름에서부터 혐오감을 주는 '도둑고양이'도 최근 동물권(動物權)에 대한 사회적 인식이 높아지면서 사람과 공존하는 개체라는 점을 중시하여 '길고양이'로 바꾸어 부르는 경우가 많다. 반려동물은 한국 사회에서 차별 표현의 성공적인 개선 사례이다.

결국 차별 표현이냐 아니냐는 당대의 가치관이 중요한 기준이 되는 셈이다. 이러한 가치관은 대개 암묵적인 사회적 통념에 바탕을 둔다. 문제는 건전한 사회적 통념에도 불구하고 자신이 사용하는 언어가 누군가를 차별한다고 인식하지 못하는 경우가 있다. 그런 점에서 차별 언어는 말하는 이와 듣는 이의 차별성 인식 여부에 따라 다음과 같이 세분할 수 있다.

ㄱ. 발신자와 수신자 모두 언어 차별을 즉각적으로 인식하는 경우
ㄴ. 발신자는 차별 의도가 없으며 차별성을 인식하지 못하지만 듣는 수신자 입장에서 불편해하거나 차별받는다고 생각하는 경우
ㄷ. 발신자와 수신자 모두 차별 표현임을 즉각적으로 인식하지 못하는 경우

첫째 말하는 사람과 듣는 사람이 모두 차별성을 즉시 인식하는 것으로, 속어나 비어의 사용이 대표적이다. '개독교', '땡중' 등은 특정 종교나 종교인을 차별하기 위해 의도적으로 사용하는 것으로 말하는 이나 듣는 이 모두 차별성을 바로 인식하는 데 대개 혐오 표현이 이 범주에 속한다. 둘째, 말하는 사람이 누군가를 해하려는 의도가 없으며 본인의 말에서 차별성을 인식하지 못하지만 듣는 사

람 입장에서 불편해하거나 차별받는다고 생각하는 경우이다. 예를 들어, '벙어리, 장님, 난쟁이, 대머리, 청소부, 잡상인' 등은 말하는 사람 입장에서 의도적으로 차별 의식을 갖고 사용하지 않았더라도 당사자들은 듣기 불편한 표현이다. 셋째 말하는 사람과 듣는 사람 모두 차별 표현임을 즉각적으로 인식하지 못하는 경우이다. '여선생, 처녀작, 학부형, 미망인' 등은 차별 표현의 대표적인 예시이지만 우리 사회에서 특별한 차별 의식 없이 사용되어 왔던 말이다. 이 글에서 우리가 더 주목하는 것은 두 번째와 세 번째 유형이다. 이들은 특별히 주의하지 않거나 교육 없이 차별 언어라는 사실을 인지하지 못하며, 지속적인 차별 표현의 사용이 우리 사회에 잘못된 차별 의식을 고착시킬 수 있기 때문이다.

차별 표현의 범주

근대 국가 성립 이후 민주주의의 기본 가치로서 평등 개념이 강조되면서 차별을 보는 범위가 확대되었다. 더불어 차별을 해소하기 위한 노력들이 이루어졌다. 우리나라는 2001년 통합적 차별 시정 기구로 '국가인권위원회'가 설치되었고 2013년 3월 개정된 〈국가인권위원회법〉 제2조에는 '평등권을 침해하는 차별 행위'를 다음과 같이 구체적으로 제시하고 있다.

합리적인 이유 없이 성별, 종교, 장애, 나이, 사회적 신분, 출신, 지역(출생지, 등록 기준지, 성년이 되기 전의 주된 거주지 등을 말한다), 출신 국가, 출신 민족, 용모 등 신체조건, 기혼·미혼·별거·이혼·사별·재혼·사실혼 등 혼인 여부, 임신 또는 출산, 가족 형태 또는 가족 상황, 인종, 피부색, 사상 또는 정치적 의견, 형의 효력이 실효된 전과(前科), 성적(性的) 지향, 학력, 병력(病歷) 등을 이유로 한 다음 각 목의 어느 하나에 해당하는 행위를 말한다. (〈국가인권위원회법〉 제2조)

시대의 변화에 따라 차별 행위의 종류가 늘어나고, 차별 행위에 대한 인식이 높아지고 있다. 그러나 차별을 정확히 정의하기는 여전히 어렵다. '차별'과 '차이', '차별'과 '구분'의 경계가 사회 정체성과 당대의 인식에 따라 계속 바뀌기 때문이다.

차별 언어는 일차적으로 차별하는 대상에 따라 유형화할 수 있다. 2006년 국립국어원의 차별 언어 보고서에서 차별적·비객관적 표현의 유형을 크게 '성, 신체, 인종·국적·지역, 직업·사회, 객관성'의 다섯 가지로 나누고 이를 내용에 따라 다시 하위분류하였다.

다음 쪽의 표를 보면 차별 표현이란 결국 어떤 대상을 특화해서 부르거나 불필요하게 강조하거나 비하하거나 고정관념을 드러내는 것이라 할 수 있다. 차별 표현은 차별 대상에 따른 분류 외에 표현 언어 실현 방식에 따라 다음과 같이 세분할 수 있다.

차별적·비객관적 표현의 유형(국립국어원 2006)

조사 이유		내용	보기
성	여성 명칭	여성에게만 주어지는 명칭	미혼모, 미망인
	여성 강조	여성임을 특별히 드러냄	여의사, 여대생, 여기자
	신체 강조	여성의 성적·신체적 측면을 이용	처녀림, 처녀작, 처녀생식
	고정관념	남녀에 대한 고정관념 반영	시집가다, 바깥사돈
	여성 비하	여성을 비하	계집애, 마누라
신체	장애 비하	신체장애를 비하	귀머거리, 벙어리, 절름발이
	장애 이용	신체장애를 이용	벙어리 냉가슴, 절름발이 행정
	외모 비하	외모를 비하	뚱보, 숏다리
	외모 강조	불필요한 외모 강조 및 묘사	몸짱, 얼짱, 섹시, S라인
인종 국적 지역	인종 비하	특정 인종을 비하 또는 차별	검둥이, 잡종, 유색인, 혼혈아
	자국 중심	자국 중심의 사고	교포/동포/재외국인, 코시안
	지역 차별	특정 지역을 비하 또는 차별	올라가다, 여의도 면적의….
직업 사회	직업 비하	특정 직업을 비하	잡상인, 봉급쟁이, 노가다
	부적절 지칭	부적절한 지칭	간호원, 청소부, 신용불량자
	출생 비하	특정한 출생을 비하	사생아, 미숙아
객관 성	가치 판단	가치 판단의 기준이 모호	진보/보수, 좌파/우파, 일류/이류
	지시 대상	지시 대상 및 의미가 불분명	강남, 고전무용, 클래식음악
	과장 자극	과장되거나 자극적인 표현	초일류, 최악, 군단, 비밀병기

ㄱ. 단어: 여편네, 계집애, 점쟁이, 청소부, 가정부, 잡상인 등

ㄴ. 구: 절름발이 경제, 권력의 시녀, 통상의 고아 등

ㄷ. 문장 : 여자가 그런 것도 못해, 여자가 무슨 운전이야

가장 일반적인 차별 표현의 실현 방식은 단어를 사용하는 것이다. 이는 단어의 고유한 의미에 차별적인 의미가 있거나 그렇다고 인식되는 것들이다. 대개 이들은 많은 경우 국어사전에 표제어로 수록되어 있는데 낮춤말이나 비속어 등을 제외하고는 사전에서 특별히 차별 표현이라는 정보를 제공하지 않는다.

'절름발이 경제', '권력의 시녀', '통상의 고아' 등은 두 개 이상의 단어가 구를 이룬 형태이다. 이들은 대개 비유의 형식으로 이루어지기 때문에 단어 자체는 차별성을 갖지 않을 수도 있다. 예를 들어 '권력의 시녀'에서 '권력'이나 '시녀'가, '통상의 고아'에서 '통상'이나 '고아'가 차별적 의미를 갖는 단어는 아니다. '절름발이 경제'는 '절름발이' 자체가 차별 표현이기도 하지만 경제가 원활하지 않다는 것을 신체장애에 비유하여 장애를 비하의 대상으로 본다는 점에서 차별 정도가 심하다. '권력의 시녀'는 권력에 빌붙는 사람을 비유하는 것이다. 그런데 권력에 빌붙는 사람이 여성에 한정되는 것이 아닌데 '시녀'라는 여성성 어휘를 사용하여 여성에 대한 부정적인 인식을 심어줄 수 있다. 문장 차원의 차별 표현은 오랜 고정관념에 의한 결과이다.

그런데 유형 분류와 별개로 차별 여부를 어디까지 인정할 것인가

에 대한 절대적이며 객관적인 기준을 마련하는 일은 쉽지 않다. 신분 제도를 당연시하거나 적서의 구별, 남녀의 구별을 제도적으로 당연시하던 시대와 소수자, 사회적 약자의 권익을 옹호하는 시대는 차별을 인정하는 범위가 다를 수밖에 없다. 차별 언어의 실현 바탕이 되는 차별 관념은 당대의 사회적 가치관에 좌우되기 마련이다.

장애인 차별 표현 사례를 통해 본 문제들

PC에서 장애인을 통칭하는 용어에 많은 고민이 있었던 것처럼 우리나라도 장애인을 부르는 명칭에 나름 고민을 하고 있다. 1980년대 전후에는 '장애자'라는 말이 널리 쓰였다. 1976년 제31차 유엔총회에서는 1981년을 '세계 장애자 해(Day of Persons with Disabilities)'로 정하였는데 여기서 'Disabilities'를 '장애자'로 번역하였다. '장애자'라는 말이 법문에 공식적으로 사용된 것은 장애인의 재활 의지를 고취할 목적으로 1981년 〈심신장애자복지법〉이 제정되면서부터이다. 법문에서 '장애인'이라는 용어가 사용된 것은 1989년 12월 30일에 개정된 〈장애인복지법〉에서부터이다. 1988년 서울에서 개최된 장애자 올림픽의 공식명칭도 '장애자'를 사용하였다. 이후 장애인 올림픽에서 지금은 패럴림픽으로 바뀌었다.

우리 사회에서 장애자라는 용어가 사회적으로 공론화된 것은 서울대의 한 장애학생이 서울대학교에 설치된 안내판에 '장애자'라는 용어를 '장애인'으로 고쳐 달라는 민원을 넣은 것이 회자되면서 부터이다. 사회적으로 '장애자'를 '장애인'에 대한 차별 언어로 판단하는 것은 '-자'가 '놈 자(者)'로 훈독되는 데 따른 부정적 인식 때문이다. 하지만 '학자(學者), 선구자(先驅者), 성직자(聖職者)'처럼 우리 사회에서 '-자(者)'가 들어간 말이 반드시 부정적인 대상을 가리키는 것은 아니다. '장애자'는 그냥 중립적으로 '장애를 가진 사람'을 가리키는 말이다. 『표준국어대사전』에서도 '장애인'과 '장애자'를 동의어로 처리하고 있다. 하지만 차별성 판단에서 가장 중요한 기준은 당사자이다. 장애인의 입장에서 '장애자'라는 말을 '차별적'이라고 인식하거나 듣기 불편해 한다면 바꾸어 부르는 것이 옳다.

대표적인 공적 언어인 법문에도 장애인 차별 표현이 적지 않게 나타난다. 2014년에 한국스페셜올림픽위원회가 법률사무소 '김앤장'의 사회공헌위원회에 의뢰해 조사한 바에 따르면 장애인 비하 표현을 사용한 법령이 57개, 행정규칙이 83개로 집계되었다. 지금은 많이 개선되었으리라 본다. 대부분의 법령문에는 '장애인'을 사용하고 있지만 최상위법인 〈헌법〉에는 아직 '장애자'를 사용하고 있다. 현행 〈헌법〉이 1987년 개정되었으며 다른 법령과 달리 〈헌법〉은 자구 하나를 수정하는 것도 국민의 동의를 얻어야 하는 것이기에 앞으로 개정하는 헌법에서는 용어가 수정될 것이라 기대한다.

⑤ 신체장애자 및 질병·노령 기타의 사유로 생활능력이 없는 국민은

법률이 정하는 바에 의하여 국가의 보호를 받는다. [〈헌법〉 제10호, 제34조 1987.10.29., 전부개정]

사실 '장애자'나 '장애인'에서 '-자'나 '-인'보다 문제가 되는 부분은 '장애(障礙)'이다. '장애'의 사전적 의미는 "신체 기관이 본래의 제 기능을 하지 못하거나 정신 능력에 결함이 있는 상태."이므로 의미상 [결함]이 있음을 직접적으로 노출하는 '장애인' 역시 '장애자'에 대한 좋은 대안이 될 수는 없다. 문제는 대안적 표현이 법률 용어로서 명시성이 떨어질 수 있다는 점이다. 일상 언어로서는 가능하겠지만 법문에서 대안적 표현을 어디까지 수용할 수 있을지 좀 더 고민할 필요가 있다.

한때 장애인의 대안으로 장애우를 사용하자는 의견이 있었다. 장애우는 장애인을 완곡하게 부르는 말로 더 친근한 느낌이 드는 건 사실이다. 하지만 장애우는 장애인을 타자화하는 것이다. 장애우라는 용어는 철저히 비장애인의 기준에서 붙여진 이름이다. 무엇보다 본인 스스로 자신을 장애우라 지칭할 수 없는 노릇이다. 우리나라에서 장애인에 반대되는 공식 용어는 비장애인이다. 2015년 보건복지부에서 만든 장애인 인권 선전물에 따르면 장애인의 반대말은 일반인, 정상인이 아니라 비장애인이다.

한국어에서 장애인을 가리키는 고유어들은 대부분 당사자를 직접적으로 비하하는 의미를 갖고 있다. 본래 단순히 장애 유형에 따라 장애인을 지칭하는 말이었다고 하더라도 지금은 부정적인 뉘앙스로 사용된다는 점에서 차별을 넘어 혐오 표현에 가까운 경우도 적지 않다.

병신, 장애자, 심신장애자, 장애우 → 장애인

귀머거리 → 청각장애인

벙어리 → 언어장애인

소경, 봉사, 장님, (맹인) → 시각장애인

절름발이, 앉은뱅이 → 신체장애인

백치, 정신박약, 정신지체 → 지적장애인

국립국어원의 '장애인 차별 언어의 양태에 관한 연구 결과 보고서'에 따르면 차별성이 가장 높다고 응답한 호칭으로 병신, 저능아, 애꾸눈, 무뇌아, 앉은뱅이, 불구자가 뽑혔다. 난쟁이와 귀머거리, 절름발이, 외눈박이, 사팔뜨기, 벙어리, 언청이, 정신박약자는 '차별성이 그다지 높지 않은 단어'인 것으로 나타났으며, "차별성이 상대적으로 낮은 단어"로는 장님, 장애자, 농아인, 정상인, 맹인, 장애우인 것으로 조사됐다.

국어사전에 '귀머거리'는 청각장애인을 낮잡아 이르는 말로, '벙어리'는 언어 장애인을 낮잡아 이르는 말로 풀이하여 이들이 명확히 차별적인 표현임을 명시하고 있다. 장님은 높임을 뜻하는 '-님'

과 결합하여 얼핏 시각장애인을 존대하는 말처럼 오해할 수 있으나 당사자들이 듣기 거북해하는 말이다.

우리말에는 장애를 소재로 하는 속담이 아주 많다. 하지만 애석하게도 대부분 장애인에 대한 비하와 편견과 희화하는 것들이어서 당사자들에게 불편한 표현이다. 장애를 소재로 하는 속담의 경우 장애인에 대한 비하와 편견의 차별적 사회 구조가 드러나 있다.

꿀 먹은 벙어리

장님 코끼리 다리 만지듯 하다.

장님 개천 나무란다.

봉사 개천 나무란다.

벙어리 냉가슴 앓듯 한다.

벙어리 심부름 하듯

병신 육갑한다.

앉은뱅이 강 건너듯

귀머거리 삼 년이요 벙어리 삼 년이라.

속담은 옛사람들의 다양한 인생 경험과 지혜를 담은 사회적 통념이 언어화한 것이다. 그러므로 속담의 내용은 자칫 보편적 진리로 받아들여질 위험이 있다. 특히 많은 장애인 관련 속담들은 장애인에 대한 그릇된 편견을 심어줄 수 있다.

이러한 부적절한 비유 표현은 전통적인 속담에만 있지 않다.

그런 상태로 총리가 된다면 이것은 절름발이 총리이고 후유증이 엄청난 것이죠. (MBC, 2020. 1. 9)

당권을 넘겨받은 사회당 출신 올랑드 대통령은 집권하자마자 절름발이 개혁안마저도 없던 일로 되돌렸다. (조선일보. 2019. 12. 17)

북 도발 침묵하면서 사드 반대 외치는 '외눈박이' 시위대 (세계일보, 2017. 8. 4)

이렇게 장애인을 부정적인 대상에 비유하는 것은 지식인들도 예외는 아니다. 이에 최근에 안형준 방송기자연합회장은 '절름발이 행정', '꿀 먹은 벙어리', '특활비에 눈 먼' 등의 장애인을 비하하는 표현이 기사의 타이틀로 계속 등장하고 있다고 우려하며 현장에서의 변화를 촉구하기도 했다.

차별 표현에 개선에 대한 불편한 시선들

차별 표현을 줄이려는 노력은 평등의 가치와 관련이 있다. 이는 평등을 중요한 가치로 보는 진보적 이데올로기와 상통한다. 차별 표현은 주로 사회적 약자나 소수자를 대상으로 이루어진다는 점에서 평등을 주요한 가치로 내세우는 진보 성향을 가진 사람들의 개선 의지가 더 높을 것이라 예측할 수 있다.

〈설문〉 남편의 동생을 '도련님'이라 부르고 아내의 동생을 '처남'이라고 부르는 것이 성 차별적 표현이라고 생각하십니까?

보수	적극찬성	찬성	중립	반대	적극반대
응 답 자	2	6	3	6	1
항목 비율	6%	19%	10%	19%	3%
찬반 비율	44%		17%	39%	

중도	적극찬성	찬성	중립	반대	적극반대
응 답 자	1	12	8	6	4
항목 비율	3%	39%	26%	19%	13%
찬반 비율	42%		26%	32%	

진 보	적극찬성	찬성	중립	반대	적극반대
응 답 자	11	19	9	11	1
항목 비율	22%	37%	18%	22%	2%
찬반 비율	59%		18%	24%	

이는 글쓴이가 2019년 한국의 국어학 전공자 100명을 대상으로 정치 성향과 성 차별 표현의 수용성을 조사한 결과에서 확인된다.

조사 결과, 국어학자가 '도련님 대 처남'을 성차별로 인식하는 비율은 국민 평균인 31.9%보다 높은 51%로 나타났다. 이념적으로는 진보 성향의 연구자가 59%로 보수의 42%에 비해 성차별로 판단하는 정도가 높게 나타났다. 차별 표현을 개선하고자 하는 노력 자체는 평등주의에 기반하고, 거기에 부정적인 요소는 없지만 실천적인 면에서는 다른 입장을 보이는 것이다.

2014년 1월 말 문화체육관광부는 '영유아·아동용 문화콘텐츠'에 대한 모니터링 결과를 발표했다. 음악, 영상, 웹툰 등 총 125건

의 콘텐츠를 분석한 결과 동요 '아빠 힘내세요'가 양성평등을 저해
하는 콘텐츠 사례로 소개되면서 논란이 되었다. '아빠 힘내세요'가
남성이 경제활동을 하는 주체로 소개돼 성에 대한 고정관념을 강
화할 가능성이 있다는 것이다(부산일보, 2014.2.5). 논리적으로는 가
능한 해석이지만 한국 사회의 정서를 고려하지 못한 다소 위험한
결론이었다. 당시 문화관광부는 지지해줄 것으로 믿었던 수많은
'아빠(남성)'들로부터 오히려 공분을 샀다. 어떤 누리꾼은 "그럼 '어
머니의 은혜'도 여성 차별이냐"고 반문했다. 논란이 커지자 문화관
광부는 양성평등 교육에 참고하라고 진행한 연구 결과일 뿐 유해
가요로 지정한 건 아니라고 해명을 했다.

　　최근 저명한 정치인이 전국장애인인권 발대식에서 "정치권에는
저게 정상인가 싶을 정도로 정신장애인들이 많이 있다."고 말해 논
란이 됐다. 이는 부적절한 표현임에 의심이 없지만, 관련 기사의 몇
몇 댓글을 보면 모든 사람이 부적절성에 동의하는 것은 아니다.

　• 뭘 어쩌라고? 장애인을 장애인이라고 부르고 눈 먼 사람을 눈 먼
사람이라 부르는데 그게 혐오표현이라고? 그걸 그렇게 갖다 붙이는 게
더 이상하지 않나?
　• 그럼 절름발이 벙어리 눈먼 사람에 대한 지칭을 뭐라고 할 건데?
단어를 없애버리자고? 작작해라 진짜.
　• 도대체 이해가 안 되는 건 나뿐인가? 벙어리 절름발이 왜 비하발

언인가? 그럼 개돼지란 표현도 쓰지 말아야지. 개돼지를 비하하는 거 자나.

서구에서도 PC운동이 활발해지면서 이에 동조하지 않는 사람들이 목소리를 내기 시작했다. PC운동에 반감을 드러낸 정치인으로 도널드 트럼프가 있다. 트럼프가 당선된 이유 중에 하나로 반PC운동을 들기도 한다. 이들은 '정치적 올바름'으로 번역되는 PC는 '소수자', '사회적 약자', '피억압자'에 대한 무비판적인 인정과 보호, 관용을 강요하는 병리적 문화현상으로 해석하기도 한다. PC가 만연한 사회는 전체주의적이고 집단적인 특성을 지니기 때문에 비판이나 반대 의견이 허용되지 않는다는 것이다.

'차별 표현' 무엇이 문제인가?

언어 결정론은 사람들이 사용하는 언어가 그 사람의 인지와 사고를 결정한다는 이론이다. 미국의 언어학자 사피어(Sapir)와 그의 제자인 워프(Whorf)가 제안한 이론으로 사피어-워프 가설이라고도 한다. 하이데거의 "언어는 존재의 집"이라는 유명한 말은 인간의 사유 방식이 그가 사용하는 언어의 한계를 넘지 못한다는 것을 의미한다. 우리가 반복적으로 사용하는 차별 표현은 본인의 선한 의지와 상관없이 우리의 의지를 지배할 수 있다는 것이다.

현재 한국 사회는 제도적으로 남녀평등이 이루어졌다고 할 수 있지만, 실제 사회 곳곳에서 어렵지 않게 남녀 차별의 현실을 경험할 수 있다. 적어도 우리가 사용하는 언어에 여성 차별적 표현이 현존하는 한 의식적으로 완전한 남녀평등을 기대하기는 어렵다. 왜냐하면 언어 속에 감춰진 이데올로기는 우리의 생각을 지배하기 때문이다. 그것은 본인이 차별 표현을 제대로 인식하고 있느냐 아니냐와 또 다른 문제이다.

　글쓴이는 몇 해 전 대학생을 대상으로 차별 표현에 대한 차별 감수성을 조사한 바 있다. 조사 항목 가운데 '여승무원'이 포함된 문장을 제시하고 해당 단어의 성차별성을 인지하는지를 조사한 것이다. 조사 결과 전체 피실험자 중 57.6%가 차별성을 인지하는 것으로 나타났다. 그중 남성의 인지도는 58.8%로 여성 응답자의 56.9%보다 높았다. 글쓴이는 '여승무원'이 여성에 대한 차별 표현이기 때문에 남성 응답자와 여성 응답자가 이에 대한 차별성을 인식하는 정도가 유의미한 차이를 보일 것이라 예상했다. 하지만 오히려 남성이 '여성무원'의 성차별성을 더 잘 인식하는 것으로 나타났다.

　한국 사람은 신체를 가리킬 때도 차별하는 경향이 있다.

　좌측의 손은 왼손이라 하고 우측의 손은 오른손이라 하는데 이말 자체에 손을 지칭하는 편견이 담겨있다. 오른손은 말 그대로 '올바른' 손이라는 뜻이고 다른 말로 바른손이라고도 하는데 모두 긍

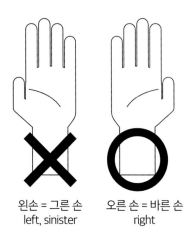

왼손 = 그른 손
left, sinister

오른 손 = 바른 손
right

정적인 의미이다. 반면에 '왼손'의 '왼'은 옛말로 '그르다'는 뜻으로 부정적인 의미가 담겨 있다. 한국 사람은 용어에서도 손을 차별하는 것이다. 이러한 용어의 차이는 오른손과 왼손을 대하는 우리의 태도에서도 드러난다. 전 세계적으로 오른손잡이의 비율이 90%를 차지하지만, 한국은 이 비율이 더욱 높아 2013년 갤럽 조사에 따르면 한국인의 95%가 오른손잡이, 4%가 왼손잡이, 1%가 양손잡이라고 한다. 우리나라 속담에 '왼손을 쓰면 복이 나간다'는 말이 있는데 이는 왼손에 대한 한국인의 통념과 한국 사람이 오른손잡이가 세계 평균보다 높은지 잘 드러내는 것이고 그것이 손을 표현하는 말과도 상통하는 것이다.

2020년 초 한국은 신종 코로나 바이러스로 온통 뒤숭숭하다. 2019년 12월 중국 우한시에서 발생한 바이러스성 호흡기 질환으로 그 전파 속도가 심상치 않아 사회적으로 많은 걱정과 우려를 자

아내고 있다. 그런데 이 병명은 초기에 바이러스가 발생한 지역명을 따라 우한 폐렴으로 불리었다. 실제 예전에는 병명을 지명에서 따오는 경우가 많았다. 1918년 발생해 2년간 전 세계에서 2천만 명 이상의 목숨을 앗아간 스페인 독감이 그 예인데, 문제는 정작 이 질병이 스페인에서 시작되지 않았다는 것이다. 이에 2015년 WHO는 지역명이나 동물, 특정 직군이 포함된 이름을 병명으로 사용하지 말라는 가이드라인을 만들었다. 병명을 지명으로 사용할 때 낙인이 되어 특정 지역의 사람이나 사업에 큰 해를 끼치기 때문이다.

실제 모 대학의 커뮤니티를 보면 우한 폐렴으로 인해 중국인을 혐오하는 글들이 심심치 않게 올라오는데 그 표현이 매우 공격적이다.

○○대 짱깨범벅인데 우한 폐렴 땜에 어쩌냐?
중국 존나 생각할수록 노답이네

최근 한 야당은 우한 폐렴이 국민에게 편한 명칭이라며 이 용어를 계속 쓸 것이라 밝혔다. 폐렴보다 무섭게 퍼지는 중국인 혐오 현상을 부추기는 데 우리의 언어 사용이 전혀 무관하다고 할 수는 없을 것이다.

차별 표현은 극단적인 혐오 표현으로 이어질 수 있다는 점에서 쉽게 간과해서는 안 된다.

ㄱ. 남성 차별: 냄저, 개저씨, 한남충

ㄴ. 여성 차별: 김여사, 김치녀, 된장녀, 맘충, 삼일한,

ㄷ. 외국 차별: 똥남아, 개슬람, 중꿔, 흑형, 갓양남

ㄹ. 장애 차별: 개병신, 병신크리(병클), 셀카고자, 패션고자

ㅁ. 지역 차별: 전라디언, 홍어, 까보전, 개쌍도, 고담대구

ㅂ. 기타 차별: 개독교, 좌빨, 수꼴, 틀딱충, 급식충

2000년 이후 한국 사회에서 차별의 부당함에 대한 의식이 높아지면서 차별 표현을 개선하려는 노력이 꾸준히 이어져 왔고, 이제 제법 성과를 낸 것도 사실이다.

ㄱ. 청소부 → 환경미화원

ㄴ. 파출부 → 가사도우미

ㄷ. 간호부 → 간호원 → 간호사

ㄹ. 간수 → 교도관

ㅁ. 복덕방 → 공인중개소

ㅂ. 장님, 맹인 → 시각장애인

ㅅ. 벙어리 → 언어장애인

ㅇ. 정신대 → 위안부

ㅈ. 불구자 · 병신 → 장애자 → 장애인

ㅊ. 문둥병 환자 → 나환자 → 한센병 환자

ㅋ. 점쟁이 → 역술인

'청소부'나 '파출부'는 '환경미화원'과 '가사도우미'로 순화되어 정착되었다. '간호원'은 1987년 의료법이 개정되면서 의사와 대등한 입장에서 '간호사'로 명칭이 바뀌었다. 우리말에는 '판사, 변호사, 의사' 등 '-사'로 끝나는 직종이 일반적으로 사회적으로 높은 지위를 갖는다는 인식이 있다. 글쓴이가 한글학회 사전편찬실에서 근무할 때(2000년을 전후한 때로 기억한다) 잠수 관련 협회에서 공문을 받은 일이 있다. 내용은 국어사전에 표제어로 수록된 '잠수부'를 '잠수사'로 바꾸어 달라는 것이다. 당시 한글학회는 국어사전의 개정 계획이 없던 터라 이를 반영하지는 못했다. 잠수를 업으로 하는 분들의 입장에서 '잠수부'는 다른 직업명과의 형평성을 고려할 때 차별적 표현으로 인식하고 있는 듯하다. 특히 잠수부(潛水夫)의 부(夫)가 '아비 부' 자로 잠수사가 남성에 한정된 일이라는 편견을 줄수도 있다. 지금은 대부분의 국어사전에 '잠수사'로 등록되어 있다.

현재 구글에서 '장애인'을 검색하면 71,200,000건이, '장애자'를 검색하면 835,000건이 검색 결과로 나온다. 검색 수치만으로 볼 때 장애자보다 장애인이 보편적으로 사용된다는 것을 알 수 있다. 하지만 앞에서도 얘기했듯이 우리나라에서는 장애인보다 장애자라는 표현을 주로 사용하였으므로 점차 장애자에서 장애인으로 표현이 서서히 바뀌었다고 가정할 수 있다. 이에 네이버 카페에서 검색

가능한 시점인 2004년부터 최근까지 '장애인·장애자' 사용 비율이 어떻게 달라져 왔는지 추적해 보았다.

2004년은 장애인을 공식 용어로 사용하던 때라 이미 장애자보다 장애인이라는 표현이 널리 사용되었다. 하지만 그 이후에도 장애인의 사용 비중이 점점 높아져 2019년에는 장애인 사용이 97.6%로 절대적인 우위를 차지한다. 이러한 언어 사용의 변화 수치가 그대로 장애인에 대한 인식 변화로 이어졌는지는 의문이다. 하지만 용어 사용의 변화가 사회적 약자에 대한 배려의 마음을 반영한 것이라면 어떤 형태로든 영향을 주었을 것이라 생각한다.

나는 누군가를 차별하지 않는다는 생각은 실천으로 옮겨질 때

연도	장애자	장애인
2004	482(12.9%)	3,260(87.1%)
2005	555(9.7%)	4,721(90.3%)
2006	1606(8.4%)	17,500(91.6%)
2007	2608(6.6%)	36,692(93.4%)
2008	2693(5.8%)	48,018(94.2%)
2009	2608(4.3%)	58,109(95.7%)
2010	2427(3.6%)	65,916(96.4%)
2011	2681(3.7%)	70,315(94.3%)
2012	2436(3.0%)	76,633(97.0%)
2013	2293(2.7%)	82,303(97.3%)
…	…	…
2019	3,643(2.4%)	149,014(97.6%)

빛을 발한다. 그 실천 방법 가운데 하나가 적절한 언어 표현을 사용하는 것이다. 나는 의도적으로 남을 차별하지 않는다고 하면서 '벙어리장갑'이나 '앉은뱅이책상'이라는 말을 무비판적으로 사용한다면 나는 여전히 누군가를 차별하고 있는 것이다.

참고문헌

박동근, 「공공언어의 차별적 표현에 차별 의식 연구」, 『입법정책』4-1, 한국입법정책학회, 2010.

박동근, 「법률 조문의 차별적 언어 표현 연구」, 『한말연구』34, 한말연구학회, 2013.

박동근, 「국어학 전공자의 정치 이념에 따른 국어 정책에 대한 태도 분석」, 『한말연구』52, 한말연구학회, 2019.

박혜경, 「차별적 언어 표현에 대한 비판적 국어인식 교육 연구」, 서울대학교 대학원 교육학석사학위논문, 2009.

이정복, 『한국 사회의 차별 언어』, 소통, 2014.

조태린, 「사회적 의사소통 연구─차별적, 비객관적 언어 표현 개선을 위한 기초 연구」, 국립국어원, 2006.